吴岱峰　著

行 思 录

——吴岱峰中学地理教育三十年

安徽师范大学出版社

·芜湖·

责任编辑：祝凤霞

装帧设计：张培树

图书在版编目(CIP)数据

行思录：吴岱峰中学地理教育三十年 / 吴岱峰著. — 芜湖：安徽师范大学出版社，2016.8

ISBN 978-7-5676-2469-6

Ⅰ.①行… Ⅱ.①吴… Ⅲ.①中学地理课－教学研究 Ⅳ.①G633.552

中国版本图书馆CIP数据核字（2016）第084138号

行思录——吴岱峰中学地理教育三十年

吴岱峰　著

出版发行：安徽师范大学出版社

芜湖市九华南路189号安徽师范大学花津校区　　邮政编码：241002

网　　址：http://www.ahnupress.com/

发　行　部：0553-3883578　5910327　5910310（传真）E-mail：asdcbsfxb@126.com

印　　刷：虎彩印艺股份有限公司

版　　次：2016年8月第1版

印　　次：2016年8月第1次印刷

规　　格：700 mm ×1000 mm　1/16

印　　张：15.875

字　　数：287千

书　　号：ISBN 978-7-5676-2469-6

定　　价：39.80元

序

读万卷书,行万里路,是中国传统的一种求知模式,亦是提升自我修养的一种途径,从某种意义上说,也是一种生活和治学态度。读书和行路是互补的,书中的知识有限,并且有可能是片面的,只有在行路中眼观耳识,才能得到验证,并补其不足。因此,行路可以理解为在实践中学习,让自己的所学在生活中得到体现,学以致用。其实,读书也是行路,是读前人行路的所感、所得。

行路伴随着思考,因思考而升华,二者相互浸润。在行路与思考中,实现求知,提高自我修养,能够加深对自己、对这个世界的了解。随着时间和空间的推移,行路与思考由起始的明快,渐渐厚重,又进而轻快,沉淀在生命的深处。陶行知说"行是知之始,知是行之成",知行合一,朴实自然,这大抵是有传统文化背景的人做事的情怀吧。

今天,站在教育的路边,回望走过的从教之路,蓦然间,竟然已三十年!1983年,我就读于芜湖的安徽师范大学,灵秀的江南风土,师大淳朴厚重的校风,滋养了我的求学生活。1987年毕业,我被分配到蚌埠四中工作,在一排青灰色的平房里办公。简朴的环境,同事的信任和悉心指导,真挚的情意,让我难以忘怀。来到四中的第一年,按照当时政策要求,我参加了蚌埠市讲师团,到蚌埠二十中支教。学校简陋的校舍,泥泞的道路,带着泥土气息的空气,孩子们一双双纯真、充满好奇的眼睛,同事的关心,给我留下了深刻的印象。在这里,我收获了孩子们的尊敬,感受到了为人师的骄傲,也认识到爱学生、上好课对一位教师的重要性。

1996年,我调入蚌埠二中。这里是我深入教育、感受教育的地方。在蚌埠二中,我扎扎实实做了一些事情,逐步建立了教学自信,形成了自己的教学风格。培养学生,希望他们不仅有良好的成绩,还要有同学之间的友谊和对世界的正确态度,期待他们成为不一样的人。蚌埠二中,也是我的精英教育理想破碎,让我直面教育的地方。今天看来,这很有意义,让我思考,什么是真正的教育,教育的本质是什么。当我在离开蚌埠二中十多年之后与学生们重聚的时候,从他们热情的话语和真切的目光里,我突然意识到:教育需要等待,只有等待,教育之花才会悄然绽放。教育是基于人、尊重人和发展人的,没有尊重,就没有教育。

教育总是留有遗憾的,但因为遗憾,而产生期待。如今,放到时间和空间的背景下,又成为另外一种感觉,遗憾和不遗憾都是自然,生活就是这样。雅斯贝尔斯说:"教育是一片云推动另一片云,一棵树摇动另一棵树,一个灵魂召唤另一个灵魂。"教育的成功需要教师和学生的共同努力,教育的本质是为了人的全面发展,服务于人的终身幸福,这是教育的原点和归宿。

2003年,由于工作需要,我调离蚌埠二中,到蚌埠市教育科学研究所从事地理学科教研员工作。此时的我,一个简单的想法就是地理学科教研活动要内容实在,有质量,让参加活动的教师有真实的收获;一个简单的期待就是让更多的人感受地理,理解地理。地理教育应该"有思想""有情感""有视角""有生活",帮助学生认识世界,发展自己。地理教育的价值追求在于汲取地理智慧,服务健康人生,以促进学生生命整体和谐发展为出发点,实现师生共同成长。

记得临去做教研员的时候,有老师问我,开展教研活动能不能改变我们教育中存在的那些问题,能不能很快改善和提高我们的教育教学质量? 这个问题当时我没有回答,因为不知道如何回答,但是在后来的工作中经常思考这个问题。教研活动对于很多关心教育的人来说,对教育教学中存在的那些问题,也许不能做到"药到病除",但是,我相信一次有效率的教研活动就像一盏灯,灯光亮一些,我们身边的黑暗就会少一些,并且我更相信,每个人的心灵都像是一扇窗,只要窗户打开,光亮就会进来。因此,我相信教研活动可以帮助我们积累一种力量,这种力量可以改变教育,改变教师生活。如今,十多年过去,我们共同亲历、共同见证了这种改变。

教师专业发展的前提在于教师的职业认同。教师专业成长没有灵丹妙药。教育是朴素的事情,非宁静无以致远,非厚积无以薄发。当初大学毕业,青葱岁月,站在起点上眺望,不知道将来自己的教育路是什么样子。但是,有一个信念,就是踏实做事,慢慢做,坚持做。这束光亮支持着我,成为追寻的方向,成为温暖和希望。

三十年来做教育,在心里一直默默仰慕着一位老师,他就是北京师范大学附属中学特级教师王树声老师。2006年、2007年,我参加人民教育出版社举办的培训会议和教学比赛活动,聆听王老师报告;2008年,有幸接到王先生的邀请,参加王树声地理教学研究室年会,此后几年参加学习,受益很多。王先生的人格魅力,学识、修养,不断思考和学习的精神,令人钦佩、敬仰。另一位给我以影响的是人民教育出版社韦志榕老师。2011年前后,我有幸参加人教版义务教育地理教科书的编写工作,韦主编的学识,严谨的工作态度,和蔼、平易近人的风范,给我留下了深刻的印象,让我常常反省,如何用严谨、平实的学人精神去做教育。

结集于此,有惶恐,也有欣然。回顾走过的岁月,守望与怀念,坚定与坦然,释然与平静;有学子成才的欣慰,有褴褛跋涉的艰辛,有先行的无畏与坚持,也有对人生的赞美与喟叹。如果没有这些,我的教育生命将变得苍白。在教育这条路上,我是一个行者,做了自己本职的事情,微不足道。

在此,感谢蚌埠市教育局搭建名师工作室这样一个平台,感谢领导对工作室的关心和支持!感谢学校老师、同事对我的理解和帮助!

本书缘于工作室即将完成阶段性工作,在与外省市交流中产生的想法。同时,自大学毕业到现在,对从教之路进行回顾,这既是对自己的一个总结,也是表达对教师工作的一份尊重,希望给后来者以借鉴。书中所收入的文章是从过去发表、评选获奖的论文,以及培训讲稿中选择的,并在尽量保持原貌的基础上进行了完善,个别文章题目有改动。这些是我学习和工作的一些想法和体会,很多还不成熟。书中难免存在不足,希望同行们和朋友们及时指出,提出宝贵意见。

三十年,光阴荏苒,风雨兼程。如今站在岁月的河畔,远山近水,春意绵绵。汤汤流水倒映着曾经的岁月,匆匆脚步掩不去深深的情怀……不负初心,方得始终。教育是永远值得我们为之终身付出的善事。山高路远,天行健,君子以自强不息。

感受教育,庆幸选择。

吴岱峰
2016年岁初

目　录

第三篇 地理高考研究

第四篇 地理教师素质与专业发展

第一篇 DI YI PIAN

地理教育观念

地理学科核心素养的构建与培养①

摘　要：教育部《关于全面深化课程改革落实立德树人根本任务的意见》提出研究制定学生发展核心素养体系。地理学科核心素养是指学生应具备的适应终身发展和社会发展需要的、必备的地理学科品质和地理核心能力，是所有学生都应该具有的关键的、必要的共同素养，是地理知识、地理学科能力和情感态度与价值观等的综合表现，是学生在接受相应学段的地理教育过程中逐渐形成和发展起来的，具有发展的连续性和阶段性，包括空间与表达、地域认知、综合思维、人地观念等四个方面。地理学科核心素养的培养要根据学生成长不同阶段的心理特点和认知能力，贯穿于不同学段的始终，并在地理教科书编写、地理课堂教学等过程中加以凸显。

关键词：地理学科核心素养体系；地理学科核心素养；地理学科核心素养的培养

一、背　景

2014年3月，教育部印发《关于全面深化课程改革落实立德树人根本任务的意见》，提出研究制定学生发展核心素养体系，明确学生应具备的适应终身发展和社会发展需要的必备品格和关键能力，突出强调个人修养、社会关爱、家国情怀，更加注重自主发展、合作参与、创新实践。教育部在总体设计的基础上，启动普通高中课程标准修订工作，并强调修订工作要根据（学生发展）核心素养体系，明确学生完成不同学段、不同年级、不同学科学习内容后应该达到的程度要求，指导教师准确把握教学的深度和广度，使考试评价更加准确地反映人才培养要求，增强课程标准的思想性、科学性、时代性、适宜性、可操作性和整体

① 原文发表于《中学地理教学参考》2015年第10期第6-10页，并被中国人民大学书报资料中心复印报刊资料（简称"中国人大复印资料"）全文收录；在中国教育学会地理教学专业委员会2015年综合学术年会论文评选活动中获一等奖（中国教育学会地理教学专业委员会，2015年10月）。

性,强化各学段、相关学科纵向有效衔接和横向协调配合。

2014年10月,华东师范大学陈澄教授在中国教育学会地理教学专业委员会综合学术年会上,向与会代表介绍了《普通高中地理课程标准》的修订情况,同时简要介绍了对中学地理课程建设具有重要意义的教育部重大课题项目"我国基础教育和高等教育阶段学生核心素养研究"。目前,地理学科学生发展核心素养体系的研究已经展开,本文结合一线地理教学的实际,依据地理学科教育、教育心理学以及其他国家地理课程比较等相关研究,探讨地理学科核心素养的构建和培养问题。

二、研究现状

1. 教育心理学学者关于学科核心素养的观点

(1)对教育心理学与地理教育教学关系的认识。

教育心理学是心理学的一门分支学科,其研究内容是教育和教学过程中的种种心理现象及其变化,揭示受教育者在教育教学影响下,学习和掌握知识、技能,发展智力和个性的心理规律。教育心理学的主要任务是研究课堂学习的性质、条件、效果和评价问题,着重研究学习理论,尤其是学生接受知识和技能的学习理论。

学习教育心理学有助于促进教育教学的改革。纵观国际、国内的教育教学改革,无不是以心理学而且主要是教育心理学为支撑的。例如,20世纪50—60年代,美国的布鲁纳、苏联的赞科夫和德国的瓦根舍因等教育改革家的理论,20世纪80年代,以皮亚杰、维果斯基等为代表的建构主义学习理论等,均成为国际科学教育改革的主流理论,无一不以心理学尤其是教育心理学为根基。

现代教学论认为,学习过程是以人的整体心理活动为基础的认知活动和情意活动相统一的过程。长期以来,在地理教育教学研究中,人们过多地关注地理学科知识的传授、地理学科的理论和方法、地理课程标准、地理教材和地理教学方法,忽视从认知心理学的角度去认识和分析地理教育教学活动的合理性和有效性,缺少教育心理学和地理教学研究的有机结合。

教育心理学对提高地理教师解决教育实际问题的能力和业务水平具有实际意义。它可以为地理教学提供认知科学上的理论指导,帮助教师更加深入地了解学生,更深刻地理解有关教学措施的心理学依据,有效地预测、干预学生的学习行为,更主动、科学地驾驭教学方法和手段,从而激发学生的学习动机,提高地理教育教学的针对性和质量。

(2)教育心理学学者关于学科核心素养的观点。

关于基础教育阶段学生发展核心素养的研究,教育心理学学者的观点值得学习和借鉴。《普通高中地理课程标准(实验)》倡导"培养现代公民必备的地理素养"的课程理念。教育部基础教育二司副司长申继亮认为:核心素养是学生应具备的适应终身发展和社会发展需要的必备品格和关键能力。首先,核心素养是所有学生都应该具有的关键的、必要共同素养,是知识、能力和态度等的综合表现;其次,核心素养是学生在接受相应学段的教育过程中逐渐形成和发展起来的,既表现出发展的连续性,也具有发展的阶段性;最后,核心素养兼具个人价值和社会价值,其作用的发挥具有整合性[1]。学生发展核心素养具有基础性、核心性、个人性和社会性等特点。对于学科核心素养,他认为:首先,各学科需要根据本学段学生核心素养的主要内容与表现形式,结合本学科的学科内容与特点,提出该学科实现本学段核心素养的具体目标,要体现本学科特色。同时,在制定各学科课程标准时,需要把学生发展的核心素养要求与各学科的内容特点相结合,凝练出学科素养[1]。

国家督学成尚荣认为:(学科)核心素养的研制与把握……重要的是"三个基于"。①基于学科特质……,②基于学科核心任务……,③基于学科的实施方式……学生的学习方式实质上是学生学科核心素养的外在表现,同时学科核心素养、核心任务要求有适应的学习方式[2]。这体现出学科核心素养的特殊性。

北京师范大学林崇德教授认为:"从教学内容到能力,教育质量的标准趋向来看是学科能力。……学科知识传授的同时发展学生的智力,培养学生的能力,在于培养学科能力,才能够决定我们的课程内容、教学与评价。"①申继亮认为:"但实际上,能力培养离不开学科。先有学科能力才能上升为一般能力,应该是这个逻辑。"②

华东师范大学杨向东教授论述了核心素养与教育目标、学习结果的关系。他认为:核心素养作为一种学习结果,是(跨)学科的知识和技能、过程与方法、情感态度与价值观的整合,是个体在面对复杂的、不确定的现实生活情境时,能够综合运用特定学习方式下所孕育出来的(跨)学科观念、思维模式和探究技能,以及结构化的(跨)学科知识和技能,在分析情境、提出问题、解决问题、交流结果过程中表现出来的综合性品质③。学科核心素养是学科教育目标的具体

①引自林崇德在人民教育出版社与兰州市教育局联合举办的"全国名师发展学校"上的报告(兰州,2014年12月)。

②引自申继亮在人民教育出版社与兰州市教育局联合举办的"全国名师发展学校"上的报告(兰州,2014年12月)。

③引自韦志榕在人民教育出版社举办的人教版初中地理新课标教材经验交流暨培训会上的报告(昆明,2015年4月)。

化,是学科育人价值的集中体现。

教育心理学学者关于学生发展核心素养、学科核心素养,学科核心素养与学科能力的关系,核心素养与学科教育目标、学习结果的关系的研究,从教育心理学的意义上揭示了核心素养、学科素养的意蕴,为地理学科探讨核心素养提供了可借鉴的思路。

2. 地理教育学者关于学科核心素养的研究

目前,关于地理学科素养的涵义、地理学科能力及其划分等,学界尚未达成共识,这在一定程度上制约了对地理学科核心素养的认识。东北师范大学袁孝亭、王向东教授在《中学地理素养教育》一文中对地理学科素养进行了深入研究。

学科能力是构成学科素养的基础。地理学科能力是学生基于地理学科基本概念、规律、原理及基本技能,并将其运用于实际生产和生活解决地理问题的能力,具有明确的学科属性。地理学科能力的核心是地理思维能力,包括空间思维能力和综合思维能力[3]。袁孝亭、王向东教授在《重视地理学科的核心能力与地理观点培养》一文中提出:地理空间格局的敏锐觉察力,对地理过程的分析、想象与简单预测能力,地理信息加工能力,运用地理知识解决实际问题的能力,构成地理学科核心能力[4]。

韦志榕从地理教育历史研究的视角,对地理学科核心素养的建构做了基础性的实证研究。她对我国近代以来的地理课程文件、地理教科书进行梳理、分析,认为"地理位置""区域""区域间差异性""区域相互关系""地图""地理理解能力""地理思维能力""爱国主义""民族主义""国际视野""人地协调""审美欣赏"等是使用频率较高的词汇,并从"知识概念和能力""情感态度与价值观"两个维度对其进行了分类汇总,如表1所示。

表1 我国近代以来地理课程文件、地理教科书中高频词汇一览表①

项目	知识概念和能力							情感态度与价值观				
	地理位置	区域	区域间差异性	区域相互关系	地图	地理理解能力	地理思维能力	爱国主义	民族主义	国际视野	人地协调	审美欣赏
高中		4	3	3		7	4	7	1	5	6	
初中	5	7	2	4	4	2	4	9	2	9	6	5
中学*	6	6	6	4	4	2	2	8		7	5	
合计	11	17	11	11	8	11	10	24	3	21	17	5

*当时的初、高中课程标准是合在一起的。

————————
①引自韦志榕在人民教育出版社举办的人教版初中地理新课标教材经验交流暨培训会上的报告(昆明,2015年4月)。

《地理教育国际宪章》指出：地理教育为今日和未来世界培养活跃而又负责任的公民……培养学生提出地理问题的能力、地理信息能力（包括收集、处理、分析、评价地理信息能力）、表达交流能力（包括口头表达、文字表述、图解表达能力）、解决地理问题能力、地理思维能力、地理实践能力等。地理教育有助于培养学生在经济、政治、文化、环境和安全等广泛的项目上与他人进行有效的合作，也有助于培养学生终身欣赏和认识这个世界。这从培养现代公民的角度，阐释了地理素养的培养目标。宪章强调了提出地理问题的能力、地理信息能力、地理思维能力，突出了合作交流与表达、欣赏的意义。

国际上，《美国新一代科学教育标准》（2013 年）、《生活化的地理：国家地理标准》（2012 年版）、《澳大利亚 F～10 课程：地理》等，均强调了对不同学段学科核心概念、核心知识、学科能力和价值观的关注。现行《普通高中地理课程标准（实验）》《义务教育地理课程标准（2011 年版）》，是地理学科专家的研究成果，体现了地理学科的思想和方法。例如，地理学传统（空间传统、区域研究传统、人地关系传统和地球科学传统等），地理事物的时间和空间尺度，地理事物的地域性和综合性，地理教育的国际比较，学科教育教学规律，等等。在此基础上形成的地理课程标准关于学科课程性质、课程理念、课程目标和内容标准等内容的表述，为我们讨论地理学科的核心素养提供了思路和依据。

近期，东北师范大学张家辉博士、吉林省教育学院张连彬老师在《中学地理教学参考》（2015 年第 5 期）上，分别从地理学科核心素养体系的构建方式、确定依据、基本内涵，构建地理核心素养体系需要厘清的几个问题，地理核心素养体系的构建与教学实现等方面，提出了一系列的观点，共同表达了对人地观念、区域认知和地理工具的关注。此外，张家辉还强调了空间能力、过程解释、尺度关联、家国情怀和地理表达的意义。

地理教育学者从学科角度，对地理素养、地理学科能力和学科核心能力进行了分析和阐释；地理教材研究者关于我国近代以来地理课程文件、地理教科书关键词汇的研究，为学科核心素养的构建提供了实证；现行《普通高中地理课程标准（实验）》《义务教育地理课程标准（2011 年版）》为构建地理学科核心素养和不同学段地理学科核心素养体系做了较为全面的铺垫；《地理教育国际宪章》等则为学科核心素养的形成提供了国际教育背景。

三、地理学科核心素养的构建

在地理教育学者和教育心理学学者研究的基础上，根据对学生发展核心素养的认识,结合地理学科的特点,我们认为:地理学科核心素养是指学生应具备的适应终身发展和社会发展需要的、必备的地理学科品质和地理核心能力,是所有学生都应该具有的关键的、必要的共同素养,是地理知识、地理学科能力和情感态度与价值观等的综合表现,是学生在接受相应学段的地理教育过程中逐渐形成和发展起来的,具有发展的连续性和阶段性,包括空间与表达、地域认知、综合思维、人地观念等四个方面。地理学科核心素养具有个人价值和社会价值,其作用的发挥具有整合性。

1. 空间与表达

空间与表达是地理学科核心素养的基础,突出体现了地理空间思维能力。各类不同的地理图像是地理学科重要的学习和表达工具,具有获取和表达地理信息、进行情感态度与价值观教育等功能。在学习过程中,帮助学生理解地理图像的语言,获取地理图像信息,加工和处理地理图像信息,培养学生正确认识、阅读、分析、绘制地理图像,形成地理事物空间(地理位置、空间分布)认知能力、地理图像(景观)判读能力、地理事物空间运动(空间结构)想象能力、地理信息加工(包括信息技术运用)能力。

另外,空间与表达还强调"地理空间格局的敏锐觉察力"[4],重视地理空间信息判断和分析加工的直觉和速度。在信息技术高度发达的今天,不仅要培养学生的地理信息加工能力、提出地理问题的能力、表达与交流能力、合作与交往能力等,而且要使其能够"应用地图和其他地理学表示法、地球空间技术及空间思维去理解、交流、表达信息"[5]。

2. 地域认知

地理学是研究地理环境以及人类活动与地理环境之间相互关系的科学。地域性是地理学的显著特点之一。地理学研究的对象总是发生在具体区域,而不同的区域具有不同的区域自然与人文特点,不同区域的地理环境、发展水平存在差异,区域之间又存在区际联系。

地理学科核心能力反映了对学科本质的认识,这些能力无一不与地域认知发生着联系,学生不仅需要了解区域地理事物的空间分布结构,而且要能够认识和阐述地理事物在不同区域的空间差异和空间联系,进而揭示地理事物的空间运动和演变的规律,体现地域认知的具体要求。

3. 综合思维

地理环境是地球表层各种自然和人文要素相互联系、相互作用而形成的复杂系统。地理环境要素的复杂多样性,不同区域及区域内部地理环境各组成要素之间的相互联系、相互作用、相互影响,构成地理学的另一个显著特点——综合性。

地理综合思维能力是地理学科核心能力之一,综合思维是地理思维中最重要的思维形式,体现了地理学认识事物的方法。综合思维表现在学生面对自然环境诸要素之间、自然环境与人类活动之间复杂关系的过程中,体现出地理思维的综合性。这些地理思维活动经常表现为空间、联系、批判、综合、评价、创新等品质,并表现出地理思维的敏捷性、灵活性、发散性、深刻性、批判性和创造性等特点。学生通过对地理事物过程进行分析和预测,解决地理实际问题,形成地理综合(整体与差异、空间联系与发展)分析能力。

4. 人地观念

人地关系是指人类社会与地理环境之间相互影响、相互作用、相互联系和相互制约的关系。地理学在现代科学体系中占有重要地位,在解决当代人口、资源、环境和发展等问题中具有重要作用。人地观念是指通过地理学习,培养学生能够正确认识人类社会与地理环境的关系,自觉树立科学的人口观、资源观、环境观,热爱家乡、热爱祖国、关注全球,形成可持续发展观,并能够依据正确的人地观,自觉判断和认识地理现象和社会问题,评价和规范人们的社会行为。人地观念突出强调学生的情感态度、个人修养、社会关爱和家国情怀,注重学生的自主发展、合作参与和创新实践。

四、地理学科核心素养的培养

第一,根据学生成长不同阶段的心理特点和认知能力,将地理学科核心素养的培养贯穿于不同学段的始终。

地理学科核心素养的培养是整个中学阶段地理教育的重要任务,要贯穿于不同学段的始终。从学生发展的角度,根据学生成长不同阶段的心理特点和认知能力,把地理核心素养(空间与表达、地域认知、综合思维、人地观念)具体到各个学段,即根据初中和高中学段地理核心素养的主要内容、表现形式及水平,结合两个学段地理学科内容与特点,明确学生完成不同学段、不同年级学习内容后应该达到的地理学科核心素养培养的具体目标,形成初中和高中学段的地理学科核心素养体系,并做好两个学段核心素养目标的纵向衔接,这是地理核心素养最终落实和培养的关键。

国家课程标准是教材编写、教学、教育评价的依据,是对中学地理学科建设具有全局意义、影响深远的顶层设计。地理课程标准应当全面落实学生发展核心素养体系的要求,建议《普通高中地理课程标准》修订工作可根据学生发展的核心素养体系要求,高中学段地理学科核心素养的特点及水平,把地理学科核心素养培养要求落实在普通高中地理教育的培养目标中。同时,在将来《义务教育地理课程标准》的修订中,把地理学科核心素养要求落实在义务教育阶段地理教育的培养目标中。

在修订《义务教育地理课程标准》《普通高中地理课程标准》时,要做好初中和高中学段地理核心素养培养目标的纵向衔接,以及与相关学科,如生物、物理、化学等学科核心素养的横向协调配合。两个学段的地理课程标准要引导教师依据相应学段的地理学科核心素养体系,准确把握教学的深度和广度。

第二,从地理教科书编写层面落实地理学科核心素养的培养。

教科书是学生学习、教师教学的重要资源,是培养学生地理学科核心素养的基本载体,对实现学生地理学科核心素养的培养具有重要意义。

长期以来,人教版地理教科书非常重视学生地理素养的培养。在落实教育部《关于全面深化课程改革落实立德树人根本任务的意见》、重视学生核心素养培养的背景下,地理教科书的编写要根据地理学科的核心素养体系,明确学生应具备的适应终身发展和社会发展需要的必备品格和关键能力,突出强调个人修养、社会关爱、家国情怀,更加注重自主发展、合作参与、创新实践。

教材编写或修订应根据地理学科核心素养体系,对现有地理教科书中不同学段、不同年级应该达到的地理学科核心素养培养目标进行梳理,在现行教材较好体现地理学科素养培养的基础上,进行针对性的系统设计,逐步完善教材结构、内容编排、编写体例、呈现方式等。在教材叙述式课文和活动式课文中,通过对内容的重组、整合,提供不同类型的图像和材料,结合地理问题,对不同学段、不同年级学生的地理空间认识与表达、地域认知、地理综合思维等进行潜移默化的培养,使学生在学习的过程中形成正确的人地观念,将地理教学与学生的个人修养、社会意识、家国情怀相联系。

同时,教材在活动设计上要注意引导学生注重自主发展、合作参与和创新实践,在地理学习方法上对学生进行指导,帮助学生学会在不同的活动材料中获取和解读地理信息,运用地理基本原理与规律,描述和分析地理事物,论证和探讨有关地理问题。

第三,在课堂教学上,注重知识、技能的习得和内化,凸显地理核心素养的培养。

学生地理学科核心素养是学生在接受相应学段的地理教育过程中逐渐形成和发展起来的,既具有连续性,也具有阶段性。培养学生地理核心素养有多种途径,主要包括地理课堂教学、地理教育评价和地理课外实践活动等。

在日常教学中,培养学生地理学科核心素养要根据学生的心理发展特点、课程标准和教材的需要,不断调整教学策略,选用恰当的教学方法和组织形式,有计划、有步骤地将地理学科核心素养的培养落到实处。

在不同的学段,培养学生地理学科核心素养要从学生对地理知识的基本认知开始。地理课堂教学活动要注重"说理",由直观感性地认知地理事物,到对地理事物背后"理"的认知。在对不同地理事物的"说理"过程中,培养学生使用图像工具、地理概念、地理规律和原理,进行地理地域认知;通过分析、比较、归纳、演绎、综合、评价等思维活动,进行有针对性的训练,培养地理交流与表达能力;在"说理"的过程中渗透人地观念的培养,使学生习得地理知识和技能,体验和感悟情感态度,并内化为正确的人地观念思想,逐步形成适应其终身发展和社会发展需要的必备地理学科品质和地理核心能力。同时,在地理课堂教学活动的设计和组织上,要注意引导学生注重自主发展、合作参与和创新实践。

作为地理教育评价的重要形式之一,考试评价要准确地反映人才培养要求,发挥教育评价的导向作用,引导学生形成积极的学习行为,以提升学生的地理素养,努力实现教育增值。另外,我们要探讨地理学科核心素养评价方式和手段的多样化,倡导评价的量化与质化相结合,尝试测量学生地理核心素养的状况,区分不同学生的地理学科核心素养的差异,并针对学生存在的不同问题,提出解决方案。

此外,还可以通过设置多样化的地理课程,培养学生的地理学科核心素养。例如,结合地理课外实践活动课程,培养学生地理学习的兴趣,引导学生提出地理问题,并收集、整理和分析地理信息,从而掌握地理学习的方法。

参考文献:

[1]陈兵.在全面深化课程改革中把党的教育方针落实、落细、落小——访教育部基础教育二司副司长申继亮[J].中小学教材教学,2015(1):23-26.

[2]成尚荣.回到教学的基本问题上去[J].课程·教材·教法,2015(1):21-28.

[3]吴岱峰.地理学科能力的划分与学生地理学科能力培养[J].地理教学,2013(16):8-13,27.

[4]袁孝亭,王向东.重视地理学科的核心能力与地理观点培养[J].课程·教材·教法,2003(10):20-24.

[5]魏东英,廖雅容,王民.美国2012年版地理课标中自然系统内容的分析[J].中学地理教学参考,2015(2):65-67.

地理学科能力的划分与学生地理学科能力培养①

摘 要：依据《地理教育国际宪章》《普通高中地理课程标准（实验）》《义务教育地理课程标准（2011年版）》，基于中学地理教学实际和教育考试要求，借鉴教育目标认知领域分类理论，探讨地理学科能力概念、地理学科能力划分与地理学科能力体系。其中，学科知识、学科能力与能力维度的对应关系体现了对地理学科能力的细分，这为课堂教学进行学科能力培养、基于"能力立意"的教育考试命题和科学评价学生地理学科能力提供依据。结合学生地理学科能力培养的影响因素，以及课堂教学、教育评价中学科能力培养存在的问题，讨论培养学生地理学科能力的主要途径。

关键词：地理学科能力概念；地理学科能力划分；学生地理学科能力培养途径

一、问题背景

1. 研究意义

《地理教育国际宪章》指出：地理教育为今日和未来世界培养活跃而又负责任的公民……培养学生提出地理问题的能力、地理信息能力（包括收集、处理、分析、评价地理信息能力）、表达交流能力（包括口头表达、文字表述、图解表达能力）、解决地理问题能力、地理思维能力、地理实践能力等。地理教育有助于培养学生在经济、政治、文化、环境和安全等广泛的项目上与他人进行有效的合作，也有助于培养学生终身欣赏和认识这个世界。

《普通高中地理课程标准（实验）》在课程基本理念中提出："培养现代公民必备的地理素养……增强学生的地理学习能力和生存能力。关注人口、资源、环境和区域发展等问题，以利于学生正确认识人地关系，形成可持续发展的观

①原文发表于《地理教学》2013年第16期第8-13页转27页，并被中国人大复印资料全文收录。

念,珍爱地球,善待环境。"[1]同时,在课程目标中指出:"高中地理课程的总体目标是要求学生初步掌握地理基本知识和基本原理;获得地理基本技能,发展地理思维能力,初步掌握学习和探究地理问题的基本方法和技术手段……"[1]要求培养学生的地理信息加工能力、提出地理问题能力、地理实践能力、表达与交流能力、合作与交往能力等。

高中地理课程和初中地理课程是统一的整体,在课程设计上彼此衔接,其课程理念、课程目标等基本保持一致,同时考虑不同学段学生在认知上的差异。《义务教育地理课程标准(2011年版)》关于课程基本理念和课程目标的思想与《普通高中地理课程标准(实验)》基本一致,在课程基本理念中提出:"引导学生在生活中发现地理问题,理解其形成的地理背景,提升学生的生活品位,增强学生的生存能力。"[2]二者在地理学科能力的培养上保持连续性,初中阶段提出培养学生的地理信息加工能力、提出地理问题能力、地理实践能力、表达与交流能力、合作与交往能力等,但在认知程度上低于《普通高中地理课程标准(实验)》的要求,例如,在初中阶段,《义务教育地理课程标准(2011年版)》原则上对地理事物的成因不做要求。

显然,为了实现上述课程理念和课程目标,地理教育需要积极、有效地引导学生学习和掌握地理学科的思想和方法,通过系统地学习中学地理课程,逐步形成学生的地理学科能力,增强地理学习能力和生存能力。

从学校提升地理学科教学质量的要求来看,学校的教学质量依赖于课堂的有效教学,依赖于课堂教学中对学生地理学科素养的有效培养。地理学科能力是地理学科素养的重要组成部分,是地理有效教学追求的核心目标。

从大规模教育考试的角度来看,高考作为大规模教育考试,其考核目标定位于考查学生的地理学科能力。《2013年普通高等学校招生全国统一考试大纲(文科·课程标准实验版)》(简称《高考大纲》)指出:地理学科命题注重考查考生的地理学习能力和学科素养,即考生对所学相关课程基础知识、基本技能的掌握程度和综合运用所学知识分析、解决问题的能力[3]。加强地理学科能力考查是我国高考改革的重要内容之一。

2. 国内研究现状

通过对文献的梳理和分析发现,目前地理学科能力的概念及其分类、地理学科能力培养及其评价等方面的研究取得了一定的成果。

袁孝亭、王向东在《重视地理学科的核心能力与地理观点培养》中提出:《普通高中地理课程标准(实验)》中的"知识与技能""过程与方法"目标中,关于地理学科能力有四项具体规定,其中包含以下四个层级。第一个层级是独立或合作进行地理观测、地理实验、地理调查,掌握阅读、分析、运用地理图表和地理数据的技能。第二个层级为地理信息加工能力,包括搜集、整理、分析地理信息和把地理信息运用于地理学习过程的能力。第三个层级为"研究"能力,包括提出地理问题的能力及设计探究方案的能力、解决地理问题的能力、实践能力。第四个层级为表达交流能力。地理空间格局的敏锐觉察力,对地理过程的分析、想象与简单预测能力,地理信息加工能力,运用地理知识解决实际问题的能力,是构成地理学科核心能力的主要要素[4]。

张亚南在《高考地理学科思维能力价值评价》中提出:地理高考命题致力于对地理思维能力的考核……地理科学研究的特征,使形成的地理思维具有综合、区域、空间、联系、批判、追求新结论等基本品质。地理思维能力可分为从记忆到综合应用等不同的层次,各层次的地理思维能力拥有不同的价值。地理高考命题倡导并坚持的价值观是:注重评价地理学的思维品质,注重评价地理学独具特色的研究方法,注重评价高价值的地理思维能力。地理学科能力大致可以分为地理思维能力、野外工作能力和地理表达能力[5]。

张艳梅在《地理学科能力——一个亟待拓展和深入的研究领域》中提出:由于(地理)学科能力本身的复合性和复杂性,加之当时学科能力理论研究的相对薄弱,实践研究的匮乏,使得学科教育专家们对学科能力的建构缺乏坚实的心理学基础和实践依据,不乏交叉和重叠……当前对地理学科能力体系的认识还停留在文献加经验总结或是套用现成理论的阶段,未能形成统一的、为各方所公认的共识……中学地理学科能力应当是地理学科的特殊能力与中学生思维能力品质的有机融合,同时必须充分考虑学生的知识基础、学习策略与学科能力的相互作用。就目前中学地理教学而言,从认知角度上看,地理信息获取与整合,地理判定、解释、预测与评价,地理表述三项能力最能体现地理学科特点和地理学习特点,它们是中学地理学科能力的基本成分。地理空间想象与图像运用能力则贯穿于地理认知过程的始终,集中体现了地理学科的特殊认知要求,是地理学科的一般能力。地理思维能力则是地理学科能力的核心……是地理学科能力区别于其他学科能力的关键所在……同时,地理学科能力还具有层次性……学生思维品质的差异使得这种知识的层次转变为学科能力的层次。复合性和层次性构成了地理学科能力的基本特点[6]。

郑云清在《中学地理学科能力课堂操作分类表编制的思考与实践》中提出了中学地理学科能力的实践取向,认为学科能力研究应把理论旨趣重点放在能力"怎么来"的实践价值问题上。事实上,对于广大教师来说,学科能力精确的概念内涵和外延是什么也许并不重要,更重要的是知道该如何有效地进行"能力立意"的课堂教学实践。从课堂实践的角度上看,我们应把学科能力的研究重点放在学科特有的核心能力……地理课堂教学实践中最核心、最本质的能力要求应该是地理思维方式。地理问题所具有的时空综合性、地域差异性特点,决定了地理学科的主要思维方式通常都是在抽象思维(狭义逻辑思维)与形象思维(也属于广义逻辑思维)共同作用下的空间思维、整体思维、辩证思维的耦合,即基于图像的空间思维、基于系统的整体思维和基于变化的辩证思维,三者构成了地理学科能力的核心要义[7]。他在此基础上借鉴布鲁姆教育目标分类学理论框架,提出了基于学生全面发展视角和广义知识视角的地理学科能力课堂操作分类表。

《高考大纲》提出的地理科考核目标与要求是:"获取和解读地理信息""调动和运用地理知识、基本技能""描述和阐释地理事物、地理基本原理与规律""论证和探讨地理问题"[3]。从命题测试的地理认知过程来看,上述四个方面所体现的思维劳动量从小到大,这样的排列对于引导一线教师对地理学科能力的理解有一定帮助。高考本着"能力立意"的考查方向,但是受纸笔测试的局限,对于一些学科能力,例如地理实践能力、地理表达与交流能力、合作与交往能力等难以进行有效考查。这里所指的地理学科能力,显然与高考的要求有一定的关联,体现了基于教育考试角度对地理学科能力的描述。

《普通高中地理课程标准(实验)》和《义务教育地理课程标准(2011年版)》(以下简称《标准》)在阐述学生应实现的学习目标时,采用行为目标的表达方式,对学生的学习行为提出了具体要求,以此在深度和广度上对相关知识内容和认知层次做出范围和程度上的限定。具体表述时使用不同的行为动词来表达思维过程、心理特征的不同层次,这实际上对地理学科能力要求也有了明确的描述或规定。

在地理教学实践中,特别是在高三教学中容易出现泛化能力的倾向,导致忽视知识教学,为适应应试需要,机械地套用某些思维模式,产生新的灌输式教学。显然,实际教学中对地理学科能力在认识上存在误区,并由此产生了诸多教学困惑。

综上所述,学界对地理学科能力的内涵、划分等尚存在一定的不确定性。由于基于不同的视角,学者在地理学科能力研究上各有所侧重。能力内涵与类型的复杂性,决定了人们对地理学科能力的划分标准是多元的、不确定的,这客观上造成了地理学科能力的界定缺乏内在的统一性与规范性。显然，对地理学科能力的研究有待深入。

本文探讨地理学科能力的概念和划分，并借此建构地理学科能力体系，为多途径培养学生地理学科能力、有效实施地理课堂教学、加强教育考试对地理学科能力的考查、科学评价学生的地理学科能力提供依据。

二、地理学科能力的概念、划分与学科能力体系

1. 地理学科能力的概念

"能力"是指顺利完成某一活动所必需的主观条件，是直接影响活动效率，并使活动顺利完成的个性心理特征。地理学科能力是学生基于地理学科基本概念、规律、原理和基本技能，将其运用于实际生产和生活，解决地理问题的能力，具有明确的学科属性。地理学科能力的核心是地理思维能力，包括空间思维能力和综合思维能力。地理核心能力体现地理学科价值观，表征地理学科思想和方法。地理核心能力主要包括地理事物空间结构的认知、地理信息的加工、地理过程的分析与预测、实际地理问题的解决。

地理知识与地理学科能力是密不可分的，地理知识是形成地理学科能力的基础，地理学科能力的培养和发展则进一步深化地理知识的建构。在地理教学过程中，教师在进行知识传授的同时，也进行着学科能力的培养。丰厚的地理基础知识是形成地理学科能力的土壤。

2. 地理学科能力的划分与学科能力体系

基于"地理学科能力"涵义、地理学科特点（综合性、地域性）、学生认知特点、《高考大纲》地理科目的考核目标和教学实际，根据《标准》中"知识与技能""过程与方法"目标中关于地理学科能力的表述，参考袁孝亭等关于地理学科能力的观点，地理学科能力可具体划分为地理事物空间（地理位置、空间分布）认知能力、地理事物空间运动（空间结构）想象能力、地理事物综合（整体与差异、空间联系与发展）分析能力、地理图像（景观）判读能力、地理信息加工（包括信息技术运用）能力、地理实验设计与操作能力等不同类型的能力[8]。这些能力构成彼此间具有内在联系的地理学科能力体系。

根据地理学科能力涉及的地理知识体系要素，如地理图像、地理数据、地理事物分布、地理规律、地理成因、地理特征、地理技能等，以及地理思维的复杂程度、教育目标认知领域分类理论，可以对地理学科能力做进一步细分。

（1）《标准》关于认知要求的规定和《高考大纲》地理科目评价目标所采用的教育目标认知领域分类与地理学科能力细分。

从《标准》的要求来看,课程标准关于认知要求的规定性,表现在不同的内容标准中规定的认知过程存在不同的层级,并采用不同的行为动词进行描述,这体现了地理学科能力培养的要求。

《标准》在阐述学生应实现的学习目标时,采用行为目标的表达方式,对学生的学习行为提出了具体要求,以此在深度和广度上对相关知识内容和认知层次做出范围和程度上的限定。课程标准对于学生的学习结果,采用了尽可能清晰的、便于理解和操作的行为动词,从"知识与技能""过程与方法""情感态度与价值观"三个方面进行描述,不仅体现了课程目标的要求,也体现了学生认知过程心理特征的不同层次[9]。《标准》的这些规定与《高考大纲》地理科目的评价目标所采用的教育目标认知领域分类理论是一致的。地理科目高考的评价目标以教育目标认知领域分类理论为依据,结合学生认知过程的心理特征,从地理概念、地理基本技能到地理原理和规律,划分为识记、理解、运用(分析、综合、判断、评价、得出结论)等不同的层次,包括获取和解读地理信息,调动和运用地理知识与基本技能,描述和阐释地理事物、地理基本原理与规律,论证和探讨地理问题等方面[9],体现了对学生地理学科能力的评价标准。

《标准》对"课程目标"和"内容标准"的陈述方式,包括"结果性目标"和"体验性目标"两类。"结果性目标"所采用的行为动词要求明确、可测量、可评价。这种方式指向可以结果化的课程目标,主要应用于"知识与技能"领域。内容标准中结果性要求的目标动词包括体现知识方面的行为动词和体现技能方面的行为动词,前者包括了解水平、理解水平、应用水平(简单应用和综合应用),后者包括模仿水平、独立操作水平、迁移水平[10]。内容标准中有关结果性要求的目标动词常成为地理教育考试主观性试题命题设问时使用的指令性词语。"体验性目标"指向无需结果化的或难以结果化的课程目标,主要应用于"过程与方法""情感态度与价值观"领域[10],例如感受、体验、体会、尝试、感知、形成、养成、领悟等。在纸质考试的背景下,试题设问基于测量的要求,很少使用体验性要求的目标动词。

(2)基于《标准》、教学实际和教育考试的地理学科能力体系。

袁孝亭、王向东提出,《标准》中的"知识与技能""过程与方法"目标中,关于地理学科能力有四项具体规定,其中包含四个层级[4],四个层级之间具有一定的递进性和相对的独立性。

借鉴教育目标认知领域分类理论,基于《标准》、中学地理教学实际和教育考试的要求(大规模地理教育考试试题命题与相应课程标准不仅在内容上应保持一致,而且在测试的认知层次上也应保持一致,使试题基于课程标准,不会超过或低于相应课程标准[9]），参考郑云清"中学地理学科能力课堂操作分类表"[7]，编制设计地理学科能力划分表（见表1），建构地理学科能力体系。其中，学科知识、学科能力与能力维度的对应关系体现了对地理学科能力的细分。该表体现了《标准》、教学实际和教育考试三者与学科能力之间的联系，为地理课堂教学进行学科能力培养、基于"能力立意"的教育考试命题和科学评价学生地理学科能力提供依据。对地理学科能力的细分，有助于进一步确定高考能力考查的理论依据，有助于为高校选拔具有相关能力的学生提供参考，有助于科学评价学生的地理能力及不同能力之间的差异①。

三、培养学生地理学科能力的主要途径

影响学生地理学科能力培养的因素是复杂多样的，例如学生的地理学习基础，地理学习的倾向性（兴趣程度）等；教师方面的因素包括教师地理专业能力、课堂教学技术等。此外，《标准》的规定、学校地理课程开设、地理教科书、地理教育评价方式（包括高考）等，这些因素都不同程度地影响学生地理学科能力的培养。

目前，在地理学科能力培养上存在的问题主要包括：地理教育界对地理学科能力的概念界定和地理学科能力划分尚未达成共识，能力体系建构尚未完成；教师对地理学科能力以及学科能力培养的具体策略和操作的认识存在不足；学生对地理学科能力的理解、掌握和运用不够，学生地理学习基础和学习兴趣等有待进一步培养；教育考试对学生地理学科能力的测量和反馈做得不够，如何发挥教育考试功能，通过考试引导对学生进行地理学科能力的培养还有待进一步探索。

培养学生地理学科能力的途径是多样的，主要包括地理课堂教学、地理教科书、地理课外实践活动和地理教育评价等。

1. 在课堂教学上，重视地理图像、地理思维教学，凸显地理学科能力培养

在日常教学中，培养学生地理学科能力要根据学生的心理发展特点和学科能力培养的需要，不断调整教学策略，通过创设教学情境，选用恰当的教学方法和组织形式，有计划、有步骤地将地理学科能力的培养落到实处。

重视地理图像（景观）判读能力的培养。图像是地理学科重要的学习和表达工具，具有获取地理信息、进行情感态度与价值观教育等功能。教会学生正确认识图像、阅读图像、分析图像、绘制图像，目的在于理解图像的语言，应用图像解决地理问题。对于学生而言，要重点加强获取图像信息、加工和处理图像信息、填绘图像等方面能力的训练。

①引自段玉山：《高考加强能力考察的创新研究——以地理学科的命题研究为例》（全国教育科学规划专项课题报告，2011年）。

表1 基于《标准》、教学实际和教育考试的地理学科能力划分表

知识维度		学科能力	地理思维	能力维度			思维品质
广义知识	学科知识			能力层次(认知层次)			
陈述性知识	事实性知识：地理名称、地理数据、地理景观、地理位置、地理分布、地理演变	地理事物空间认知能力	侧重空间思维(地理位置、空间分布和空间结构等)	了解	再认	再认或回忆知识(记忆)，识别、辨认事实或证据，举例，描述对象的基本特征，等等。行为动词包括说出、描述、举例、列举、识别、知道、了解、指认、确定等	敏捷性
					再现		
	原理性知识：地理概念、地理规律、地理特征、地理成因、地理对策、地理观念		—	理解	解释	把握内在逻辑联系，与已有知识建立联系，进行解释、推断、区分、扩展，提出证据，收集、整理信息，等等。行为动词包括解释、说明、比较、理解、归纳，判断、区别、预测、对比、收集、整理等	深刻性
					举例		
			侧重综合思维(地理事物的空间运动、空间演变过程，地理信息技术运用，地理事物的整体性与差异性，空间联系与发展)		分类		
					比较		
		地理信息加工能力，地理事物空间运动想象能力			推论		
					概要		
					分析		
					说明		
程序性知识	心智技能：地理计算、地理抽象概括、地理推理判断、地理分类比较、地理综合分析、读析地图图表		—	简单应用	执行程序解决简单地理问题	包括在新的情境中使用抽象的概念、原则，进行总结、推广，建立不同情境下的合理联系，等等。行为动词包括应用、运用、设计、编辑、撰写、总结、评价等	灵活性与独创性
			侧重综合思维(地理事物的空间运动、空间演变过程，地理信息技术运用，地理事物的整体性与差异性，空间联系与发展)	综合应用	①实施两种以上程序解决复杂地理问题，产生新认识、新观点、新对策		
		地理事物综合分析能力			①②		
		地理图像(景观)判读能力			①		
	操作技能：填绘地图图表、地理观测、地理实验、地理调查	地理实验设计与操作能力	—	评价	②对地理事象观点与决策进行价值判断	模仿水平——在原型示范和具体指导下完成操作，对所提供的对象进行模拟、修改，等等。行为动词包括模拟、模仿、重复、再现等 独立操作水平——独立完成操作，进行调整与改进，尝试与已有技能建立联系，等等。行为动词包括绘制、测量、测定、查阅、计算、试验等 迁移水平——在新的情境下运用已有技能，理解同一技能在不同情境中的适用性，等等。行为动词包括联系、灵活运用、举一反三、触类旁通等	批判性

对学生地理思维能力的培养可以从学生对地理知识的基本认知开始,教学活动要注重"说理"。在对不同地理事象的"说理"过程中,培养学生使用图像工具、地理概念、地理规律和原理,进行地理思维活动;通过分析、比较、归纳、演绎、综合、评价,进行有针对性的训练,逐步实现地理思维能力的培养目标。

案例教学是体现地理学科认知的思想方法,体现学以致用,培养学生地理学科能力的有效途径。以人教版普通高中课程标准实验教科书为例,在教学中,结合不同的学习案例,通过对相关地理图像、区域背景的学习,获取地理信息,对地理事象进行分析和评价,提出解决问题的措施等,培养学生掌握分析地理问题的方法。案例教学对提升学生地理思维水平具有重要价值。

在高三教学中,要重视培养学生在新的问题情境下,调动和运用在自主学习过程中获得的地理信息的能力。通过空间思维和综合思维,分析归纳地理事物特征,尝试使用简洁的文字语言、图形语言或其他表达方式描述地理概念、地理事物特点,通过比较、判断、分析,阐释地理基本原理和规律,发现地理问题,提出必要的论据,运用地理观念,探讨、评价、论证和解决地理问题。这些内容集中体现了高三地理备考对学生地理学科能力的要求。

地理技能是地理学科能力的重要内容,在日常教学中要有意识地进行培养。可以采用不同的教法将知识与技能结合起来进行教学,由简单到复杂,加强针对性练习,引导学生发现问题、解决问题,从而掌握地理技能。地理技能的培养离不开知识的铺垫和有目的的训练[11]。在培养学生地理技能的过程中,要注意教学方法的选用,注意调动学生的积极性,引导他们进行合作探究性学习,在活动过程中学习和运用地理技能,实现技能培养的目标。

2. 从地理教科书编写层面引导课堂教学对学生地理学科能力的培养

教科书是学生学习、教师教学的重要资源,也是培养学生地理学科能力的基本载体,对学生地理学科能力的培养具有重要意义。

以人教版普通高中课程标准实验教科书为例,教科书重视对学生地理学科能力的培养,教材在活动式课文中经常给出不同类型的图像和材料,结合地理问题进行设计,引导学生学会在活动材料中获取和解读地理信息,调动已学习的地理知识,运用地理基本原理与规律,描述和分析地理事物,论证和探讨有关地理问题。

地理教科书的编写可以有意识地根据教材内容,例如地理概念、地理规律和原理、地理事物分布、地理图像、地理数据等,结合地理学科能力培养的阶段(学生不同学段)要求,对教科书体例、呈现方式、内容编排等进行针对性的系统设计,并在地理学习方法上进行指导,从教科书层面引导课堂教学落实对学生地理学科能力的培养。

3. 结合地理课外实践活动,培养学生的地理学科能力

地理课外实践活动体现地理知识的实用价值,是课堂教学的延伸和补充。例如,结合高中地理必修1"地球上的大气"一章的学习,开展"农业与气象"主题活动。通过活动,学生不仅认识了气象观测仪器,而且初步掌握了分析气象资料的基本方法和观测天气、预防灾害天气的基本技能,从而培养了地理实践能力。

课外实践活动可以实现学生对课本地理知识的巩固,培养学生学习地理知识的兴趣和运用地理知识的能力。例如,结合"地球的运动"教学,测量当地正午太阳高度角的变化和经纬度;结合"地壳和地壳的变动"教学,组织学生观察当地的地形、地貌等。

除此之外,还可以通过设置多样化的地理课程,开展地理研究性学习活动等,培养学生的地理学科能力。例如,结合地理课外实践活动课程,培养学生提出地理问题、搜集整理和分析地理信息、读图绘图等技能,掌握地理学习的方法,如地理观察法、地理实验法、区域分析法、比较法等。教师可以结合学习认知策略,设计评价量表,对学生的地理学科能力状况进行评价。

4. 结合地理教育评价,加强学生的地理学科能力培养

地理学科能力的培养离不开积极有效的地理教育评价,要不断探讨地理学科能力评价方式和手段的多元化,倡导评价的量化与质化相结合。

为了科学、客观地评价学生的地理学科能力,在前述地理学科能力划分的基础上,可针对不同类型的地理能力设计相应的评价方式,具体测量学生的地理学科能力状况,尝试区分学生的地理能力差异,力图较全面、有效地反映学生各方面地理学科能力的水平[①],并针对不同学生存在的地理学科能力问题,提出解决问题的方案和措施。从中学地理教学的角度来看,对地理学科能力的评价要能够具体落实到每节课中,即落实在每节课的教学目标中,这需要教师根据教学内容和学生情况做进一步研究。

教育考试是测量工具。从目前来看,以高考为代表的大规模教育考试命题强调"能力立意",测试学生的地理学科能力状况。设想通过确定的地理学科能力测试目标,结合测验试题的信度、效度与区分度等设计评价量表,进行综合评

①引自段玉山:《高考加强能力考察的创新研究——以地理学科的命题研究为例》(全国教育科学规划专项课题报告,2011年)。

价,在此基础上,发挥教育考试的引导功能,反馈一线教学,引导实际教学,加强学生地理学科能力的培养。

参考文献:

[1]中华人民共和国教育部.普通高中地理课程标准(实验)[S].北京:人民教育出版社, 2003:2,3.

[2]中华人民共和国教育部.义务教育地理课程标准(2011年版)[S].北京:北京师范大学出版社,2012:3.

[3]教育部考试中心.2013年普通高等学校招生全国统一考试大纲(文科·课程标准实验版)[M].北京:高等教育出版社,2013.

[4]袁孝亭,王向东.重视地理学科的核心能力与地理观点培养[J].课程·教材·教法,2003 (10):20-24.

[5]张亚南.高考地理学科思维能力价值评价[J].课程·教材·教法,2010(4):84-88.

[6]张艳梅.地理学科能力——一个亟待拓展和深入的研究领域[J].中学地理教学参考, 2003(6):11-12.

[7]郑云清.中学地理学科能力课堂操作分类表编制的思考与实践[J].中学地理教学参考, 2012(6):4-8.

[8]袁孝亭,王向东.地理学科特殊能力论[J].中学地理教学参考,2006(11):4-6.

[9]吴岱峰.基于地理课程标准的大规模地理教育考试命题与思考——以2009年～2011 年高考安徽文综卷地理试题为例[J].中学地理教学参考,2012(10):6-13.

[10]教育部基础教育司.全日制义务教育地理课程标准解读[M].武汉:湖北教育出版社, 2002.

[11]张素芬.高中地理学科能力及其培养研究综述[J].内蒙古师范大学学报(教育科学版),2009(10):92-94.

新课改下地理课堂教学有效性的思考①

新课程改革以来,地理课堂教学产生了一些新的问题和困惑,出现课程改革的"高原现象"。面对困难和问题,解决的关键在于回归常态课堂,提高课堂教学的有效性,创造性地实施地理教学,在充满生命力的教学活动中,实现教育生态的和谐,实现教师和学生的共同成长。

一、培养具有创造意识的教师是提高地理课堂教学有效性的关键

实现地理有效教学包括"上位"和"下位"两个层面:"上位"层面是教育价值观问题,包括教师的地理教育理想、人生价值追求等;"下位"层面是地理教学技术问题,包括教师的教学、课程资源的开发与使用、教学评价等。教师的教育价值观决定了教师的职业态度和教育行为。提高地理课堂教学有效性的关键在于教师转变教育观念,实现专业自觉,把对有效教学的追求转化为自觉的行动。

解决课程改革"高原现象"问题的出路在于改造课堂,实现地理课堂的有效教学,聚焦常态教学,优化常态地理教学的质量,培养具有创造意识的地理教师。

二、地理课堂教学有效性的几个教学技术层面问题

新课程改革背景下的地理课堂,实施有效教学需要把握四个方面的问题:

1. 地理课程标准与教材之间的关系

课程标准是实施教学、实施评价的依据,是教材编写的依据,也是实现有效教学的依据。然而,在实际教学中,教师对教材关注多,对地理课程标准关注不够。

教师在备课过程中,对于具体的教学内容,首先要看这节内容对应的地理

① 原文发表于《中学地理教学参考》2008年第9期第6-7页,并被中国人大复印资料全文收录。

课程标准是如何表述的,注意分析课程标准与教材之间的适切度。标准中的"点"一般对应教材中的"面",其内容的顺序和教材中的表达顺序往往不一致。课程标准和教材在表达上存在着一致性和差异性,其中的差异性体现了教材编写专家对课程标准的理解和对实际教学的考虑。地理课程标准与教材之间的"空间",为教师在更大程度上创造性地使用教材增加了可能。例如,教师可以结合当地实际,对教材的具体教学内容在使用的顺序等方面进行调整等。

在教材的使用过程中,要注意厘清教材在课程标准落实、学习目标设定、教学内容选择、框架体系结构、呈现方式、学科思想体现、教学方法等方面的思路,明确哪些内容是课程标准所规定必须达到的基本要求,以及要达到什么水平?落实课程标准要求的关键是什么?教学中,教师应该注意体现地理学科的视角和方法。

把握课程标准与教材关系的本质是教学观念问题。教无定法、因材施教是最基本的教学原则,教师要因时、因地,依据地理课程标准,创造性地使用教材进行教学。

2. 师生关系的构建与有效的地理课堂交流

在教学活动中,教师通过有目的、有针对性的教学设计来实现教学目标。教学是师生的共同活动,师生活动的质量直接影响教学目标的实现程度。

师生关系是决定课堂教学效率的关键性因素之一。亲其师,信其道。在新课程改革的背景下,师生关系是平等的,教师是教学活动的组织者、合作者和参与者。教学的本质是一种交流活动,交流状态下的师生关系是平等的、互信的。这种交流状态不仅仅使师生关系融洽,更重要的是使双方对未来的学习产生积极的期待。

促进有效教学,建立有效的课堂交流,从教师角度来说,我们要清楚地了解自己的教学,并制订相应的教学计划。教育家布鲁姆曾说,有效的教学,始于期望达到的目标。学生开始时就知道教师期望他们做什么,那么他们便能更好地组织学习。教师要明确在课堂教学活动中的责任,并在活动中不断调整教学,使之与学生的学习能力和学习期望相适应;同时,还应当使学生对教师的教学期望有所了解,教师对自己的教学行为应当具有一定的预见性。

在地理教学活动中,要追求教学方式、交流模式的多样化,避免教学过程形式化、程序化;要提高教学的针对性和实效性,避免把"对话交流"变成"问答"。在师生交流活动中,要关注教学过程的流畅和完整;注意改进课堂交流模式,提高学生的参与度和参与质量;综合运用纪律控制、目标控制和评价控制等控制方法,培养学生自我控制能力;调整教、学双方的活动,促进地理有效教学的实现。

3. 开发和使用地理课程资源,促进有效教学

积极地开发和使用地理课程资源可以促进有效教学:要努力探索地理课程资源的优化,明确地理教科书作为核心课程资源的地位;要注意研究课程资源的多样化、系列化与教学有效性之间的关系,鼓励建立符合当地教学需要的课程资源库,实现课程资源区域内的充分利用。

地理课程资源的开发和使用要注意四个方面的问题:

第一,课程资源的开发要依据地理课程标准的要求。开发课程资源要研究课程标准、依据课程标准,避免脱离实际教学要求和课程标准要求的现象。

第二,为提高地理课堂教学有效性,在地理课程资源使用上,要努力做到适当、适时、适度。注意课程资源的使用策略,把握恰当的时机,努力使课程资源的使用效率达到最优。

第三,树立在课程资源开发上的正确观念,那种“要为教师减负,开发大量资源,让他们想用什么就有什么”的观点是不恰当的。一方面,要为教师提供丰富的课程资源;另一方面,要引导教师发挥创造性,积极开发课程资源。新课程改革背景下的地理教师,应该拥有自己的课程资源视角,体现教师的教学个性和创造力。

第四,要有效利用课程资源,避免教学内容的泛化;要注意地理课程资源的科学性,注意避免忽视地理教科书,把联系实际变成一种“装饰”的教学倾向。

4. 完善地理教学活动的评价,实现教育增值

完善地理教学评价是实现有效教学的保证。新课程改革背景下的评价,要注重评价的发展性、多元性以及过程性与终结性相结合。评价活动要与实际教学过程相结合,追求地理教学的思维能力培养,注重教学过程中的多元评价,促进终结评价的有效实现。教育评价的目的在于实现教育增值,即通过分析评价资料,发现问题,调整教学,促进教学质量的提高,实现有效教学。

实施有效教学,落实到课堂教学评价上,就是评价课堂教学的有效性。评价的核心内容包括有效的课堂教学设计、学生参与度和师生合作三个方面。课堂教学评价的对象是教师与学生在课堂上的活动及效果。

对教师的课堂地理教学活动评价,涉及教师对学科知识的掌握,对学生的了解;教师的教学技巧,例如提问技巧和讨论技巧;师生交流与合作的状态;学生的学习活动;教学时间和各种教学资源的有效利用等。评价课堂教学是否有效的关键在于学生的积极性是否被调动起来,学生是否在积极思考;教师是否

采用了易于学生理解的方式,是否强化了学生的自主学习。我们要把教学的空间和时间留给学生,让教师和学生共同成为课堂的主角,并实现教学内容的预设和生成。

评价学生的重点是看学生是否学会了学习,是否掌握了地理学习的技巧和方法,其教学活动参与度如何。对学生的评估可以通过记录学生的学习行为,如学生在课堂上回答问题的质量,反映学生参与课堂教学的过程和他们解决问题的思考过程。

我们不能忽视身边的教育评价方式,这往往是最实际、最有效的评价。例如,学生的日常作业,它是一种常态的教学测量,教师批改作业就是一种重要的、经常性的评价。考试是一种测量,但不能简单等同于评价。测量的作用不仅仅是区分,其关键在于利用测量结果来分析、反馈、矫正教学。对日常教学活动的分析评价,应体现地理教育评价的发展性、多元性和过程性。

教育评价中应当注意避免过于强调对学生的赏识和赞美,而缺乏对学生进行正面教育的倾向,因为恰当的批评有利于培养学生的承受力和责任心。

发挥评价作用的关键在于教师,教师通过分析学生的学习活动,如作业问题、考试结果,判断学生学习状况,反思教学,分析教学问题,反馈调整教学,及时提高教学的针对性。

评价课堂应该深入剖析课堂教学中的师生行为,从教学活动的细节分析回到对课程标准、教材、地理思想和方法的理解和思考,以及对教育规律、教育本质的思考上去。在评价过程中,厘清评价背后的教育价值观变化,从而使教育评价成为实现地理有效教学的保证。

三、关注地理教育理念,反思地理教育的价值追求

地理教师对新课程的理解往往是在具体的操作和实施过程中逐步加深的,教师的专业态度也是在教学实践中逐步形成的。从当前实际来看,一线教师更关注地理教学技术层面问题的解决,而且这一呼声越来越高。但是,随着课程改革的稳步推进,我们在关注教学技术的同时,更需要关注教育理念。爱因斯坦曾说,世界上的万事万物转瞬即逝,但只有事物背后的本质——理念是完美的永恒存在。地理教师在专业发展的道路上,应当关注和追求理念的转变和升华。

地理有效教学从属于地理教学的"上位"层面——教育价值观,即地理教育的理想、教师的教育追求。这包括教师对自我人生价值的认知、地理教育态度和对学生的培养期待等。从这层意义上说,地理有效教学的终极目标是实现地

理教育理想,培养学生成为具有良好地理素养的现代公民,引导学生"学习对生活有用的地理"和"学习对终身发展有用的地理",促进学生生命整体发展。地理教育应该"有思想""有情感""有视角""有生活",帮助学生认识世界、发展自己,从而实现教师的人生价值。

新课程改革背景下的教育文化是继承和发展的,要善于从传统教育智慧中汲取精华,丰富地理教学实践。面对课程改革的"高原现象",面对不同层面的问题,我们要树立信心,转变观念,创造性地实施教学,使地理课堂向着课程改革的目标迈进,实现课堂重建,并赋予教学创造的乐趣,实现师生共同成长,实现地理课堂的有效教学。

基于提高地理课堂教学有效性的
案例分析与思考①

一、问题的提出

　　课堂教学既是课程改革的起点,也是课程改革的落点。近年来,不少专家学者和一线教师对如何提高课堂教学有效性给予了充分的关注,并进行了许多具有实际意义的探讨。

　　提高课堂教学的有效性,是通过提高课堂教学活动具体环节的有效性来实现的,包括课前备课、实际授课、作业批阅、教学反思等环节。影响地理课堂教学有效性的因素复杂多样,主要包括学生的学习基础、学习习惯、心理状态,教师的专业基础、教学语言、教龄、生活经历,教材内容,教学目标的适切度,教学活动的设计,教学过程的调控,课堂教学评价,等等。课堂教学过程是上述诸因素相互联系、相互影响的动态过程。

　　提高课堂教学有效性依赖于教师教学技术的不断提高。正是由于一线教师的不断实践,我们对地理课堂教学规律有了更加深入的认识,并产生了新的思考。

　　分析地理课堂教学的有效性,可以有不同的视角,因为教学是见仁见智的事情。本文对教学案例的分析主要基于案例研究者的关注视角,可能具有一定的局限性。教学案例中教师所使用的教材均为人民教育出版社版。

二、基于提高地理课堂教学有效性的案例分析

1. 确定恰当的教学目标是提高地理课堂教学有效性的起点

　　美国著名心理学家、教育家布鲁姆曾说,有效的教学,始于期望达到的目

① 原文发表于《中学地理教学参考》2011年第9期第4-9页,并被中国人大复印资料全文收录;在中国教育学会地理教学研究会主办的"两岸四地中学地理教育研讨会"上被评为全国二等奖(2010年10月)。在此对本文教学案例中承担教学工作的各位教师表示感谢!

标。如何有效实施教学,应当从准备策略开始,首先是教师对三个维度教学目标的理解和恰当表达。

【案例1】某校L老师高中地理必修一"全球气候变化"一节教案的教学目标。

【课程标准】根据有关资料,说明全球气候变化对人类活动的影响。

【教学内容分析】略

【教学目标】

[知识与技能]

1.通过资料认识全球气候一直处于波动变化之中,并呈现出一定的变化周期。

2.举例说明全球变化对人类活动的影响。

3.了解人类应对全球气候变化的对策。

[过程与方法]

1.初步学会分析相关资料,并运用于地理学习过程中。

2.以小组的形式合作探究目前气候变化的影响、应变措施。

[情感态度与价值观]

1.培养学生尊重自然规律、积极地适应自然规律,并在尊重自然规律的前提下改造自然的观念。

2.激发学生探究地理问题的兴趣和动机。

案例分析:

教学目标的确定主要依据学科课程标准和学生的学习基础。教材分析侧重于分析教材对课程标准的落实情况,以及教材的内在逻辑结构。

教师依照课程标准的要求,在制定教学目标时能够做到从三个维度去表达。然而,教学目标能否在教学中落实和达成,涉及教师对教学目标三个维度的理解,以及教学目标能否贴近学生的生活实际等。这里我们关注两个问题:

第一,教学目标"过程与方法"维度中的"以小组的形式合作探究目前气候变化的影响、应变措施",表述不够恰当。高中地理课程标准在课程目标中对"过程与方法"有明确的表述,强调对具体地理问题的学习活动,要体现地理学科思维以及分析研究问题的过程性和方法性。"以小组的形式合作探究"表达的是学习组织方式,不是"过程与方法"维度应当表达的内容。

第二,情感态度与价值观目标的适切性。案例中的情感态度与价值观目标没有结合本节的教学内容,显得有些空洞。教师可以考虑根据学生情况和本节的教学内容,对"培养学生尊重自然规律、积极地适应自然规律……"做具体解读,使情感态度与价值观目标更加接近学生的生活,把课程目标落到实处。

在实际教学中,有些教案的教学目标比较拘于形式,笼统,或浮于教学的表面,操作性不强,教学活动中难以把握和落实;有的教学目标设置过多,造成课堂教学活动松散;有的教师对课程标准不够重视,把课程标准中的内容标准简单等同于教学目标;有的教师把教学目标的重心放在知识与技能目标上,对过程与方法、情感态度与价值观目标缺少考量;有的教师把备课的重心放到教材上,忽视教学目标的作用和价值,但对教材的分析又缺乏深度。这些对于落实地理课程标准,提升课堂教学效果,无疑都是不恰当的。

建议:

确定恰当的教学目标是实现课堂教学有效性的起点。如何恰当地确定每节课的教学目标是每个教师必须面对的,因此,这类问题具有一定的典型意义。制定教学目标需要关注以下几个方面:

第一,教学目标的确定应依据地理课程标准,教材,学生的知识基础和能力状况,教师自己的专业基础和教学个性,以及学校现有的教学条件。地理课程标准是制定教学目标的基本依据,备课前教师要注意研读课程标准,理解课程标准三个维度课程目标的含义。教学目标应当涵盖"知识与技能""过程与方法""情感态度与价值观"三个维度,注意把握"过程与方法"和"情感态度与价值观"目标的确定和表述。

第二,对于教材的具体内容,明确哪些是课程标准所规定必须达到的基本要求?教材是怎样呈现这些内容的?落实课程标准要求的关键是什么?在此基础上,使教学目标具体化,不能把课程标准中的"课程内容标准"简单等同于教学目标。

第三,要认真了解学生的学习基础、心理特点。依据"最近发展区理论",着眼于学生学习的最近发展区,确定教学目标,以调动学生的积极性,发掘学生的潜能。因此,教学目标要贴近教学实际,贴近学生生活,要明确、具体,具有实际可操作性。同时,制定课堂教学目标应遵循循序渐进的原则。

2. 创造性地使用教材是提高地理课堂教学有效性的重要因素

教学是富有创造性的活动。一节课给我们留下深刻印象,不仅仅是因为教学活动较好地实现了课程标准的要求,体现了教师良好的专业素养,更重要的是,这些教学活动体现了教师和学生的创造性。

【案例2】某校C老师七年级地理上册"海陆的变迁"一节"大陆漂移说"部

分的教学活动。

[教学过程描述]

①首先,教师简要介绍:魏格纳躺在病床上,偶然发现世界地图上大西洋两岸大陆轮廓的凹凸吻合,由此提出了大陆漂移说。然后,引导学生看第34页"图2.14 难道仅仅是巧合吗":轮廓吻合的非洲西岸与南美洲东岸,像撕破的一张纸,可以拼合在一起。同学的反应是惊喜、感叹,几乎没有同学质疑假说的科学性。

②教师拿出事先准备好的剪切曲线非常吻合的两片白纸拼在一起(放在实物投影仪上),让同学观察,然后问:"这两片纸原来是连在一起的吗?"同学们根据刚才的印象,一起回答:"是的。"稍后,教师又拿出另一片两边剪切曲线与前两片分别吻合的白纸放在二者中间,三片纸非常完美地拼在一起。这时教师又问:这三片纸原来是连在一起的吗?仅仅根据轮廓上的一致性来判断,显然是不正确的。教室里先是非常安静,然后自然形成了同学们共同参与的问题讨论。

③接着,为了加深学生的理解,教师把刚才的演示活动又做一遍,并提出相同的问题,这时学生的回答是"不一定"。"很好,那么怎样才能判断这两片纸原来是不是连在一起呢?"教师进行了第二个演示活动,把既有图片又有文字的一页纸撕开后,再拼到一起。通过比较、讨论,学生达成共识,这两片纸不只是轮廓上吻合,纸上的图案内容也完全可以拼接起来,由此可判断这两片纸原来是连在一起的。

④这时,教师引导学生阅读第36页阅读材料《偶然的发现 伟大的假说》,并补充一些大西洋两岸地质构造、古生物化石等证据材料。这样,抽象的"大陆漂移说"理论为学生所理解和接受。

教师总结"大陆漂移说"的主要观点。

案例分析:

第一,"海陆的变迁"一节落实的地理课程标准是:"举例说明地球表面海陆处在不断的运动和变化之中。知道板块构造学说,说出世界著名山系及火山、地震分布与板块运动的关系。"教材为了使学生形成对地球表面海陆处在不断运动和变化,及板块构造学说的认知,介绍了"大陆漂移说"。因此,学生对"大陆漂移说"的正确认知成为落实本节课程标准的关键。

第二,教材尽管提供了丰富的图文信息,但对于七年级学生来说,要对"大陆漂移"从直观感性认识上升到对该学说的科学认知,难度较大。因此,基于课程标准、学生的认知基础以及教材特点,"大陆漂移说"成为本节教学的重点和难点。

第三,突破难点的关键在于:一是使学生形成对"大陆漂移"的感性认识,二是帮助学生理解"大陆漂移说"的科学依据。

建构主义教育理论提倡情境教学,认为学习者的知识是在一定的情境下,借助他人的帮助,如人与人之间的协作、交流,利用必要的信息等,通过意义的建构而获得。授课教师依据课程标准,结合教材内容,设计了学生易于理解的演示活动,把抽象的理论问题形象化,通过设疑、释疑,实现学生对教学难点问题的有效突破。

教师创造性地使用教材,设计的教学活动能够引导学生从观察现象到认识地理事物本质,符合学生的认知基础,激发了他们探究问题的兴趣和热情,遵循了认知规律,体现了科学的思维方法,使"大陆漂移说"的科学依据、基本内容为学生所理解,使学生真切地感受到问题探究的不断深入,实现了教学内容的预设和知识的生成。同时,把对学生科学态度和科学研究方法的教育,自然地融合到教学活动中,具体、生动,提升了课堂教学效果。

建议:

创造性地使用教材是提高课堂教学有效性的重要方面。如何做到创造性地使用教材,建议关注以下几个方面:

第一,教师要深入研究课程标准和教材之间的关系,研究教材的特点和具体教学内容的呈现方式,为实际教学采用恰当的方式和方法提供依据。

第二,要注意研究学生的年龄特点和生活体验,以期在活动中充分调动学生的学习兴趣和参与的积极性,在教学过程中应注重培养学生的问题意识、思辨意识。

第三,在充分理解课程标准、教材,了解学生的基础上,不拘泥于教材,适当"二次开发",活用、用实教材。同时,在教学设计上要注意体现教师个人的教学特色,具体教学活动设计要符合学生的认知规律,贴近教学实际。

第四,教师在活动设计上要选取适当的材料和科学的呈现方式,并适时确定教学活动的切入点。在教学中,教师要围绕教学主题,及时进行调控,发挥教师的组织、引导作用。

从课程及教学的角度来说,教材是教学的重要资源之一。成功的教学不依赖于教材,而是借助于教材,创造性地使用教材。

3. 地理课堂教学引入教学实验的得失分析

在课程改革的过程中,不少地理教师勤于思考,勇于实践,把地理实验引入课堂,生动直观,不仅调动了学生学习的积极性,而且丰富了地理课堂教学的实践。

【案例3】某校S老师八年级地理下册"沟壑纵横的特殊地形区——黄土高原"一节的地理实验教学和某校Y老师高中地理必修一"冷热不均引起的大气运动"一节的热力环流实验教学。

(1)某校S老师八年级地理下册"沟壑纵横的特殊地形区——黄土高原"一节的地理实验教学。

实验名称:水土流失与地表植被和降水强度的关系。

实验准备:在抽屉状的木盒内装满约10 cm厚的黄土,黄土表面覆盖一层薄薄的草皮(不同组实验条件不同),洒水壶一个,装满水的水桶一个,玻璃容器五个。

实验组织:分五组进行实验,每组做一种类型的实验。

实验过程描述:教师将学生分组,以小组为单位领取器材后进行实验。在实验过程中,教师引导学生观察黄土、流水和植被的状况,边实验、边观察、边思考,学生参与的积极性被调动起来。实验结束后,各组派代表介绍本组的实验情况。教师与学生对现象进行共同讨论,得出有关水土流失与地表植被覆盖率和降水强度之间关系的结论。

(2)某校Y老师高中地理必修一"冷热不均引起的大气运动"一节的热力环流实验教学。

实验名称:热力环流验证实验(教材第32页活动)。

实验准备:玻璃容器(100 cm×30 cm×40 cm),两小盆冰块和热水,一束香,火柴,玻璃板等实验器材。

实验组织:教师带领一组学生(4人)。

实验过程描述:教师在教学中先完成了"大气受热过程"的教学,进行铺垫后过渡到热力环流部分。接着,教师带着一组学生在讲台前演示热力环流实验。学生先在玻璃容器中放入一小盆冰块和一小盆热水,然后在二者中间放置点燃的香,最后用玻璃板将容器盖严。放入热水后,热气立即弥漫整个容器,预想中的热力环流并没有出现,实验效果不理想。教师简要说明实验应该取得的效果和结论后,进入下面的教学环节。

案例分析:

第一,"沟壑纵横的特殊地形区——黄土高原"一节落实的是义务教育阶段课程标准中关于认识区域的要求，包括位置与分布、联系与差异、环境与发展三个方面的内容，教材内容包括黄土高原的景观与成因、水土流失与脆弱的生态环境、生态建设。

黄土高原水土流失的形成是本节的教学重点和难点。由于学生缺少对黄土高原水土流失现象的直观认识，教师在教学处理上设计以地理实验的形式进行突破，根据教材第69页活动1的内容设计实验。为了使学生对水土流失现象理解得更加深入，教师在第69页活动1三种情况的基础上，又增加了"降水强度大、地表无植被保护"和"降水强度大、土质疏松"两种情况，结合教学实际对教材内容进行了有效的拓展。

教学中，通过实验比较，学生能够直观地分析出水土流失与降水强度、地表植被覆盖率之间的关系，实现了学生对黄土高原水土流失现象形成的认知，进而突破了黄土高原地貌如何形成的教学难点，达到了教学内容的预设和生成。

第二，"冷热不均引起的大气运动"一节落实的是，高中地理课程标准关于自然地理环境中物质运动和能量交换中"运用图表说明大气受热过程"的要求。热力环流原理是高中地理的重要内容。为了加深学生的理解，教材设置了活动栏目，利用实验验证热力环流。

从课堂实验过程来看，效果不明显。课后我们对实验进行了讨论，认为实验效果可能与容器、热水的控制等有关，并提出在容器中间设置隔板等设想。

第三，就两个教学实验来看，前者效果较好，后者效果不理想，这与实验准备、实验本身的难度等有关。教学中，当实验效果不理想时，教师可以考虑及时调整教学策略，针对教学中生成的问题，引导学生对问题做进一步讨论，并对问题灵活处理。例如，热力环流实验中，可以启发学生思考日常生活中有无类似的空气运动现象，如何改进教学实验，等等。总之，课堂教学中发生的现象和行为，无论顺畅与否，都同样具有教学研究的价值。

建议：

第一，重视教学实验设计的可行性问题。教师要确认实验能否有效地对教学重点或难点内容进行突破，要充分考虑实验所需要的设备条件，要对实验过程和结果有充分的准备。

第二，教师在实验过程中要注意对学生进行恰当的指导，注意调动学生参与的积极性，启发思维，帮助学生掌握分析问题的技巧和方法。

第三，教师应当明确教学实验的意义和局限，严谨地对待实验的科学性问题，培养学生的科学态度。事实上，由于地理环境的复杂多变，教学演示实验与实际地理环境之间往往存在着很大的差异。

4. 地理课堂教学应具有地理学的方法和视角

课程改革以来,地理教材发生了很大的变化,其中增加了不少反映社会发展、体现时代进步的内容。这些内容具有深刻的地理意义,也具有社会、政治、经济等方面的背景和意义。在课堂教学中如何突出地理学科的视角,使教学内容更加生动,使教学更加具有地理学科特点,是我们应当关注的问题。

【案例4】某校L老师高中地理选修六"环境保护 公众参与"一节的教学活动。

教学过程描述:

①【导入新课】设问:走可持续发展道路是不是仅仅靠政府部门加强管理、颁布法规就能完成呢?还要做什么呢?(学生回答:公众参与)公众参与是可持续发展取得成功的关键。

②【板书】一、民间环境保护组织

[举例]我国政府批准成立的第一个较大的群众性民间环保团体——自然之友。

[讨论]通过自然之友的简介,大家认为它的优势是什么?工作方向是什么?

[总结]民间环境保护组织

[讲述]我们青少年有没有参与环保的义务呢?我们每一个人都要有保护环境的责任感。

③【板书】二、个人环境道德修养

[讲述]我们必须数立一种环境伦理意识。介绍环境伦理定义,看教材第95页"表5.4环境道德的主要内容"。

[讨论]你觉得环境道德还应该包括哪些内容?大家觉得在我们的校园里有没有违反环境道德的行为呢?请举例。

[多媒体投影]校园里违反环境道德的照片和问卷调查结果。分析原因,我们该怎么做呢?展示环保倡议书。

④【总结】人类是与环境相互依存的,我们有责任保护它。我们青少年必须提高环保意识,自觉约束自身行为。

⑤【案例】介绍杰桑·索南达杰的事迹。我们身边也有这样的环保卫士,如安徽财经大学的外籍教师柏娜·沙丽文女士。

⑥【作业】做一次主题为"环境保护,从我做起"的环保宣传活动。

案例分析：

第一，"公众参与"一节落实的是高中地理课程标准"理解个人在环境保护中应具备的态度、责任和行为准则"的要求。学生对环境保护中公众参与的理解和具体感受，以及对学生环境保护的情感态度与价值观教育是本节的教学重点。突破重点的关键在于使学生形成对公众参与的认识，以及对公众参与的正确态度。

第二，这节课由六个中心教学活动组成。这里我们关注的问题是：如果这节课换为政治教师来上是不是也可以呢？换句话说，地理课展示了地理学科特点吗？听完课后，与L老师进行了交流，对有关问题达成了共识，明确了修改意见：一是以地理的视角选取具有学科特点的典型案例，补充到教学活动中，说明公众参与的价值和意义；二是借助地理学科的表达工具，如地理图表等，分析相关环境保护案例，培养学生表述地理事物的能力。

建议：

第一，这类教学具有一定的典型意义，地理教学要体现地理学科的方法和视角。

第二，对于教材中的案例等内容，教师可以根据教学需要和学生实际，依据课程标准，以综合性、地域性的视角，选取适当的地理素材，引入教学活动，或对现有案例材料进行调换等。教学中要结合图表材料，重视地理思维培养，凸显课堂教学的地理性。这样一方面完善了教学内容，丰富了学生的地理视野，另一方面体现了教师教学活动的创造性。

当然，教师也可以调动学生参与教学活动，引导他们从地理学的视角，关注现实生活，运用地理学观察、思考、表达问题，把鲜活的地理内容带到课堂学习中来。

5. 案例教学的"进得去，出得来"

案例教学是一种以"案例"为"中介"，以阅读、提问、分析、讨论、提升、拓展为主要环节的教学活动。案例教学要求"进得去，出得来"，即所选案例材料是为了分析问题的需要，通过案例分析，能够进行方法迁移，扩展运用于其他同类问题或相近问题。案例教学做到"进得去，出得来"，以及恰当地使用案例材料是提高案例教学有效性的重要方面。

【案例5】某校W老师高中地理必修二"交通运输布局变化的影响"一节的课程资源使用与教学目标的达成。

教学过程描述：

①【导入】利用一组蚌埠新城区的图片指出：随着经济的发展，蚌埠的聚落形态是在不断发生变化的。"影响聚落形态变化的因素很多，这节课我们来学习交通运输布局变化的影响。"

【板书】5.2 交通运输布局变化的影响

②[幻灯片]出示株洲和筑波两幅图片。提问：两个城市形态形成的原因是什么？

【过渡】从刚才两幅图中可以看出，交通运输方式对聚落形态产生很大影响。

③[幻灯片]出示蚌埠不同时期的三幅聚落形态图。

分组讨论：蚌埠聚落形态发生了怎样的变化？发生这些变化的主要交通因素是什么？

学生回答，教师总结：蚌埠在民国时期聚落范围很小，基本上沿蚌埠港和津浦线分布；到1980年，随着淮河路和胜利路的修建，蚌埠向东西延伸；现在从图上可以看出，蚌埠又沿着解放路和朝阳路向南发展。

[幻灯片]出示成都城市形态图、重庆城市形态图和兰州城市形态图，提问：这三个城市形态形成的原因？（地形和河流）

交通不是影响城市聚落形态的唯一因素，地形、河流也是影响城市聚落形态形成和变化的重要因素。

④【思考】京沪高速铁路蚌埠站建成后，蚌埠的聚落形态将会发生怎样的变化？

学生回答，教师讲解：蚌埠站建成后，蚌埠聚落形态将会发生新的变化，总的趋势会依托现有的东海大道向东南方向发展。

提问：那么同学们想一想，高铁站建成后，由于人流向这个地方集中，从城市功能分区来看，首先发展的是哪些功能区呢？

回答：住宅区和商业区。

【过渡】对！据介绍，规划于大学园区东侧的高铁蚌埠站地区将建成金融、贸易、居住等综合配套、功能齐全的现代化新城区。可见，交通运输布局的变化不仅影响城市聚落形态的变化，也会影响商业网点的分布。

⑤【板书】对商业网点的影响

[幻灯片]出示"淮河晨刊"图片。请问图中红色区域是什么地方？是二马路小商品市场。20世纪该市场在蚌埠乃至周边地区都十分出名，为什么现在要搬迁？

提问：二马路小商品市场商业地位下降的原因是什么？

学生回答，教师讲解：二马路位于淮河南岸，正对着当时蚌埠的客运码头，也就是说此处是人流和物流的集散中心，交通位置优越。21世纪初，随着朝阳路大桥的通车，蚌埠客运码头被拆除，导致二马路小商品市场商业地位下降。因此，交通布局的变化影响商业中心的发展。

[幻灯片]请问红色区域是什么地方？路桥小商品市场和光彩大市场。思考：这两个市场形成和发展的主要交通因素是什么？

教师讲解：两个市场均位于主干道路交会处，且靠近高速公路入口，交通条件十分优越，所以近几年发展速度非常快。从这也能看出交通运输布局的变化对商业网点的位置是有很大影响的。

【活动】出示幻灯片，提问：同学们知道红色区域是什么位置吗？

分组讨论：淮河路和华夏第一街有什么交通优势呢？为什么也会形成商业中心？

教师讲解：商业网点的形成和发展，交通因素并不是唯一的因素，市场也是商业网点形成和发展的重要因素。

⑥【课后合作研讨】阅读课本第84页"平原和山区商业网点分布图"，平原地区和山区商业网点在分布特点上有什么不同？为什么会有这样的差异？

⑦【总结】本节课首先利用教材中的株洲和筑波两幅图片展示了交通运输方式和布局对城市形态的影响；其次，用蚌埠20世纪初到21世纪初的三幅图片来分析蚌埠交通运输布局的变化对城市聚落形态的影响；最后，通过蚌埠商业网点变化的实例，分析交通运输布局对商业网点的影响。

案例分析：

"交通运输布局变化的影响"一节落实的，是高中地理课程标准中"结合实例，分析交通运输方式和布局的变化对聚落空间形态和商业网点布局的影响"的要求。教师依据教学实际，发挥教学的创造性，替换教材中的案例（案例3：不同时期北京商业中心与交通的发展变化），选取蚌埠市城市交通运输布局变化对城市聚落形态、商业网点分布的影响作为中心案例，引导学生进行分析，并贯穿教学始终。案例贴近学生生活，加深了学生对问题的理解，调动了学生学习的积极性，落实了课程标准的要求。

这节课由七个中心教学活动组成，这里我们关注课堂教学中案例教学的实施。

第一，从课程标准来看，本节教学属于案例教学。教师所选的案例来源于当地实际,具有典型性、真实性和说明性。案例教学要求"进得去,出得来",教学的落点不是案例本身,而是案例所表达的地理思想和方法,包括地理规律和原理等。

教师重视课程资源的开发,并把乡土案例贯穿于整节课的教学过程中。教学起点明确,最后总结落于家乡交通建设的改变对城市聚落形态、商业网点影响的认识上。从案例教学的要求来看,这样的处理不是很恰当,有些拘泥于案例本身,没有做到"出得来",没有回到从一般意义上讨论交通运输方式和布局的变化对聚落空间形态和商业网点布局的影响上面来。

第二,聚落空间形态的变化、商业网点的布局受多方面因素的影响,交通运输方式和布局变化是形成聚落空间形态变化、商业网点布局的重要因素之一,教师在教学中应当给予说明。同时,告诉学生交通运输方式和布局的变化对聚落空间形态和商业网点布局的影响是复杂而深远的,要用辩证的和发展的观点看问题,从思想上对本节的教学内容加以提升。

第三,对于所选取的案例材料,结合教学实际,可以适当精简,能够说明问题就可以了,例如活动⑤中的案例可以考虑有所调整。

建议:

第一,案例教学从本质上说,不是知识性教学,而是方法性教学。在具体教学过程中,要切实加以把握,努力做到"进得去,出得来"。案例教学的落点应当落于地理学的规律、原理和方法,落于具体教学目标的实现,落于教学对应的地理课程标准。

第二,教师重视学生的生活体验,发挥教学的创造性,对教材中的案例进行调换是可行的。但案例的选取要依据课程标准,与课堂教学目标的要求相一致,要具有典型性、真实性和针对性,宜精不宜繁,要注意课堂的教学容量。同时,从课程资源的角度来看,教材是核心的课程资源,教学活动应当重视对教材的充分利用。

三、基于提高地理课堂教学有效性若干问题的思考

1. 有效教学与遵循教育规律

从某种意义上说,我们对有效教学的追求,本质就是对教育理想的追求。温家宝同志在2009年教师节后发表讲话时说:"教育要符合自身发展规律的要求……"追求教育理想的基本依据就是教育教学必须遵循教育的自身发展规律。

加拿大学者迈克·富兰在《变革的力量:透视教育改革》中说:教师教学的最大特点是教学情境的不确定性,教学对象的复杂性和差异性,教学决策的不可预见性和不可复制性。教师专业需要实践的智慧,需要提高教师观察决断的能力和随机应变的能力。课堂教学是生动多样的,我们不应当忽视自身的教育发展环境,而去生搬硬套他人的教学模式和教学方法。教学方式与学习方式无优劣之分,贵在得法。从这种意义上说,没有完美的课堂教学,课堂总是存在这样那样的问题,"只要是真实的就是有缺憾的"(华东师范大学叶澜语)。我们不能因为课堂教学存在缺陷而对课程改革的实践产生动摇,甚至失去变革课堂教学的勇气。华东师范大学叶澜教授认为:一堂好课没有绝对的标准,但有一些基本的要求,包括:有意义,有效率,有生成性,有常态性,有待完善的课,归纳起来就是——扎实、充实、丰实、平实、真实。可以说,叶澜教授提出了有效教学追求的方向。

我们要慎重对待地理教育创新。教育创新不等于从无到有,而是在原有的基础上找到适合不同学生和教师的学法、教法等,其本质在于因材施教。从这样的意义上说,提高地理课堂教学有效性的关键在于从实际出发,切实遵循教育自身发展规律。

2. 有效教学研究——教师专业生活的重要内容

有效教学研究是教师日常专业生活的重要内容,也是一项教师专业技术学习活动。这种技术活动往往依托师生间、教师间的合作交流来实现。一方面,有效教学研究是基于教育教学规律的研究,研究活动根植于课堂,使课堂充满生命的活力是有效教学追求的核心。另一方面,现代教学论认为,学习过程是以人的整体的心理活动为基础的认知活动和情意活动相统一的过程,教师的专业生活具有情感性特点,所谓"亲其师,信其道",教师间、师生间的情感培养与专业学习、研究联系紧密。

《国际地理教育宪章》提出:地理教育要培养现在和未来世界中负责任且活跃的公民。地理教育"培养现代公民必备的地理素养",引导学生"学习对生活有用的地理"和"学习对终身发展有用的地理",以促进学生生命的整体发展。地理教育应该有思想、有情感、有视角、有生活,这就要求地理课堂教学紧密结合学生的生活实际,在认识现实世界的过程中,认同地理价值观,掌握地理学科的思想和方法,而不是仅仅为了应付各类考试。地理有效教学研究的终极目标是培养学生成为具有良好地理素养的合格公民,从这个层面上说,有效教学研究具有更加深远的意义。

目前地理有效教学研究方兴未艾，一方面，研究处于较低层面，比较空泛，"萝卜煮萝卜"现象普遍；另一方面，有效教学研究的成果没有得到积极推广。面对这样的情况，是抱怨、轻视，还是深入思考、积极对话、参与其中？我们应该不断学习，不断实践，增强教学反思能力，使地理课堂教学充满创造的力量。

3. 认同学科价值观，坚持专业发展的道路

目前地理教育中存在的问题有：教师队伍和水平参差不齐，学习不够，教育观念与教学需要相脱节，教学行为缺乏理论支持；缺乏对地理思维、地理能力培养的深入探讨，忽视对学情的掌握和研究；课堂教学停留于教材的表层，对教材知识的内在逻辑结构等分析不够，教学活动与学生的地理思维能力培养相脱节；在高三教学中，备课脱离课程标准，以传统备考的经验为准；等等。解决这些问题除了教学技术层面外，教师认同学科价值观、调整职业心态是关键。

进入课程改革以来，各地出现了很多优秀的地理教师，这一群体的共同特点是：认同学科价值观，具有高度的责任心，有良好的职业态度，专业基础扎实，对教育充满敬畏。他们长期坚持专业修炼，以富有生命力的课堂和不断深入的教育研究，丰富了地理教育文化，实现了教师的文化自觉。对于这些优秀教师的研究，可以从教师发展的道路上探讨，寻求他们专业成长的共性，以期为更多教师提供有益的借鉴。

面对课程改革中遇到的困难和"高原现象"，我们应当坚信真正的课程改革发生在课堂上，切实转变教育观念，保持开放积极的心态，主动跟进，改变习惯思维，勤于思考，善于实践，就一定能够解决课程改革过程中遇到的教学问题，并在解决教学问题的过程中获得成功的快乐。认同学科价值观，正视教育发展环境的差异，坚持专业发展的道路，是成为合格地理教师的必经之路。

参考文献：

[1]中华人民共和国教育部. 普通高中地理课程标准（实验）[S]. 北京：人民教育出版社，2003.

[2]中华人民共和国教育部. 义务教育地理课程标准（实验稿）[S]. 北京：北京师范大学出版社，2001.

[3]教育部基础教育司. 全日制义务教育地理课程标准解读[M]. 武汉：湖北教育出版社，2002.

[4]叶澜. 什么样的课算好课[J]. 校长阅刊，2006（12）：26-28.

[5]迈克·富兰. 变革的力量：透视教育改革[M]. 中央教育科学研究所，加拿大多伦多国际学院，译. 北京：教育科学出版社，2000.

[6]吴岱峰. 新课改下地理课堂教学有效性的思考[J]. 中学地理教学参考，2008（9）：6-7.

中部地区义务教育阶段地理新课程实施现状分析

——以安徽省蚌埠市课程改革实验区为例[①]

一、研究目的和意义

中部地区是指位于我国中部的山西、河南、湖北、安徽、江西、湖南等省份。在沿海地区改革开放和西部大开发的背景下，中部地区经济水平不高，发展较为缓慢，GDP约占全国的22.5%（2003年）。相对来说，中部地区教育投入不足，地区间发展不平衡，教师队伍的专业化水平有待提高。

安徽省教育发展在中部地区具有典型性。本文对安徽省义务教育阶段地理新课程的实施状况进行研究，旨在了解中部地区新课程实施过程中，教育观念、教育行为、教育评价、学习方式、课程目标实现等方面的状况、存在的问题，并进一步探讨解决问题的措施。

二、研究背景

安徽省2002年秋开始七年级新课程实验工作，从课程功能着手，强调培养学生积极的学习态度，使其在学习知识和技能的同时，形成正确的价值观。在学习方式方面，倡导"主动、探究、合作"的学习方式。

经过近几年的课程改革实验，课程改革成效逐步显现，教师的教育观念、教育行为，学生的学习行为都发生了不同程度的变化。

三、研究对象

安徽省蚌埠市是一座中等规模城市。蚌埠市首批参加基础教育课程改革的共有31所中学、12 116名初一新生。在31所中学中，有10所在郊区，7所区

---

① 原文在第四届"创新杯"全国地理教研论文评选活动中获特等奖（中国地理学会、《地理教育》杂志社，2005年）。

属,另外还有4所民办初中,其余均市属。参加课程改革的地理教师中,本科学历的有3人,大部分是专科学历,还有一些非地理专业的兼课教师。学校的教学环境、教师队伍差别比较大。由于种种原因,不少教师的教学积极性不高,教育观念陈旧,业务水平有待提高。

选择的调查对象是完全中学(包括重点中学和普通中学)、初级中学的教师和学生。接受问卷调查的教师的有关资料如表1和表2所示。

表1　接受问卷调查的教师年龄结构、学历结构

年龄结构			学历结构		
50岁以上	30~50岁	30岁以下	本科学历	大专学历	其　他
7人	27人	3人	3人	31人	3人

注:大专学历中非地理专业16人。

表2　接受问卷调查的教师所在学校类型、职称结构

所在学校类型			职称结构		
重点中学	普通中学	初级中学	中学高级	中学一级	中学二级
7人	19人	9人	6人	12人	15人

注:2人没填学校类型;见习1人,3人没填职称。

四、研究方法

调查主要采用问卷和访谈的方式进行,访谈包括座谈、教学研讨等形式。问卷设计主要依据《全日制义务教育地理课程标准(实验稿)》和教学实际,分别从教师和学生的角度设计了两套问卷。

问卷调查样本的选择上,教师问卷兼顾市区和郊区不同类别的学校;学生问卷主要针对市区不同类别的学校,具有代表性。本次调查发放学生问卷180份,教师问卷37份,收回有效问卷共217份。

分析不强调不同学校之间教师和学生的差别,而是从整个实验区的角度对教师和学生问卷的有关问题,结合访谈,进行归纳分析。研究所关注的变量主要是教师和学生对课程实施的行为和态度。

五、调查资料分析

1.教育观念

教师问卷(1):经过一年的教学实践,与原教材相比,在新教材的教学过

程中,您感觉自己的教育观念、教育行为、教育方式较以往(　　)

　　教师问卷(2):如果在教育行为上发生了变化,您所侧重做的是(　　)

如图1所示,"有很大程度的改变"占56%,"考虑教学实际,有所改变"占31%,"有根本改变"占13%,无一人"没有变化,感觉差不多"。如图2所示,参加问卷的教师在理解课程目标上发生了根本的变化,过去那种简单的"注重知识与技能教育"消失了,知识与技能、过程与方法、情感态度与价值观三方面并重的教育行为占62%。教师问卷(1)、(2)调查结果表明,教师的教育观念、教育行为较以往发生了很大变化。

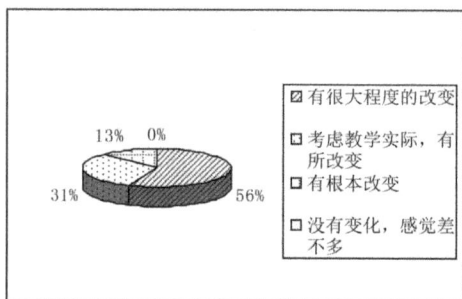

图1　教师问卷(1)调查结果　　　　图2　教师问卷(2)调查结果

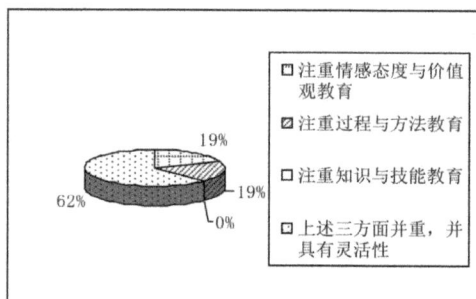

在座谈中不少教师表示,在新教材的教学过程中,他们发现自己原来的教育观念过时了,需要不断学习。有的教师表示,新课程标准使他们的视野开阔了,操作的空间更大,但上好一节课更不容易了。

另外,有些领导和教师反映:虽然教育观念有所转变,但是"穿新鞋,走老路"的现象在某些方面依然存在。

2. 教育行为

　　教师问卷(3):在新教材的使用过程中,您是否结合教学实际,灵活地、创造性地使用教材,开发课程资源(如结合教学内容,把教材内容重新组织整合,或适当补充读物,如图片、光盘,或外出观察等)(　　)

构建开放式地理课程是地理课程的基本理念之一,强调课程内容的开放性,强调充分开发课程资源,并创造性地使用教材。如图3所示,在新教材的使用过程中,75%的教师"对教材也做了一些拓展,但效果不是很好",6%的教师"不知道如何操作,缺少有关的知识、技能",19%的教师在开发课程资源方面"已经做了,效果很好",没有教师认为费事而不愿意做。学生及家长对教学中课程资源的开发没有不同看法。从教师问卷(3)调查结果可以看出,教师理解地理课程理念,普遍重视课程资源的开发,但缺少有关的知识和技能,在对课程资源的开发和使用上存在问题。从这个角度上说,要确保课程改革的顺利推进,亟待提高教师的业务技能。

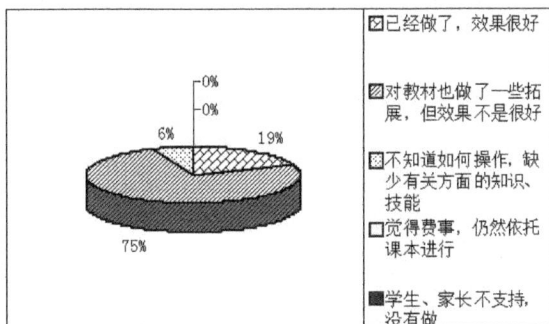

图3　教师问卷(3)调查结果

教师问卷(4):在教学活动中,您是否做到尊重学生,依靠学生,注重培养学生的创新活动(　　)

尊重学生,构建新型的师生关系,培养学生的创新精神是课程改革的重要目标。如图4所示,"已经做了,效果很好"占63%,"做了一些,但效果不是很好"占31%,无一人"觉得费事,还按照过去的方法组织教学","一般,有时这样做,不看重效果"占6%。数据显示:教师在教学活动中普遍做到了尊重学生,依靠学生,注重培养学生的创新精神,在教育观念和教育行为上的转变是明确的。值得注意的是:座谈中反映出一些教师对"尊重学生,依靠学生,注重培养学生的创新精神"的理解有失偏颇,特别是对创新的理解不是很准确,这说明教师的教育理论水平有待提高。

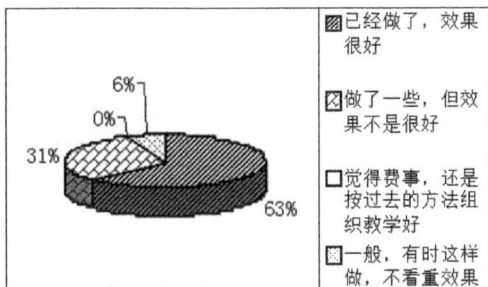

图4　教师问卷(4)调查结果

教师问卷(5):在教学过程中,您是否注意与同事、学生进行沟通、交流(体现同伴互助)(　　)

教师问卷(6):在教学过程中,您是否在课后进行教学反思(　　)

如图5所示,无一人"没有发生交流活动,根据经验,自己完成教学活动","重视与同事之间的沟通、交流,缺少与学生的交流"占25%,"注意与学生的交流,缺少与同事之间的沟通、交流"占19%,"有时发生,次数很少"占6%,"重视与同事、学生之间的沟通、交流"占50%。如图6所示,无一人"感觉没有必要,没有进行教学反思","注意到教学反思的重要性,及时进行教学调整"占81%,"注意到教学反思的重要性,但没有及时进行教学调整"占19%,无一人"有时进行,次数很少"。数据显示:参加问卷调查的教师对教学反思以及与同事、学生之间的沟通、交流(体现同伴互助)给予了较高的关注,体现出课程改革的教育理念正逐步被教师所接受,教育行为的质量正不断提高。

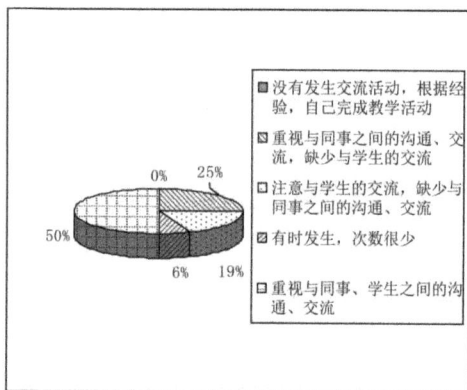

图5 教师问卷(5)调查结果　　图6 教师问卷(6)调查结果

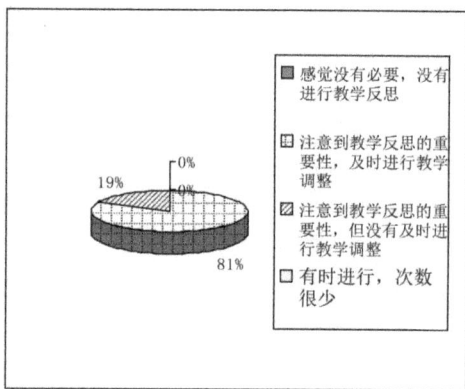

教师积极进行课后的反思和交流,解读课程标准,探讨对教材的认识,提高了教育教学行为的科学性。例如,在蚌埠五中,我们听了王芳老师的"巴西"一节课。在上课的过程中,王老师充分调动学生的积极性,切实体现出课堂教学的开放性,且在评价学生方面表现出很好的导向性。课后很多教师肯定了这节课,并具体分析了教学行为,提出了一些有见地的看法,如教材内容的整合问题,足球文化与巴西文化之间的关系,有关多媒体的处理,等等。在新课程的教育理念下,如何处理教材?如何看待地理基本规律的教学?如何评价一节好课?不乏灼见,给授课者和听课者留下更多的是启发和思考。

教师问卷(7):在教学过程中,您使用多媒体辅助教学吗(包括互联网)(　　)

构建基于现代信息技术的地理课程是课程改革的重要理念之一。各地教育条件不同,因此使用多媒体辅助教学的水平也存在差异。如图7所示,62%的教师"根据教学内容和学校实际,选用(包括多媒体辅助教学在内的)教学手段",19%的教师"偶尔"使用,6%的教师"经常"使用,13%的教师"不了解"多媒体辅助教学。一方面,教师充分认识到应用现代信息技术对目前和未来地理教学的意义;另一方面,实际教学工作中教师使用多媒体辅助教学难度很大。

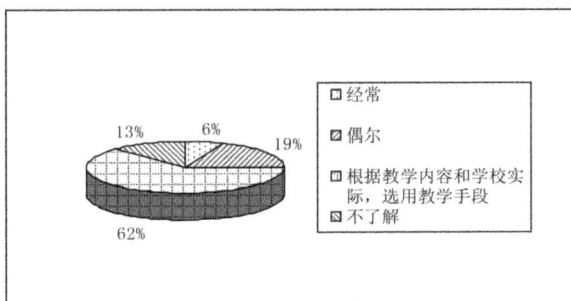

图7 教师问卷(7)调查结果

3. 学习方式

教师问卷(8):在教学过程中,学生的学习行为(如学习兴趣、主动性、课堂教学、课外活动的参与、作业等)( )

教师问卷(9):如果有变化,主要发生在( )

改变学习方式是课程改革的重要目标之一。如图8所示,"有根本改变"占13%,"有变化,不是很大"占25%,"有很大程度的改变"占49%,"没有变化,感觉差不多"占13%。

关于学生学习方式变化情况,如图9所示,"课堂学习,分组学习等"占62%,"家庭学习,如利用电脑等"占6%,"课外综合实践活动"占13%,"课堂学习、课外综合实践活动、家庭学习"占19%。

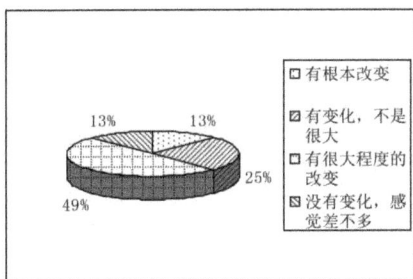

图8 教师问卷(8)调查结果

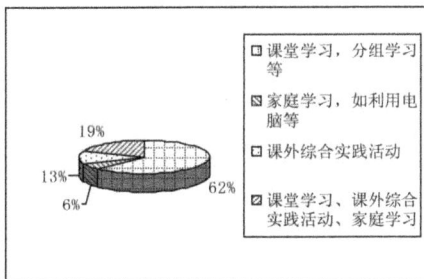

图9 教师问卷(9)调查结果

数据表明:大部分教师认为学生的学习行为发生了很显著的变化。学生的学习方式出现多元化的特点,但课堂学习仍然是其学习的最主要渠道。

下面结合学生问卷,分析学生对学习方式的态度。

学生问卷(1):与过去的暑假相比,今年暑假你是否准备读一些与地理知

识有关的书籍,或者看一些地理方面的电视节目(　)

如图10所示,"准备看一些,读一些"占52%,"遇到就看"占46%,"没有多大兴趣"占2%。数据显示,参加问卷调查的学生在学习兴趣、学习方式上发生了变化,学习的积极性提高,主动学习行为在增加。

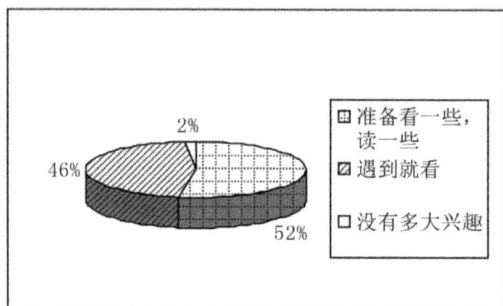

图10　学生问卷(1)调查结果

学生问卷(4):与过去相比,在地理学习的方法上(　)

学生问卷(5):与过去相比,同学们现在在学习过程中经常采用的学习形式有(　)

学生目前的地理学习方式如图11所示,"主要是死记硬背"占16%,"懂了后记忆"占64%,"缺少兴趣,不想学"占5%,"经常进行讨论"占15%。

学生经常采用的学习方式如图12所示,"课堂内学习形式多样化"占44%,"家庭学习,如利用电脑等"占10%,"课外活动"占6%,"课堂学习、课外活动、家庭学习"占40%。

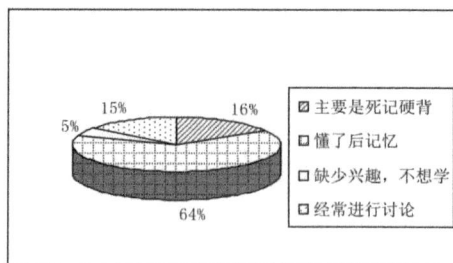

图11　学生问卷(4)调查结果

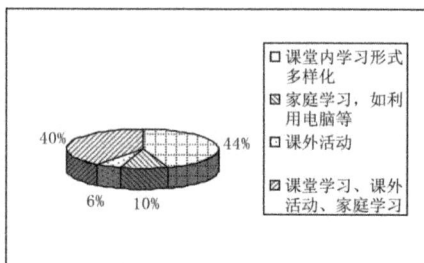

图12　学生问卷(5)调查结果

从学生问卷(1)、(4)、(5)的数据分析中可以看出,学生在学习方法和学习方式上发生了很大程度的改变。

综合分析教师问卷和学生问卷调查结果,我们得出如下结论:学生在学习行为和学习方式上发生了较大程度的改变,其学习积极性在提高,主动学习行为在增加。学生的学习方式呈现多样化,但目前课堂学习仍然是最主要的渠道。教师和学生对学生学习方式改变的认识基本一致。

4. 学习评价

学生问卷(6):在上课过程中,你的参与活动_____得到老师和同学赞赏。

如图13所示,"经常"占13%,"有时"占52%,"很少"占26%,"没有"占9%。数据显示,学生参与课堂活动的行为,并没有得到教师很大程度的鼓励。在课堂教学中对学生进行表扬,这是最重要、最有效的激励方式,但并没有得到教师的普遍重视。

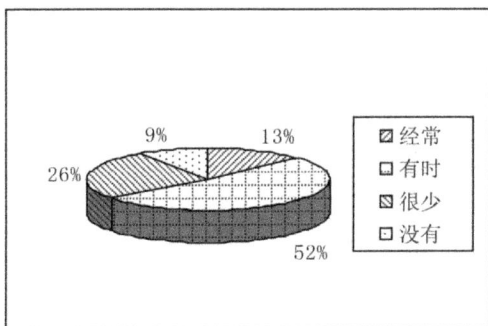

图13 学生问卷(6)调查结果

教师问卷(11):在教学过程中,对学生的评价如果没有发生改变,仍按过去的方式操作(考试),其主要原因是( )

如图14所示,"按过去的方式操作(考试),各方认同"占33%,"改变评价,不知道如何操作,缺少有关方面的知识、技能"占54%,没有"学生、家长不支持"现象,"学校不支持,缺少相应考评等"占13%,没有"不想费事"现象。

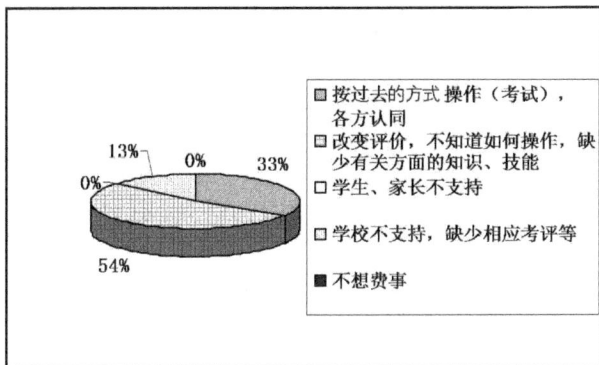

图14 教师问卷(11)调查结果

数据显示:第一,参加课程改革的大多数教师希望改变对学生的评价方式,但缺少相关的知识和技能。这反映出加强培训对于进一步推进课程改革的重要性。第二,传统评价的主要方式——考试仍然为各方所认可,但这一评价方式在教师心目中的地位大大降低了。第三,推进课程改革的外部环境是非常重要的,特别是学校对教师的评价激励机制,以及学生家长的关注和支持。第四,参加问卷调查的教师普遍忽视了家长和学生对评价的态度。

六、结论与建议

1. 结 论

第一,在教育观念上,教师较以往发生了很大变化,普遍认识到转变教育观念的重要性。教育观念的转变已经体现在教师的教育行为、教育评价等方面。

第二,在教育行为上,教师普遍重视课程资源的开发,在教学活动中普遍能做到尊重学生,注重培养学生的创新精神。参加问卷调查的教师对教学反思,与同事、学生之间的交流、沟通(体现同伴互助)给予了较高的关注,注意到教学反思的重要性。这体现了课程改革的教育理念正逐步被教师所接受,教育行为的质量正在不断提高。

第三,学生学习的积极性在不断提高,主动学习行为在增加。学习方式上呈现多样化,但课堂学习仍然是学生学习的最主要渠道。

第四,学习评价方面,"在课堂教学中对学生进行鼓励"这一评价方式没有得到教师的普遍重视。大多数教师希望改变对学生的评价方式,但缺少相关的知识和技能;考试作为传统评价的主要方式仍然为各方所认可,但这一评价方式在教师心目中的地位大大降低了;推进课程改革的外部环境是非常重要的,特别是学校对教师的评价激励机制以及学生家长的关注和支持;参加问卷调查的教师普遍忽视了家长和学生对评价的态度。

2. 建 议

经过这两年的教育实践,教师的教育观念发生了很大变化,然而在落实课程改革目标上还存在不少问题。

第一,转变教育观念,落实是关键。座谈中一些教师表示"目前地理教材很活,没有很具体的要求,不如原来教材好教"等,表明对教材和课程标准的理解还不够深入。转变教育观念更重要的是要落到实处,即落实到具体的教育教学环节中。

第二,加强培训,提高教师的业务水平。问卷调查结果和座谈显示,参加课程改革的多数教师希望积极进行课程资源的开发,更多地使用多媒体辅助教学,但缺少相关的知识和技能学生、教材、课程标准对教师提出了更高的要求。解决问题的主要办法就是通过健全教师培训制度,建立以校为本的教研制度,进行研讨交流,开展课题研究,请专家指导,发挥专业引领作用,对教师进行不同形式和梯次的培训,提高继续教育的质量,以提高教师的业务水平。

第三,努力创造良好的课程改革环境。推进课程改革,学校是关键。学校要着力在教育环境上做工作,要保护教师课程改革的热情,要尊重地理的学科地位。座谈中,一些教师反映学校对教师评价不够重视,在一定程度上影响了教师的积极性。

第四,因地制宜,结合实际,逐步解决课程改革中所面临的问题。所调查学校中大多数教育经费缺乏,网络技术普及率有待提高,甚至缺乏部分基本教具。教师反映:①教材新,但与新教材配套的教学资源如教具、教学挂图、光盘等缺乏;②活动课需要的时间多,但课时有限;③班额普遍较大,开展活动困难;④新课程提倡使用现代信息技术,但目前不少学校尚不具备相应的条件。我们应当结合实际,与当地有关部门、学校协调,增加投入,改善办学环境,努力实现教学资源共享,从而逐步解决课程改革所面临的这些问题。

义务教育阶段地理教学现状的分析与思考

——以安徽省蚌埠市义务教育阶段地理教学为例①

摘　要：2010年是安徽省蚌埠市进入义务教育课程改革的第八年,回顾课程改革的实施过程,有很多地方值得总结和反思。为进一步推进课程改革,提升初中地理教学质量,我们对蚌埠市属和区属初中进行抽样调研。结果表明:地理教师在地理教育观念和教学行为上发生了较显著的变化,教师的教学方式和学生的学习方式也有所改变;学校和教师的教育评价行为改变不够明显,不同学校校本教研工作差异比较大;教师专业发展存在诸多困难,部分教师有职业倦怠感。本文在调研的基础上,就存在的问题进行讨论,并提出相关建议。

关键词：课程改革;教育观念;教学行为;教师专业自觉

2010年是安徽省蚌埠市进入义务教育课程改革的第八年,回顾课程改革的实施过程,有很多地方值得总结和反思。为进一步推进课程改革,提升初中地理教学质量,规范学校办学行为,我们从2009年10月到2010年4月,对蚌埠市属(完中初中)和区属初级中学就义务教育阶段地理教学进行了抽样调研。

调研结果表明:课程改革取得了积极的成效,教师在地理教育观念和教学行为上发生了较显著的变化,教师的教学方式和学生的学习方式也有所改变;学校和教师的教育评价行为改变不够明显,不同学校校本教研工作差异比较大;教师专业发展存在诸多困难,部分教师有职业倦怠感,实现教师专业自觉任重而道远。

一、调研对象、内容和方法

调研对象为安徽省蚌埠市属(完中初中)和区属初级中学,共11所学校。调研内容包括国家课程计划执行、学科教学计划执行、课堂教学、校本教研、备课、

---

①原文发表于《课程·教材·教法》增刊《十年课改成果专辑》(2011年),在"全国基础教育课程改革成果"论文征文活动中获全国一等奖(人民教育出版社报刊社、《课程·教材·教法》编辑部,2011年8月),在安徽省中学地理优秀论文评选活动中获一等奖。

学生作业、听课情况、教师培训等。调研方法包括查阅教学材料、听课、访谈等。

本次调研的11所学校中，共有地理教师28人。从学历结构上看，多为大专、本科（多为"后学历"）学历，研究生学历2人（地理教育专业1人，非地理专业1人，均为教育硕士）。从职称结构上看，地理高级教师5人，其他专业高级教师1人，中级教师14人，初级教师8人。从专业背景上看，地理专业教师16人，非地理专业教师12人（含临时聘任教师1人）。其中，国家级教学比赛获奖教师2人，省级教学比赛获奖教师1人。从年龄构成上看，大多数在35岁左右，教龄普遍在10年以上，其中12位教师教龄达到或超过20年，占本次调研教师总数的42.86%，比重偏高，显示出教师年龄结构不合理，中老年教师比重偏大。从工作量上看，除了部分教师工作量较大外，一般在每周14节左右，有部分教师跨年级授课。

二、调研情况分析

1. 课程设置和执行情况

按照安徽省义务教育课程设置方案，大多数学校能够正常开课，七年级和八年级地理一周2节课，个别学校由于缺少师资，每周仅1节课。另外，个别学校出现地理课时被挪用现象，导致教学进度难以保证。学校开课情况与学校的师资状况等有关系，地理专业师资严重缺乏，导致课堂教学客观上存在不少问题，教学活动多停留在低水平层面。

2. 校本教研工作

不少学校地理教研组与政治、历史教研组共同开展校内教研活动。大多数学校教研组工作有计划，有学期总结，并有听课和评课活动记录、作业检查记录等，校本教研活动开展比较正常，同时能积极参加蚌埠市教育科学研究所组织的教研活动。教师听课总体情况良好。大多数学校重视对青年教师课堂教学的"传、帮、带"工作。

有4所学校能够很好地结合本校实际，开展校本教研活动，做到人人参与，次次有主题，有效地提高了教师的教学水平。有6所学校积极为学生学习地理创造条件，通过开展地理学习兴趣小组活动，外出参观地震台、气象台，建设地理园、地理专题活动室，组织地理俱乐部、地理摄影活动等，有效地提高了学生学习地理的积极性。

调研中发现，不同学校之间的校本教研差异比较大，多数学校校本教研工作比较正常，但有部分学校缺少集体备课活动，教师集体智慧没有得到发挥。

由于地理师资缺乏,少数学校的校本教研基本陷于停顿。访谈中了解到,教师们一方面希望开展有效的教研活动,另一方面对课堂教学缺乏变革的主动性。这反映教师的教学观念比较保守,校本教研活动往往因此浮于形式。部分学校教师的工作量较大,教学负担较重,在一定程度上增加了这样的倾向。

教育科研方面,在所调研的11所样本学校中,尚未有围绕初中地理教育教学的科研课题。

教师的继续教育效果不理想。近年省、市教师继续教育工作虽然正常进行,但教师们的评价不高。造成这一现象的主要原因与继续教育的组织管理和教师的认同程度有关,继续教育与教师的个人需要以及学校的发展没有形成有效的对应关系。

3. 课堂教学

本次调研共计听课19节。一方面,授课教师总体上具有课程改革思想,学情把握准确,对教材钻研透彻,教法灵活,注重启发,教学的目标意识较强,教学结构合理,注意结合学生的生活体验,调动了学生参与课堂教学活动的积极性。另一方面,课堂教学中存在一些问题:对学生的关注度不够,课堂教学有一定的随意性,板书不规范,教学时间分配不合理,对学生课堂行为管理不够,导致教学秩序不好,等等。

观察中发现,课堂教学依然是以教师的讲授为主,多数学校学生参与课堂教学活动较好,但质量大多一般,学生的积极性没有被充分调动起来。教师的教学方法以讲授法和启发式教学法为主,合作学习和探究学习较少,教师行为和学生行为较为单一,课程改革所期待的生动、积极、充满生命力的课堂并没有形成。

调研中还发现,基层学校普遍缺少教学挂图、地球仪等必要的教具。虽然目前不少学校都有多媒体设备,但由于多媒体教室有限,并不能经常使用。

4. 教案、作业批改和教学检测

从学校提交的教案来看,不同学校间教案质量差异较大。大多数教师的教案书写认真规范,结构完整,图文并茂,能够做到提前备课,但有的教师的教案不符合要求,结构不完整或过于简单。一些教师的备课仍然停留于表面,缺少对课程标准、教材、学情和教法的深入思考。

七年级、八年级的作业为地理填图册和省编基础训练。调研发现,不同学校间地理作业质量差异较大,教师批阅有不及时、不认真的现象。个别学校的地理作业有创新,效果很好。多数学校对教材配套的地图册不能有效使用,仅有3所学校教师在教学中注意使用了地图册。

教学检测方面,多数学校组织得较好,但个别学校的测试试卷难度较大。教师命题依赖经验,缺乏系统的培训。目前全市每学期期末的统一考试,由于种种原因,没有组织统一阅卷。教师希望全市期末考试能够组织统一阅卷,特别是八年级地理结业考试,这样一方面可以了解学生的学习情况,另一方面有利于改进学校的地理教学,提高教师的业务水平。

5. 教师访谈

在访谈中我们了解到,教师普遍认同课程改革,课堂教学方式有不同程度的改变,但教师们强调教学方式的改变要结合教学实际。目前,学生的学习方式已经多样化,但仍然以课堂学习为主,课外学生关注的内容更加广泛。

部分教师认为,课程改革取得了积极的成效,但长期以来所形成的评价机制没有发生根本改变,特别是部分学校、家长和学生因中考不考地理而不重视地理,严重影响了教师工作的积极性,导致初中地理教学质量不高,学校之间差异显著;初中地理教师的工作成绩难以体现,导致教师在职称评定时受到影响。这些问题增加了教师队伍不稳定的因素,亟待引起有关部门的重视。

课堂教学中教师与学生交流过少,这与教学内容比较多、班额大、课时不够等因素有关。教学中,分组合作学习往往不能有效进行,体现课程改革要求的评价体系尚未完全建立,对学生的评价主要还是依据分数。

课堂还没有真正成为学生自主学习的平台,教学也没有成为课程改革所希冀的"教师享受教育的生命活动","以考论教"的现象依然普遍。教师队伍不整齐,非专业教师比重过大,教师对专业的认同度不高,心态浮躁等问题依然存在。

初中地理教学目前的状况,一方面制约了初中阶段教育的整体质量,导致学生的素质不能得到全面发展,地理素养不高;另一方面影响了高中地理教学的质量,导致高中文科学生教学中要花费大量时间补习初中地理知识,客观上加重了学生的课业负担,增加了高三备考的工作量和教学难度。

三、讨论与建议

2010年2月7日,温家宝同志主持召开座谈会征求对《国家中长期教育改革和发展规划纲要》的意见和建议,他在会上强调:积极推进教育体制改革……通过改革使教育发展更加符合时代发展的需要,更加符合建设中国特色社会主义对人才的需要,更加符合教育自身的发展规律……必须树立先进的教育理念,敢于冲破传统观念的束缚,在办学体制、教学内容、教育方法、评价方式等方面进行大胆的探索和改革。通过本次调研,我们对蚌埠市初中地理教育教学、推进地理课程改革的情况有了较为全面的了解,在感受教育发展的同时,引发了对基础教育课程改革实践的思考。

1. 认同学科价值观,增强教学反思能力,坚持走专业发展的道路

《国际地理教育宪章》提出:地理教育为今日和未来世界培养活跃而又负责任的公民。地理教育"培养现代公民必备的地理素养",引导学生"学习对生活有用的地理"和"学习对终身发展有用的地理",以促进学生生命的整体发展。地理教育应该有思想、有情感、有视角、有生活[1],要求地理课堂教学紧密结合学生的生活实际,在认识现实世界的过程中,认同学科价值观,掌握地理学科的思想和方法。

目前,地理教育中存在的问题有:教师队伍不齐,教育观念与教学需要相脱节,备课脱离课程标准,教学以习惯为主导;课堂教学停留于教材的表面,教学活动与学生的地理思维能力培养相脱节;教师中存在职业倦怠、浮躁现象。解决这些问题,除了从教学技术层面着手外,教师认同学科价值观,调整职业心态是关键。

地理教育科研是教师实现专业发展的有效途径。目前,地理教育科研工作水平有待提高。一方面,教师对如何开展教育科研缺乏了解,也缺少相应的技能;另一方面,教学研究的成果没有得到积极推广。因此,我们应当不断学习实践,增强教学反思能力,以更加深刻的理解促进教学习惯的改变,以富有生命力的课堂和不断深入的教学研究丰富地理教育文化,努力实现教师的专业自觉[2]。

2. 地理教育要切实遵循教育的自身发展规律

从一线教学来看,义务教育阶段的地理教育在教育观念、教学行为、教学评价诸领域发生了可喜的转变,体现了课程改革的成效,但同时我们应当看到教育发展过程中思想观念和教育行为的碰撞。

课程改革之初,广大教师充满期待,但在实践过程中其热情逐渐下降。从教师专业发展的角度来看,教师认同、接受和践行课程改革需要一个过程。我们必须充分认识当前的教育现状,不能够把课程改革当作标签。

加拿大学者迈克·富兰在《变革的力量:透视教育改革》中说:教师教学的最大特点是教学情境的不确定性,教学对象的复杂性和差异性,教学决策的不可预见性和不可复制性。教师专业需要实践的智慧,需要提高教师观察决断的能力和随机应变的能力[3]。课堂教学是生动多样的,我们不应当忽视自身的教育

发展环境,而去生搬硬套他人的教学模式和教学方法。教学方式与学习方式无优劣之分,贵在得法,因材施教。从这种意义上说,没有完美的课堂教学,课堂总是存在这样那样的问题,华东师范大学叶澜教授认为"只要是真实的就是有缺憾的"[4]。我们不能因为课堂教学存在缺陷而对课程改革的实践产生动摇,甚至失去变革课堂教学的勇气。

我们要慎重对待地理教育创新。教育创新不等于从无到有,而是在原有的基础上找到适合不同学生和教师的学法、教法等,其本质在于因材施教。

教育创新的根本目的从广义上说是培养每一位学生的生活能力。学校有责任引导每一位学生准确地找到适合自己发展的道路,成为有利于培养学生创新精神的沃土。因此,地理教育教学要从实际出发,切实遵循教育的自身发展规律,把"培养现代公民必备的地理素养"放到教学的首位,回归到教育的本质上来。

3. 建立与课程改革相适应的学校制度文化

目前,课程改革所倡导的地理教育理念尚未得到有效落实,这一方面有教育技术方面的问题,另一方面是因为与课程改革相适应的学校制度文化并没有有效地建立起来。很多学校有制度,但缺乏约束机制,存在"隐性缺失"现象。学校制度文化的科学性、适用性和发展性有待提升,要在体现以人为本、开放、民主上做出努力。学校制度文化要符合教育自身规律发展的要求,要努力构建学校个性化的教育精神。

我们应当客观看待课程改革,课程改革不可能承担诸多功能,难以解决长期制约教育发展的一些问题,例如教师队伍建设、教育评价、教育投入、教师待遇、教育的非均衡发展等。这些问题在课程改革以前就存在,到目前尚未得到有效解决,在一定程度上影响着课程改革的深入。推进课程改革,办人民满意的教育,需要健全的制度环境,需要社会各界的理解和支持。

同时,教育内部要为教育的发展营造好环境。教研部门要切实成为推进课程改革,提升教师专业能力的引领者和服务者,要努力提高教研活动的质量,切实解决教学的实际问题。一线教师对专业发展的诉求是教研工作的源泉和不竭的动力。

4. 提升初中地理教育教学质量的建议

(1)采取有效措施,健全和稳定初中地理教师队伍。针对部分学校面临地理教师紧缺的问题,有关部门应积极给予解决。

(2)学校要开齐课、开好课,切实加强不同层面的初中地理教学质量控制,为学生高中阶段的地理学习打下良好基础;要加强教学常规管理,从教案、作业批改、课堂教学等方面入手,切实提高地理教学活动的质量;增加教学投入,购买地理教学挂图、地球仪等教具,满足教学实际需要;在条件许可的情况下,学校可以考虑建设地理园、地理专用教室等。

(3)加强校本教研,切实落实集体备课、地理教学研讨活动。备课时要加强对课程标准和教材的学习与钻研,加强对学情的分析与研究,将新课程的教育理念渗透到备课、上课、评价等各个环节中。

地理教师要深入挖掘教材,潜心钻研教法。依据地理课程标准,合理把握教学的广度和深度,要结合学生的生活体验,精心设计教学活动,在激发学生学习兴趣、提高学生地理思维水平上下工夫。

课题研究是提升课堂教学内涵、促进教师专业成长的重要手段。学校通过课题研究,引导教师学习教育理论,用理论指导教学实践,在实践中发现问题、分析问题、解决问题,构建和发展自己的课程观、学生观、评价观,形成教师个性化的教学风格,使教师的教学能力、科研素养得到提升,促进教师实现专业自觉。

(4)进一步完善初中地理期末教学检测工作。全市学期期末考试组织统一阅卷,阅卷结束后采集数据,进行试卷分析,并反馈到各个学校,以改善教学状况。

在中考中增加对地理内容的测试,可以采用开卷等测试方式。其意义在于:第一,切实提高初中学生的地理素养,落实素质教育的要求;第二,为高中地理教学,乃至高考备考打下良好基础;第三,起到稳定初中地理教师队伍,调动教师积极性的作用。

(5)切实加强对初中地理教师队伍的岗位培训工作,教研部门和相关职能部门要相互协调,为教师实现自我完善和持续发展创造条件。从课程标准、地理教学常规、教材分析、命题技术等方面进行系统培训,以利于教师更好地开展地理教学。不同学校地理教师队伍的结构不尽相同,培训工作要针对不同的教师群体,采取不同的措施,以提高地理教师培训工作的有效性。从长远看,这是提高地理教育质量的重要因素。

参考文献:

[1]吴岱峰. 新课改下地理课堂教学有效性的思考[J]. 中学地理教学参考,2008(9):6-7.

[2]吴岱峰. 基于提高地理课堂教学有效性的案例分析与思考[J]. 中学地理教学参考,2011(9):4-9.

[3]迈克·富兰. 变革的力量:透视教育改革[M]. 中央教育科学研究所,加拿大多伦多国际学院,译. 北京:教育科学出版社,2000.

[4]叶澜. 什么样的课算好课[J]. 校长阅刊,2006(12):26-28.

地理学科研究性学习的探讨①

摘　要：本文就普通高中新课程方案中研究性学习的有关问题进行研究。提出研究性学习应遵循的若干原则，并对地理学科研究性学习实施的基本过程，研究性学习中教师的工作，研究性学习的评价原则和评价指标的编制等问题从理论上加以探讨。

关键词：研究性学习；原则；实施；教师工作；评价

2000年秋，安徽省实施了"普通高中新课程方案"。新课程方案的特点之一，就是在改革旧的课程体系的基础上，增加了"综合实践活动"课程，其中，"研究性学习"占了相当大的比重。研究性学习的主旨是：让学生联系社会实际，通过亲身体验进行学习，积累和丰富直接经验，培养创新精神、实践能力和终身学习的能力。

本文试对研究性学习的提出、研究性学习应遵循的若干原则、地理学科研究性学习的实施、研究性学习中教师的工作、研究性学习的评价等问题加以探讨。

一、研究性学习的提出

当前世界各国正面临知识经济的挑战，各国无不把培养高素质、具有创新能力的人才作为增强综合国力的战略目标。教育正经历着从传授知识为主，向发展能力、提高综合素质、培养创新能力的方向发展。

在1999年6月结束的全国教育工作会议上，江泽民同志明确指出了我国教育的发展方向和任务：以提高全民素质为根本宗旨，以培养学生的创新精神为重点，努力造就德育、智育、体育、美育等方向全面发展的社会主义建设者和接

---

①原文在安徽省第三届中学地理优秀论文评选活动中获一等奖，在全国地理教学研究会优秀地理教学论文评选活动中获全国一等奖（2001年11月）。

班人。这也为中学地理教育的改革和发展指明了方向。

教育部根据国内外课程改革的经验和对社会发展趋势的研究,依据课程理论,制定了"普通高中新课程方案"。新课程方案在改革旧的课程体系的基础上,增加了"综合实践活动"课程等内容。

一方面,新的课程方案以德育为核心,以培养学生创新精神、实践能力为重点,以学生发展为本,全面提高学生素质,为学生的终身学习奠定基础。"以学生发展为本"的思想,体现了时代赋予教育的历史重任和教育的本质,是知识经济时代发展的需要,是学生发展与社会发展在根本利益和价值体现上的统一。另一方面,学习课程建设理论,正确认识学科课程发展,转变教育观念是新时期教育对广大教育工作者的要求,不是赶时髦。我们应当以发展的眼光来看待教育工作,终身学习应成为我们每一位教师的自觉行动。

新课程方案的特点之一,就是在改革旧的课程体系的基础上,增加了"综合实践活动"课程。其中,"研究性学习"占了相当大的比重(属必修课),这是教育适应时代发展的重要举措。

地理学科按照新课程方案的要求,增设了研究性学习的内容。地理学科研究性学习的开展,适应了教育改革的需要,为地理学科的发展创造了新的契机。

关于"研究性学习"课程的开设,安徽省教育厅的文件有明确的要求:研究性学习以学生的自主性、探索性学习为基础,从学生生活和社会生活中选择和确定研究专题,主要以个人或小组合作的方式进行。通过亲身实践获取直接经验,养成科学精神和科学态度,掌握基本的科学方法,提高综合运用所学知识解决实际问题的能力。在研究性学习中,教师是组织者、参与者和指导者。

二、研究性学习应遵循的若干原则

研究性学习不同于以往的传统学习方式,具有其自身的特点。进行研究性学习应遵循以下原则:

1. 自主性原则

研究性学习在形式上采用开放式,以学生自主学习为主,即由学生自主设计,自主钻研,教师提供指导,而不是当"保姆",包办学习。

在教师的组织、启发和引导下,学生从身边的实际生活中发现问题、分析问题,并运用所学知识解决问题,实现自主学习。在这个过程中,学生是主动去做,而不是简单地听命于教师,其学习方式发生了转变。

2. 实践性原则

在研究性学习过程中,实践性首先表现为学生学会从自然、社会环境中去发现、选择课题,结合所学习的知识,分析和认识这些问题;其次,在确定课题后,学生还需要搜集资料,进行调查访问、实验、分析等工作。实践活动贯穿于整个研究性学习过程。

3. 研究性原则

学生对课题的研究是通过查阅资料、调查、分析、讨论来实现的。学生在学习过程中,学会搜集和处理信息,激活知识储存,尝试应用相关学科的知识,获得参与研究的体验,并从中学到科学研究的基本方法。

4. 创新性原则

第一,研究性学习的创新性原则表现为逐步培养学生进行创新活动所必备的思想品质,如勇于创新、不畏困难、严谨的科学态度等。第二,研究性学习的创新性原则表现为学生针对某一问题,提出前人所没有的观点或对前人的理论、方法等进行新的发展、创新,即在研究内容或方法上要有一定的创新性。当然,这些对于中学生来说有相当的难度。

在中学阶段,学生如果能够在科学精神、创新意识培养和科学方法等方面有实质性收获,那么研究性学习就取得了真正意义上的成功。

5. 人文性原则

在研究性学习的过程中,应当对培养学生的人文精神给予充分的重视,即培养学生的社会责任感、环境保护意识和道德规范等。培养学生自觉地规范自己的行为,形成正确的人生观、价值观、环境观等。

人文性原则在教师身上体现为对学生在研究性学习中反映的思想、看法的理解和尊重。

6. 合作性原则

合作是现代社会文明意识的体现,高度信息化要求我们培养学生的合作精神和态度。

现在的大多数学生是独生子女,由于特定的家庭环境和氛围,不少学生与他人合作的精神和态度比较欠缺。在研究性学习的工作中,既要重视个人能力的发挥,也要重视彼此间的相互合作。沟通和合作是学生素质的重要方面。

三、地理学科研究性学习的实施

我校结合中学教育实际,开展了以环境科学为主题的研究性学习的探索,取得了可喜的成绩。2000年5月,我校"蚌埠地区天井湖、沱湖银鱼生态调查"项目经过严格选拔,代表中国参加在美国底特律举行的第51届英特尔国际科学与工程大奖赛,荣获二等奖,为中国参赛项目的最高奖项。这些研究性学习的有益探索,成为实施素质教育、培养学生创新能力的有效途径。

地理学科实施研究性学习,一般采用课题组的形式。课题组由指导教师和一位或几位学生组成。如果课题涉及多个学科,那么指导教师也应当做相应调整。指导教师可以是本校教师,也可以是其他单位的专家。例如,我校"蚌埠地区天井湖、沱湖银鱼生态调查"项目课题组的指导教师由地理、生物、化学三个学科的教师组成。

课题组工作一般可从以下几个方面实施:

1. 课题的选择和确定

研究性学习的课题一般具有开放性、实践性和综合性的特点,并且根据学生状况等因素又具有层次差异。

地理学科开展研究性学习有丰富的题材可以选择。例如,某区域水环境保护、小区规划、天文观测等等。

(1)课题的选择。

第一,课题的选择既要注意结合学科特点,又要结合当地社会实际。

首先发动学生结合地理学科的特点和当地的社会实际,从各自的角度提出自己感兴趣的问题,产生研究性学习课题的素材。教师也可以根据情况提供若干课题,以启发指导学生。

例如:1998年,根据淮河生态环境遭到严重破坏的情况,结合对学生的生态环境保护和可持续发展教育,蚌埠二中开展了以"我们与淮河"为主题的环境研究活动。在活动中,同学们在老师的指导下做了许多工作,对淮河流域水污染的治理提出了一系列建议、设想,并取得了一些成果。

第二,课题要结合学生的实际能力,体现学生的创新性、时代感。

课题要结合学生的实际能力,体现学生的创新性,求新不求大,即追求项目在某方面的新意,如研究内容、方法等方面的推陈出新。

第三,体现人文关怀、时代特点、学生的社会责任感等,也是选择课题需考虑的因素。

(2)课题的确定。

教师和学生通过查阅资料、请教有关专家等,对项目的意义、可行性(包括手段、技术水平等)等进行讨论,确定初选课题。

课题确定后要精心组织,制订工作计划,注意争取有关部门的支持和帮助。

课题最后要在深入实地考察或者实验的基础上确定。研究对象的某些变化、资料准备的不充分、没有深入实地考察,都可能会使课题的方向产生不确定性。初期的工作一般只能确定课题的基本方向,有时随着工作的深入可能会发现课题存在问题,甚至不能成立。因此,课题的确定有一个过程。

例如:蚌埠二中在组织开展生物和环境科学探索活动中,产生了研究性学习课题"蚌埠地区天井湖、沱湖银鱼生态调查"。课题的初步方向是对天井湖的银鱼生态进行调查。当指导教师和学生深入实地,走访有关水产、环保机构了解情况后,发现天井湖与比邻的沱湖在银鱼种群分布上出现"此消彼涨"的现象。经过分析、讨论,指导教师和学生们重新确定了课题的研究方向。

2. 课题资料的搜集和分析

(1)课题的准备工作。

课题选定后,接下来就是课题资料的搜集和分析工作。我们通过搜集的资料,首先了解项目所涉及领域的情况,其次了解相关项目中别人的工作情况,最后结合自己项目的情况,确定大致的研究方向,即确定课题的切入角度。

经过对课题资料的分析,发现课题研究中的问题,并加以整理。

所选定的课题若涉及其他学科,则要搜集与整理相应的资料。

(2)实地考察、相关实验以及课题资料的积累、分析和论证。

带着课题研究中的问题进行实地考察,访问有关机构和专家,进一步获取相关资料。在这个过程中可能会发现新问题,通过讨论分析,我们可以重新确定课题或确定新的方向。课题工作可能涉及一些实验工作。课题工作中资料的积累很重要,包括原始的文字记录、数据、图片等,这些是课题的重要依据。课题资料的分析和论证工作是课题的关键部分。按照课题的思路,根据资料对论点进行论证。分析和论证工作应当定性和定量相结合,注意使用图表,用数据说话。思路要清晰,论证要严谨,包括对可能出现的情况的讨论等等,最后形成结论。

3. 课题的审定和专题报告(论文)的撰写

研究性学习课题完成以后,特别是一些有价值的课题要提请有关部门的专家进行指导和审定,包括课题的确定、价值、论证、存在的问题等。

在前面工作的基础上,按照专题报告或论文的写作要求,形成研究性学习的成果(专题报告或论文)。专题报告或论文的写作要严格按照要求进行,内容包括:题目、作者、摘要、关键词、正文、参考文献、致谢等。其中,正文包括:问题的提出或项目介绍、主要工作、分析讨论、结论等部分。

课题结题时一般要进行研讨,包括答辩、交流等内容。形式可根据课题内容等具体情况而定。

有些课题由于质量较高,可能参加较高等级的活动,例如全国青少年生物和环境科学实践活动、全国青少年发明创新大赛、全国青少年科学论坛等,要求有展板的展示和论文或发明作品的答辩环节。因此,我们不仅要注重课题研究过程,还要在项目展示和论文答辩工作中精益求精。

四、研究性学习中教师的工作

在中学教育中开设研究性学习课程是普通高中新课程方案的重要内容之一。广大教师应当正确认识自己在研究性学习中的工作。

第一,要全面深入理解新教材中对于开设研究性学习课程的编写思想,从根本上转变教育观念,树立教育的发展观,树立对学生能力培养、促进学生素质全面发展的教育理念,树立正确的课程思想,即以发展和培养学生的素质和能力为重,以培养学生创新精神和实践能力为中心,以培养适应社会发展需要的劳动者为目标,并以此来指导中学教育实践。

第二,进行研究性学习对教师的业务水平有了更高的要求。进行研究性学习要求教师不仅要有较高的专业水平,而且要有较强的实践能力和组织能力。在研究性学习活动中,教师的角色较过去发生了转变,是研究性学习的组织者、参与者和指导者。

从目前情况来看,在一些研究性学习工作中,教师担当了相当重要的角色。这同我们研究性学习工作开展较晚、起点较低、目前尚处于摸索阶段、教育环境发展参差不齐等有一定的关系。在这样的条件下,教师在课题选定、调查实施、分析等方面适当地参与工作是必要的,但随着研究性学习理论和实践的不断深化,学生将担当起研究性学习课题的主要工作。

第三,在研究性学习过程中,教师的指导一般涉及课题选定、组织课题组、课题实施、形成结果(论文)、研讨等环节。

第四,教师的合作精神、科研能力、科学态度等,对研究性学习工作的顺利推进有重要作用。

第五,在学习过程中,教师可能和学生一样面对的是新问题,教师不能以自己既定的看法来轻易否定学生的看法以及专家的观点。以科学的态度研究课题,不仅培养了学生的科学态度,也反映了教师的职业素养。

五、关于研究性学习的两个问题

1. 研究性学习的评价问题

（1）研究性学习的核心和基本出发点是考查学生在科学思想、科学方法、创新精神、意志品质、实践能力等方面的表现和收获。

在研究性学习中，要注意培养学生科学思想、创新精神和实践能力，这比研究性学习的研究结果更有意义，即树立重过程轻结果的教育理念。

在研究性学习中，无论成功还是失败，学生都会有所收获。我们不能简单地以结果来评价学生的研究性学习工作。允许失败，看重失败的内在价值和其中所包含的探索精神，这是我们在研究性学习工作中应当树立的正确理念。

（2）在具体操作上，研究性学习的评价应以形成性评价为主。在评价指标的编制上，应将定性评价和定量评价相结合，体现研究性学习的基本教育理念，充分发挥评价体系的导向作用。激励学生进行创新实践，提高学生应用科学知识进行科学研究的积极性。

学生的知识水平存在一定的局限性，同时为了确保研究性学习工作的持续性，可以考虑把研究性学习工作的各个阶段加以分解，分阶段考察评价，最后形成该课题的最终评价。

（3）目前，研究性学习在现行的评价体系中（例如高考）缺乏合适的定位，因此操作过程有一定的不确定性，有关课时可能会被挪作他用。

2. 研究性学习的师资问题

研究性学习对师资要求高，体现在两个方面：一是要求教师更新教育观念，二是对教师的业务水平、组织能力、实践能力等提出了新的要求。

开展研究性学习的工作要求有适当的外部环境，包括社会的支持、学习经费等，因此应当因地制宜，根据各地的具体情况组织实施。

当前中学地理教育改革的重要方向，就是要结合地理学科特点，在教育思想上构建新的教育理念，进行地理创新教育，即培养学生的创新精神、实践能力和社会责任感，实现地理教育在育人方面的社会价值。

近年来中学地理研究性学习活动的开展，为培养和提高学生的综合素质创造了条件。同学们在学习过程中，逐步把课本中的理论知识与实际生活相结合，这不仅有益于课本知识的掌握，而且能够认识到通过自己的工作，可以为社会做一些有价值的事情。研究性学习不仅使学生学到了科学研究的基本方法，而且使学生观察、分析、解决问题的能力得到了培养，学习潜能得到了开发，社会责任感得到了提高。这些对深化教育改革、全面推进素质教育产生了积极的作用。

地理教学中进行创新教育须重视的若干问题①

在1999年6月结束的全国教育工作会议上,江泽民同志明确指出了我国教育的发展方向和任务:以提高全民素质为根本宗旨,以培养学生的创新精神为重点,努力造就德育、智育、体育、美育等方向全面发展的社会主义建设者和接班人。这也为中学地理教育的改革和发展指明了方向。

全面推进素质教育方兴未艾,如何在进行可持续发展思想教育的过程中,适应知识经济时代的要求,落实科教兴国战略所赋予地理教育的使命,是我们每一位地理教育工作者面临的新任务和挑战。当前中学地理教育改革的重要方向之一,就是结合地理学科特点进行地理创新教育。本文结合中学地理教学实际,试从构建新的教育理念、教学组织的多元化、建立科学的评价体系和改革考试等方面,对实施地理创新教育须重视的几个问题加以阐述。

一、构建新的教育理念

进行创新教育,是提高全民素质、培养创新型人才的需要。创新教育是创造性教育,是素质教育最具活力的部分,是教育可持续发展的体现,它实现了素质教育对创新能力培养的基本要求。

进行创新教育,要求我们在教育思想上构建新的教育理念,为实施创新教育努力营造宽松、和谐的氛围。

1. 创新教育是在素质教育思想指导下的发展性教育

创新教育是在素质教育思想指导下进行的教育,二者在教育目的上是一致的:都是面向全体学生、全面发展学生素质和能力的教育,是提高全体国民素质和培养创新能力的教育。

素质教育对地理教育提出了新的要求,并且树立了新的地理教育理念:地理教育不应是简单的知识传授、能力培养和德育教育,而应以培养学生的可持

---

① 原文在安徽省第二届中学地理优秀论文评选活动中获一等奖(1999年11月)。

续发展思想、环境意识、社会合作与责任意识、综合地理知识、学习能力、创新能力为目标。课堂教学过程不是知识传递过程，而是学生的学习和发展过程。这种新的教育理念是对教育者和受教育者双向教育观念的改变。

创新教育是发展性教育，表现为对传统教育理论、教学方法、教育手段的合理继承和发展，如多媒体辅助教学、设置多种教学模式等。更重要的是，创新教育是以人为本，以培养和挖掘学生内在的学习能力和创造能力，发展学生在教学中的主体性为核心的。教会学生学会学习，逐步形成获取知识的方法和能力，进行创新活动，实现学习主体的发展。

2. 创新教育需要宽松和谐的知识和情感氛围

创新教育是培养创造能力的教育，是开放式、激发式、探索式的教育，它的顺利进行不仅需要一定的教育空间和教育素材，而且较传统教育有更高的要求。首先，创新教育建立在对基础知识和理论的深入理解和掌握的基础上。其次，创新教育建立在平等、相互尊重、宽容的知识氛围和情感氛围中。这样教师与学生的双向交流才是顺畅的，这就要求教师放下架子与学生平等地面对科学问题，进行交流，实现教与学的双向互动。最后，鼓励和培养学生的兴趣和探索精神，通过启发、质疑，使学生在原有的知识理论基础上，进行发散思维，分解、提取、合成知识信息，获得新的知识，产生知识创新的火花。

3. 创新教育的根本在于教师综合素质的不断提高

现代教育是不断发展的教育，知识创新也必将体现在教育的发展过程中，进行创新教育对教育工作者提出了新的、更高的要求。

从知识的传授上看，教师不能停留于原有的基本知识和理论教学，而要为学生知识的进一步综合、自主学习与提高、创新活动的实践创造条件。这包括创新氛围的营造，场所的设立，教学手段的选择和使用，专业知识的提升，资料的准备，等等。

教师的基本功不仅包括传统意义上的教学语言、教学组织、板书等，而且应当随着时代的进步不断充实和发展。例如：利用计算机多媒体技术辅助教学，制作和使用课件，等等。同时，教师的人格与修养等因素显得十分重要。

创新教育是可持续发展的教育，作为教育的主要实施者，教师应当发挥主动性，努力培养自己的创新意识和创新能力，通过不断的学习，获取新知识，树立新观念，完善教学实践活动，更好地为实现创新教育提供条件。

二、教学组织的多元化与创新教育

教学组织的多元化是实现创新教育的重要方面。在创新教育的过程中，改革传统的封闭式的课堂教学模式,改革教师传授知识的单向活动,以实现尊重学生、培养和发挥学生主动性的目的。

教学的空间组织包括课堂教育和课外科技实践活动两个方面,是进行创新教育的主要载体。目前,课堂仍是教学活动的主要场所,课堂教学不仅要完成基本教学任务,而且要不断优化,注入创新意识的培养等内容。在具体组织上,从启发、引导、培养学生的角度出发,设置主动参与型教学、指导—自主学习、分层教学、集体—个人交互学习等模式,以利于学生主动性学习行为的形成,为创新教育打下基础。 同时,在课堂教学和课外科技实践活动过程中,运用基本知识、理论,认识自然和人类社会活动现象,进行创新思维,解决实际问题。

课外地理科技活动是培养创新能力的重要场所,随着素质教育的不断深化,其重要性必将得到各方的充分重视。

三、改革考试,建立科学的评价体系,激励创新精神

创新能力的培养,体现为面对错综复杂的实际问题,能够灵活地运用所学知识去认识、解决。考试作为考查学生的重要手段,是培养和测试学生创新能力的重要方面。

改革考试可以带动教育观念和诸教学环节的变革。改革考试主要包括两个方面:一是改革考试的形式和评价指标。其形式包括开卷和闭卷,以及地理课外实践活动等;在评价指标上,制定多项指标,定性和定量相结合,淡化具体分数。二是在命题的组织上,侧重于对运用知识、获得知识、解决实际问题能力的考查,即突出获得知识能力和地理创新能力。长期以来,我们的考试命题中存在试题脱离实际生活、冷僻难解的现象,并不能起到培养学生创新能力的作用。考查学生获得知识的能力、创新能力和探究能力等,应当成为我们命题的重要方向。例如,可以设立多学科知识交叉的、开放的、答案不唯一的试题;设立材料分析题,考查学生处理知识信息、分析并解决具体问题的能力;在命题中注重体现时代的要求,给学生更多的自由发挥空间。

进行素质教育,改革考试是关键。通过改革考试,建立科学的评价体系,激励学生的创新精神,是实现创新教育的重要途径。中学阶段的创新教育,是学生创新能力发展的基础阶段。在中学阶段结合地理学科特点,逐步培养学生的创新意识和创新能力,对今后的知识创新服务和培养真正意义上的创新型人才具有重要意义。

第二篇 DI ER PIAN

地理教学研究

以地方课程"环境与可持续发展教育"为例，谈高中地理选修Ⅱ地方教材的编写①

摘　要：依照《普通高中课程方案（实验）》等文件精神，基于安徽省生态省建设和环境教育实际，高中阶段在完成地理必修和选修Ⅰ课程后，开设地理选修Ⅱ地方课程《环境与可持续发展教育》。课程的核心价值在于实现《中小学环境教育实施指南（试行）》《普通高中地理课程标准（实验）》提出的环境教育目标，以期使学生形成对环境教育的科学认识，引导学生积极参与安徽省生态省建设。教材的内容结构和组织体现环境教育的综合性和实践性，同时注意把握与高中地理必修2和选修Ⅰ模块6课程的关系。作为地方教材，《环境与可持续发展教育》注意体现地方特色。

关键词：地理选修Ⅱ；地方课程；环境与可持续发展教育；教材编写

依照《普通高中课程方案（实验）》的课程设置，普通高中课程由必修和选修两部分构成[1]。其中，选修课程也由两部分构成，分别为选修Ⅰ和选修Ⅱ。前者是依据学科课程标准中的选修内容标准开设的课程，后者是在完成学科课程标准规定的必修和选修Ⅰ后，学校根据当地社会、经济、科技、文化发展的需要和学生的兴趣，开设的地方课程。

选修Ⅱ地方课程是高中课程的重要组成部分，是必修和选修Ⅰ课程内容的拓展和延伸，是实现高中课程目标的重要载体之一。它的开设体现了高中课程改革"建立富有多样性、选择性的高中课程"[2]的要求，以适应学生不同的发展需要，满足社会对多样化人才的需求。目前，不少省市进行了这方面的工作，取得了有益的经验。下面，以安徽省地方课程《环境与可持续发展教育》为例，探讨高中地理选修Ⅱ地方教材的编写。

---

①原文发表于《课程·教材·教法》2008年第10期第74-78页，并被中国人大复印资料全文收录。

一、安徽省生态省建设中加强环境教育的必要性和紧迫性

1. 安徽省生态省建设中亟待加强环境教育

生态省是指在一个省域范围内,以可持续发展战略和环境保护基本国策统揽经济建设和社会发展全局,转变经济增长方式,提高环境质量,同时遵循经济增长规律、社会发展规律、自然生态规律,推动整个社会走上生产发展、生活富裕、生态良好的文明发展道路[3]。生态省建设的目的是营造最适合人居的环境,坚持以人为本,建设生态文化,追求人与自然、人与人、人自身的和谐发展,在创造高度发达的现代文明的同时,让人们在优美的生态环境中工作和生活。

在生态省建设过程中,不同地区面对的发展条件和问题不同,采取的发展策略等也不尽相同。2003 年,经国务院批准,安徽省开始实施生态省建设工作。这是安徽省贯彻《中国 21 世纪议程》,全面实施可持续发展战略的具体行动。但是,安徽省进行生态省建设的制约因素很多,如人均耕地低于全国平均水平,且呈不断下降趋势;矿产资源、水资源的人均拥有量低;开发利用自然资源的过程中浪费现象突出;经济结构不合理,资源型经济比重过大;综合经济实力不强,工业化和城镇化水平不高;环境污染严重,环境质量明显下降,客观上迫切需要在生态省建设过程中加强环境教育。

解决这些问题,一方面,需要不断完善社会法律制度,转变经济增长方式,提高环境质量;另一方面,需要提高公民的生态保护意识,特别是提高中、小学生的环境素养,提高他们的环境保护行为能力,这将为生态省建设提供可持续发展的动力。

2. 基础教育课程改革背景下的安徽省学校环境教育课程建设

当前正在积极推进的新一轮基础教育课程改革,在目标中提出:新课程的培养目标应体现时代要求。要使学生……具有社会主义民主法制意识,遵守国家法律和社会公德;逐步形成正确的世界观、人生观、价值观;具有社会责任感,努力为人民服务;具有初步的创新精神、实践能力、科学和人文素养以及环境意识;具有适应终身学习的基础知识、基本技能和方法……[4]对环境教育提出了要求。2003 年,教育部颁布了《中小学环境教育实施指南(试行)》,标志着环境教育开始融入基础教育课程体系,并为学校开展环境教育提供了组织和机制上的保证。

从安徽省来看,学校环境教育发展较不均衡,除少部分地区外,很多学校对环境教育重视不够。目前的环境教育多分散于不同学科教学中,如渗透在地

理、化学等学科教学中,学生所获得的知识缺少横向联系,出现零散、无序的现象,难以形成预期的环境素养。学校的环境教育往往注重环境知识的传授,而忽视了对学生正确的环境伦理观、社会责任感以及解决环境问题的能力等方面的培养。环境教育由于不与升学和就业挂钩,往往被部分学生、家长和学校所忽视。课程开发滞后,缺乏系统、完整体现现代环境教育思想的环境教材。环境教育方面的师资匮乏,学生环境意识较差,环境教育总体水平不高。

基于安徽省生态省建设和环境教育的实际,依照《普通高中课程方案(实验)》和《安徽省普通高中地理新课程实施指导意见(试行)》"鼓励有条件的学校根据当地社会、经济、科技、文化发展的需要和学生的兴趣,开设属于选修Ⅱ的地理地方课程和校本课程……"的要求,高中阶段在完成必修、选修Ⅰ模块学习后,确定在地理选修Ⅱ中,开设以"环境与可持续发展教育"为主题的地方课程,期待通过加强环境教育,普遍提升学生的环境素养。

二、地方课程环境与可持续发展教育的基本理念

从国际环境教育发展来看,环境教育已不再是仅仅应对环境问题的教育,它与和平、发展及人口等教育相融合,形成一个新的教育发展方向——"为了可持续发展的环境教育",涵盖自然科学和人文科学。

地方课程环境与可持续发展教育依据《基础教育课程改革纲要(试行)》《中小学环境教育实施指南(试行)》《普通高中地理课程标准(实验)》《安徽省生态教育发展规划》的要求,体现的课程理念包括:

(1)培养现代公民必备的地理素养。引导学生认识自然环境、社会环境的各组成要素、不同区域、不同国家之间,经济技术、政治、文化等活动之间是普遍联系、相互作用和相互依存的。关注人口、资源、环境和区域发展等问题,以利于学生正确认识人地关系。珍爱地球,善待环境。

(2)培养学生树立可持续发展观念。引导学生珍视生物多样性,关注不同文化对环境的影响。在批判性思维、创新性思维的培养、国际视野等方面给予积极的正面引导。

(3)重视对环境问题的探究,满足学生了解身边环境的需要。倡导学生自主学习、合作学习和探究学习,开展环境观测、考察、实验、调查和环境问题专题研究等实践活动,引导学生主动参与解决环境问题,培养学生的环境责任感。

(4)注重信息技术在认识和解决环境问题中的作用,营造有利于学生形

成地理信息意识和能力的学习环境。

（5）注重学习过程评价和学习结果评价的结合，鼓励评价目标和评价方式的多元化，重视反思性评价和鼓励性评价的运用。

三、地方课程环境与可持续发展教育的课程目标

地方课程环境与可持续发展教育依据《基础教育课程改革纲要（试行）》《中小学环境教育实施指南（试行）》《普通高中地理课程标准（实验）》《安徽省生态教育发展规划》的要求，以及安徽省生态省建设和环境教育的实际，确定了课程目标：

旨在增进学生对环境及环境问题的认识和理解，引导学生正确认识个人、社会和自然之间相互依存的关系；帮助学生获得人与环境和谐相处所需要的知识和技能，养成有益于环境的情感、态度和价值观，逐步形成运用所学知识和技能解决环境问题的能力；鼓励学生积极参与面向可持续发展的决策与行动，关注并积极参与安徽省生态省建设，形成良好的环境素养，培养学生成为有社会实践能力和责任感的公民。

课程目标从知识与技能、过程与方法、情感态度与价值观三个维度来表述，这三个维度在实施过程中是一个有机的整体。

[知识与技能]

（1）获得有关环境和环境问题方面的基础知识。

（2）理解经济与技术、社会生活、政策法律与自然生态之间的相互作用；初步了解不同区域的环境问题和解决问题的主要途径；进一步理解可持续发展的意义。

（3）学会独立或合作进行观察、实验、调查活动；进一步提高阅读、分析、运用地理图表和地理数据的技能。

[过程与方法]

（1）学会通过多种途径、运用多种手段收集环境信息，尝试运用所学的环境知识和技能对环境信息进行整理、分析，并把环境信息运用于学习过程。

（2）运用自主学习、合作学习、探究学习等学习方式，尝试从学习和生活中发现环境问题，提高合作交流、分析解决环境问题的能力。

（3）运用适当的方法和手段，表达、交流、反思自己环境教育学习和探究的体会、见解和成果。

[情感态度与价值观]

（1）激发探究环境问题的兴趣和动机,养成求真、求实的科学态度。

（2）关注人类社会面临的环境问题;珍视生物多样性,尊重文化多样性;理解国际合作的价值,形成正确的全球意识。

（3）关心我国的基本地理国情,关注安徽省自然生态和社会经济的发展,增强热爱祖国、热爱家乡的情感。

（4）增强环境道德伦理意识,认识公民在环境方面的权利和义务,形成可持续发展观念,积极参与面向可持续发展的决策和行动,关注并积极参与安徽省生态省建设。

四、编写地方课程环境与可持续发展教育教材的若干思考

1.地方课程环境与可持续发展教育与高中地理必修2、选修Ⅰ模块6环境保护课程的关系

三者的课程培养目标是一致的,内容上存在内在的联系,但侧重点不同。

环境和可持续发展是教材的两个核心概念。环境、可持续发展的概念和内涵以及环境教育等内容在高中地理必修2和选修Ⅰ模块6环境保护中都有较全面的介绍,因此《环境与可持续发展教育》编写时对相关内容作了调整。在素材选取、切入角度、具体呈现方式等方面有所变化,并根据课程目标,对可持续发展、环境教育内容进行适当拓展。例如,第一章"可持续发展是人类的必然选择",侧重介绍工业革命以来的环境问题,从联合国斯德哥尔摩人类环境会议到里约热内卢环境与发展大会所展现的可持续发展思想演变,联合国地球千年生态评估等,这与高中必修2"可持续发展"部分在内容的素材选取、切入角度、呈现方式等方面有显著不同。

选修Ⅰ模块6环境保护主要包括环境与环境问题、环境污染与防治、自然资源的利用与保护、生态环境保护、环境管理与公众参与等内容,《环境与可持续发展教育》则主要围绕自然生态、社会生活、经济与技术、参与与决策等方面展开,二者在环境教育的侧重方向和表达上明显不同,体现了环境教育丰富的内涵。

2.地方课程环境与可持续发展教育教材的内容结构设计

环境与可持续发展教育作为安徽省地方环境教育课程,其核心价值在于实现环境教育的目标,体现"为了可持续发展的环境教育"。

在内容结构设计上,教材依据《中小学环境教育实施指南(试行)》"环境教育兼有自然科学与人文社会科学的内涵",《普通高中地理课程标准(实验)》《安

徽省生态教育发展规划》的要求,以及安徽省生态省建设和环境教育的实际,以"环境——可持续发展教育"为主线,围绕可持续发展思想的演变、自然生态、经济技术、社会生活、参与与决策、可持续发展的探索和实践等构建内容结构,帮助学生从多种角度全面理解环境系统,认识和掌握社会环境与生态环境及其内部各组成要素之间的密切联系和相互作用,体现环境教育的综合性,使学生形成对环境教育的全面的、科学的认识。

《环境与可持续发展教育》教材内容结构设计如下:

第一章　可持续发展是人类的必然选择

第一节　人类的觉醒

第二节　从斯德哥尔摩到里约热内卢的道路

第三节　千年生态评估

第二章　生态安全与可持续发展

第一节　生态灾难的警示

第二节　人类的生态足迹

第三节　经济发展的生态成本

第四节　生态安全与人类福利

第三章　技术与可持续发展

第一节　技术带来的文明

第二节　技术在解决环境问题中的贡献

第三节　技术创新与可持续发展

第四章　文化与可持续发展

第一节　地域文化的魅力

第二节　保护文化遗产

第三节　文化的冲突与交融

第四节　构建和谐文化环境

第五章　可持续发展的社会环境

第一节　保护环境的法律政策

第二节　公民的环境权利与义务

第三节　保护环境　公众参与

第六章　可持续发展的探索和实践

第一节　科学发展观

第二节　构建和谐社会

教材从实现课程的核心价值出发,依据《中小学环境教育实施指南(试行)》和《普通高中地理课程标准(实验)》,对环境教育内容做了适当的拓展,把文化作为环境教育的重要内容列入教材,这是教材编写的有益尝试。

文化与人类社会的发展息息相关,一方面,文化产生于人类社会的生产生活实践,反映不同地域的社会生活状态;另一方面,文化又对社会发展起着重要的作用。文化包含的内容非常丰富。教材结合环境教育的要求,选取了"地域文化的魅力""保护文化遗产""文化的冲突与交融""构建和谐文化环境"等四节内容,并与当前国家所倡导的"建设和谐社会"相联系,注入时代的元素,体现出可持续发展的环境教育既是科学素养教育,也是人文精神教育。

在具体章节上,教材根据《中小学环境教育实施指南(试行)》高中学段学习内容要求和活动建议,围绕"环境——可持续发展教育"这一主线,以知识为载体,以学生自主学习、实践探究为核心,采取认知和情感并重的设计思想,"强调学生在亲身体验中发现和创造知识;在解决现实环境问题的过程中发展创新能力及批判与反思能力;在参与中增进交流与理解,形成正确的环境价值观;促进学生社会实践能力的发展,形成与环境和谐相处的健康的生活习惯,增强积极参与有关环境和可持续发展决策与行动的意识"。教材体现环境教育的实践性,并在过程中渗透情感、态度与价值观教育,把环境教育建立在学生的情感体验基础上,使其通过学习和实践,把课堂学习所习得的科学知识逐步内化为积极的态度和价值观。

在内容组织上,教材注意反映环境科学发展的最新成果,注意贴近学生的生活体验、反映时代的特征;注意选取不同国家、不同地区的素材,提供更加开阔的视野,培养学生形成对环境和环境问题的全面认识。

安徽省是一个自然地理环境独特、文化积淀深厚的省份。作为安徽省的地方教材,《环境与可持续发展教育》在图片、案例素材、活动建议内容等材料的选取上有所侧重,以增加教材的亲和性,培养学生对家乡的情感。同时,注意引导学生关注身边的环境问题,鼓励学生积极参与生态省建设、"绿色学校"创建等活动,提高学生参与环境保护活动的意识,使教材具有鲜明的地方特色。

3. 地方课程环境与可持续发展教育教材的体例设计

教材在章节体例上采用章—节—目的形式组织。在每章的开篇设计总体概括本章内容的章首语。节由正文、活动栏目、图像系统等部分组成。活动栏目包括阅读、思考与讨论、小词典、活动与探究等,形成教材信息的多元化、立体化,以期有利于教师组织课堂教学,有利于引导学生改变学习方式,积极参与教学过程，主动获取知识。

在版式和语言上，教材力图做到：板块分明，形式活泼，语言平实、生动，可读性和感染力强。正文、"活动"、图像三者比例适中，相互配合，形成一个有机整体。

参考文献：

[1]钟启泉，崔允漷，吴刚平.为了中华民族的复兴　为了每位学生的发展　普通高中新课程方案导读 [M].上海：华东师范大学出版社，2008.

[2]中华人民共和国教育部.普通高中地理课程标准（实验）[S].北京：人民教育出版社，2003.

[3]季昆森.关于生态省建设的几点思考[J].安徽科技，2003（6）：12-13.

[4]钟启泉，崔允漷，张华.为了中华民族的复兴　为了每位学生的发展　基础教育课程改革纲要（试行）解读[M].上海：华东师范大学出版社，2001.

初中地理教材的"变"和"不变"及教学策略

——以人教社义务教育教科书七年级地理(2012年版)
"撒哈拉以南非洲"一节为例①

随着《义务教育地理课程标准(2011年版)》(以下简称2011年版课标)的颁布使用,初中地理教材也相应进行了修订。据调研,一线教师对教材修订的情况并不完全理解,他们关注的问题包括:修订后的初中地理教材有哪些变化?教材变化的依据是什么?修订后的地理教材是否有利于落实2011年版课标的要求?是否方便教学?教师对教材的理解程度直接关系到教师的教学行为,进而影响到教师的教学设计和教学组织。显然,教师理解教材为什么这样修订等问题对于一线教学具有实际意义。本文以人民教育出版社义务教育教科书七年级地理(2012年版)(以下简称2012年版教科书)"撒哈拉以南非洲"一节为例,分析地理教材的"变"和"不变",力图通过对该节内容2012版教科书和人民教育出版社义务教育教科书七年级地理(2001年实验版)(以下简称2001年实验版教科书)的比较分析,探讨地理教材的变化及其依据,为落实2011年版课标,使用好2012年版教科书,提高备课和课堂教学的效益,提供线索和帮助,并在此基础上提出有关教学建议。

一、以"撒哈拉以南非洲"一节为例,看初中地理教材的"不变"

第一,教材体现了2011年版课标规定的课程性质、课程基本理念、课程目标和课程内容。

国家课程标准是教材编写、教学、教育评价的依据。为了维护义务教育地理教学的基本稳定,新修订的2011年版课标在内容框架、设计思路、课程内容呈现方式和表述方式上保持不变。与《全日制义务教育地理课程标准(实验稿)》相比,2011年版在课程性质、课程基本理念、课程目标、课程内容等方面保持了相对的稳定,突出地理课程的区域性和综合性两个特征,并在此基础上修订,强

---

①原文系承担人民教育出版社高中地理教材培训讲稿(哈尔滨,2014年8月),发表于《中学地理教学参考》2013年第6期第11-14页。

调地理课程的思想性、生活性和实践性等特征。在课程基本理念上,将原来的6条理念精简为3条,即"学习对生活有用的地理""对终身发展有用的地理""构建开放的地理课程",保持课程理念的延续性,引导学生在生活中发现地理问题,理解其形成的地理背景,提升生活品位,增强生存能力,体现地理为现代公民的生存和发展服务,倡导从地理视角思考问题,培养学生的地理素养。强调重视校内外课程资源的开发利用,拓展学习空间,鼓励自主、合作、探究等多样的学习方式。

课程标准的相对稳定对教材编写、教师教学均具有重要意义,决定了2012年版教科书修订的基本思路,即依据2011年版课标,保持基本稳定(与2001年实验版教科书相比),稳中有变。2012年版教科书"撒哈拉以南非洲"一节,通过文字和图片等对内容进行组织和呈现,体现了2011年版课标规定的课程性质、课程基本理念、课程目标、课程内容的要求。

第二,与2001年实验版教科书相比,2012年版教科书在编写思想、编写原则、教材设计思路、教材体例、教材主要特点等方面总体保持一致,体现了教材的连续性。

教材坚持以学生的发展为本,教学内容的选择密切联系生活和生产实际,体现地理学的实用价值。加强地理实践和探究活动,发展学生的实践能力和创新意识。重视爱国主义情感、环境保护意识、科学态度和科学精神,以及人文精神的培养。2001年实验版教科书的修订遵循基础性、实践性、趣味性和统一性原则。作为课程标准教材,以培养公民地理素养为教材编写的出发点,体现地理课程的基本理念。

2012年版教科书"撒哈拉以南非洲"一节教材,依照2011年版课标"认识区域"的要求,在区域的选择上按照"重视世界上地理问题突出的地区和国家"原则,选择了在自然地理和人文地理方面均具有显著特色的撒哈拉以南非洲。作为"认识区域"的学习案例,"撒哈拉以南非洲"一节旨在引导学生初步掌握认识区域的基本方法。

与2001年实验版教科书相比,2012年版教科书"撒哈拉以南非洲"一节教材在框架结构上没有发生根本变化,还是由三个部分组成,但第二部分标题发生了改变,由2001年实验版"单一商品为主的经济"改为2012年版"快速发展的经济"。教材的体例没有发生改变,仍由叙述性课文、活动式课文和图像系统等构成,在内容组织上,重视对学生地理素养的培养,注重基础,引导学生参与学习活动,倡导自主学习、合作学习。

2012年版教科书"撒哈拉以南非洲"一节教材在保持稳定的同时,对很多内容进行了调整和改编,在内容组织、具体表述、资料、图像等方面均有较大程度的变化。

二、以"撒哈拉以南非洲"一节为例,看初中地理教材的"变"

2012年版教科书的"变"依据修订后的2011年版课标,根据经济地理和人文地理最新的发展、权威统计部门发布的资料、教材课题研究的成果以及对一线地理教学调研的反馈和教育"减负"的要求,编者对义务教育地理教科书进行了全面更新,包括教材的课文、资料、案例、图像系统等,使教材密切联系学生的生活实际,文字叙述更加符合学生的语言习惯,图像更加符合教学需要和学生的审美情趣。同时,对教材版面做了调整,版面设计不拘一格,形式多样,充满新意。

1. 严格按照课标的"课程内容"修订教材内容

课标的修订直接影响教材的编写和修订。2011年版课标修订侧重于时代性、准确性和可行性,反映时代的发展变化和教学改革的要求,充分吸收各方意见,并适当考虑教学实际。2011年版课标大多数课程内容与实验稿课标保持了连续性,并在课标文本内容表述上进行了调整和规范,包括行为动词的调整等。考虑到减负的需要,修订后"标准"数量减少了5条。

2012年版教科书修订严格依据2011年版课标,删去课标中删去的内容。对于课标文本内容表述上的调整和规范,如行为动词等,教材在落实课程标准时,对各章节教学目标的达成程度也进行了相应调整。2012年版教科书"撒哈拉以南非洲"一节落实的课标为:"运用资料描述某地区富有地理特色的文化习俗""运用图表说出某地区气候的特点以及气候对当地农业生产和生活的影响"等。其中"运用资料描述某地区富有地理特色的文化习俗"比实验稿课标多了"地理"二字,强调文化习俗的地理属性。教材在落实这一标准时,相较2001年实验版教科书,在"活动"上进行了重新设计(见下面活动式课文分析)。

2. 调整教材的叙述性课文和活动式课文

(1)根据对一线地理教学的调研、教材课题研究的成果、教育减负的要求等,2012年版教科书对于具体章节课程标准没做要求的内容,或与实现课程标准缺少联系的内容,或原作为教材铺垫的内容等,多数删去,并对教材相关内容进行了重新编写。

2012年版教科书"撒哈拉以南非洲"一节的第一段,教材突出地理位置的表述,意在引导学生掌握认识区域的基本方法,也是落实课标关于认识区域的要求,删去了2001年实验版教科书开篇的一段文字"这是一片神奇的土地……还有成群的斑马、凶猛的狮子",并对2001年实验版教科书中关于撒哈拉以南非洲历史的部分内容进行了删减,从而更加突出本节的教学主题。

(2)从教学实际出发,2012年版教科书在保持教材特色的基础上,全面调整叙述式课文和活动式课文,适当增加叙述式课文,在叙述式课文中介绍一些地理基础知识、结论、方法、观点等,意在加强基础,为学生学习相关内容创造条件。

2012年版教科书"撒哈拉以南非洲"一节教材在"快速发展的经济"部分,新增加叙述式课文"撒哈拉以南非洲是矿产资源的宝库……"一段,还增加了"撒哈拉以南非洲主要矿产资源和经济作物的分布图",介绍撒哈拉以南非洲拥有丰富的矿产资源和生物资源,意在引导学生理解资源与地区经济发展的关系,为下面讲解撒哈拉以南非洲在殖民统治下所形成的"单一商品为主的经济"和近十几年来撒哈拉以南非洲经济迅速发展作铺垫。为突出本节主题,相比2001年实验版教科书,2012年版教科书删减了介绍撒哈拉以南非洲在殖民统治下经济落后的部分内容,类似的情形在教材其他章节也存在。

(3)考虑到一线教学实际,2012年版教科书对教材活动式课文进行了全面调整。

首先,控制活动的总量。与2001年实验版教科书相比,修订后的2012年版教科书明显减少了活动式课文,占总版面比重由40%下降到30%。其次,对"活动"进行重新设计,一个"活动"围绕一个主题。在思路上明确学习目的,选择适当的主题。该主题往往是本标题的重要内容或重(难)点,或是落实课程标准的重要内容。

为了加强对教学的引导,"活动"提供必要的相关材料,例如文字、图像等。"活动"按一定步骤进行,步骤之间设置适当的梯度,各梯度间内容具有一定的逻辑关系,体现探究性和开放性。"活动"一般设计3到4个问题,立足于学生能在课堂完成。考虑学生学习活动的实际,控制"活动"的总体容量。

2012年版教科书"撒哈拉以南非洲"一节安排的第一个"活动",较2001年实验版教科书有显著的变化,"活动"的主题突出,设计思路明确,容量适中,难度适宜。具体主题是"分析撒哈拉以南非洲传统民居与地理环境的关系",目的在于落实课程标准"运用资料描述某地区富有地理特色的文化习俗"。"活动"给出乍得首都恩贾梅纳年内各月气温和降水量资料、非洲乡间茅草屋景观图片,设计两个步骤来完成主题。首先,引导学生读图,归纳热带草原气候的特点;然后,结合热带草原气候特点和非洲乡间茅草屋景观图片,引导学生思考当地民居与气候的关系。

3. 体现经济社会的发展变化

2012年版教科书根据经济地理和人文地理最新的发展变化、权威统计部门发布的资料等,对教材的数据、课文、资料、案例、图像系统等进行了全面的更新。

在"撒哈拉以南非洲"一节中,2012年版教科书以"快速发展的经济"替换2001年实验版"单一商品为主的经济",在课文中用两段的篇幅介绍了目前撒哈拉以南非洲的很多国家,正在努力改变过分依赖初级农矿产品生产和出口,使经济获得稳步发展的情况,并指出进入21世纪之后,撒哈拉以南非洲经济增长迅速,成为世界经济发展最快的地区之一。教材在这部分的最后新增阅读材料"充满希望的土地",进一步说明撒哈拉以南非洲的快速发展,与当今世界的经济联系,并介绍中国对撒哈拉以南非洲经济增长做出的贡献,体现经济地理、人文地理的最新发展。

2012年版教科书对"撒哈拉以南非洲"一节第二个"活动"中加纳经济的数据进行了更新。在"人口、粮食与环境"标题下新增"2005～2010年撒哈拉以南非洲部分国家的平均人口自然增长率"图,说明撒哈拉以南非洲的人口问题,渗透情感、态度与价值观的教育。

4. 突出"认识区域"案例学习的方法培养

依照2011年版课标要求,2012年版教科书着力于培养学生掌握"认识区域"的一般方法。课程标准除特殊区域外,并没有指定具体学习的区域。2012年版教科书所提供的大洲、地区、国家等是认识不同尺度地区的学习案例,是学生学习"认识区域"方法的载体。教材在认识大洲、地区、国家的章首页、课文表述、"活动"设计等方面,突出案例学习,培养学生掌握"认识区域"的基本方法,努力做到由此及彼,迁移运用到认识其他大洲、地区和国家。

作为"认识区域"的案例,在"撒哈拉以南非洲"一节中,教材首先介绍撒哈拉以南非洲的地理位置和自然环境,然后介绍文化、快速发展的经济以及面临的人口、粮食与环境问题。地理位置、自然环境、矿产资源和生物资源的介绍,分析自然环境、自然资源与人类活动的关系,存在的环境与发展问题,体现认识区域的一般方法,落实了课标关于"认识区域"的要求。

教材在"撒哈拉以南非洲"一节的第二个"活动"中也体现了案例学习的思

想。"活动"主题是："阅读材料,以加纳为例,分析撒哈拉以南非洲努力摆脱全球'原材料仓库'境遇的原因。""活动"给出加纳进口额、出口额、出口产品、进口产品等资料,引导学生"走入"案例,思考加纳的这种外贸结构对国家经济的利弊,在此基础上,引导学生"走出"案例,为撒哈拉以南非洲发展经济提出建议。一方面,加深学生对这部分内容的理解,明确发展民族工业、发展多样化的经济是摆脱过分依赖初级农矿产品经济的唯一出路;另一方面,体现案例学习的要求。

5. 落实地理基本技能的培养

2012年版教科书注重学生地理基本技能的培养,落实课程标准的地理课程目标要求。图表是地理表达的重要语言,七年级上册和下册地理教材都利用较多篇幅,对地理图表阅读、绘制等技能培养进行详细的指导。例如,七年级上册教材用图加说明、框释、对话等方式,提供或提示读图的基本思路和方法,引导学生读图;七年级下册教材在上册的基础上,进一步培养学生的读图技能,要求读图、用图,分析地理图表,获取地理信息,逐步学会建立图像和相关区域(或原有地理知识)之间的联系,这对于地理思维能力的培养非常重要。学生完成读图活动的过程,就是对地理现象、地理问题分析、归纳、概括的过程,也是提升地理思维能力的过程。

2012年版教科书"撒哈拉以南非洲"第一个活动"分析撒哈拉以南非洲传统民居与地理环境的关系",落实地理基本技能的培养,具体体现在:首先,要求学生读乍得首都"恩贾梅纳多年平均各月气温和降水量"图,学生可以使用七年级上册学习阅读某地多年平均各月气温与降水量图的方法,获取地理信息,归纳出热带草原气候的特点;其次,读茅草屋景观图片,建立茅草屋和当地气候等自然环境要素的联系,完成活动设计要求。

"撒哈拉以南非洲"一节在最后设计了"思考撒哈拉以南非洲面临的人地关系问题"活动,给出有关撒哈拉以南非洲协调人地关系的建议,让学生按重要程度填写"金字塔"(实际是地理问题建模),要求学生通过本节内容的学习,从地理事物逻辑关系的角度,对撒哈拉以南非洲面临的人地关系问题和解决途径进行归纳、概括、比较、建模,体现了教材为培养学生地理思维能力提供的思路和方法。除此之外,2012年版教科书还设计了讨论、辩论、角色扮演、办小墙报等栏目,落实对学生地理基本技能的培养。

三、初中地理教材的"变"和"不变"与教学策略

通过前面的分析,我们可以看出,教材的"变"是绝对的,"不变"是相对的。

教材的"变"和"不变"是表象,其本质在于课程标准,在于教材编者对课程改革、课程标准、地理科学最新发展和一线地理教学的思考。人教社2012年版教科书的"变"和"不变"是有理可循的。透过地理教材的"变"和"不变",我们可以加深对地理课程标准、地理教育教学规律的理解。

为了使用好人教社2012年版教科书,提升教学效果,建议在教学中注意以下几个方面的问题。

第一,深入研读课标、教材、教参,把握课标和教材之间的关系。

在备课时,思考教材为什么这样变化?可以把课标与教材对应起来进行阅读,思考教材为了实现课标要求,是如何组织和铺垫的?把握课标和教材之间的差异,注意教材的内容组织与落实课标之间的关系,为确定教学目标和教学重难点提供依据。

教材与课标对应的内容应成为教学的重点。教学难点的确定与学生的认知基础有关,也往往与教材的"搭桥"内容有关,这里的"搭桥"是指为了实现课标要求,教材所做的知识铺垫。

第二,重视案例教学,培养学生认识区域的方法。

进行案例教学是课标的要求。案例教学的重点在于教会学生掌握学习区域地理的一般方法,而不是要求学生记忆系统的区域地理知识。对于教师来说,案例教学是教学方法的一种;对于学生而言,案例教学旨在培养其如何认知地理事物。

课标的"课程内容"并没有要求教材、教学面面俱到,不强调知识的系统性。课标要求学生通过学习教材所选区域,能够适当地进行迁移,认识其他区域。2012年版教科书中提供大洲、地区、国家等不同层面的案例,为培养学生进行案例学习创造了条件。案例隐含认识区域的一般方法,这需要教师在教学过程中结合教学内容加以提炼,并及时总结,引导学生从"走入"案例,到"走出"案例,掌握认识区域的一般方法,培养地理学科视角。

第三,落实教科书中的"活动"教学。

人教版教材活动式课文的设计寓意深远,体现了地理课程的基本理念和引导学生探究学习的意图,很多活动设计具有适当的探究性和开放性。教材通过材料和图表的阅读分析,对学生地理基本技能进行针对性的培养,也为教师进行考试评价的命题设计提供思路。

在实际教学中,一些教师对"活动"教学不够重视。"活动"是教材的重要组成部分,是落实课标的关键所在,不能忽视这部分内容的教学。

　　第四,遵循因材施教的原则,选用恰当的教学方法。

　　课标、教材、教参、教辅发生了变化,但是教育教学的基本规律是客观的,不以人的意志为转移。我们教育教学的基本策略仍然要遵循因材施教的原则,做到有所"变"和有所"不变"。教学的根本依然在于教师的职业素养和教学态度。

　　在教学活动中,要切实把握2012年版教科书的特点、体例、图像系统等,从形式为内容服务的角度,理解地理教材的"变"和"不变";根据学生的身心特点、学习基础和具体章节教材内容,选用恰当的教学方法,以更好地实现课程标准的要求和教材的编写意图。

初中地理教学策略再思考①

　　什么是教学策略？施良方认为，教学策略是指教师在课堂上为达到课程目标而采取的一套特定的方式或方法。教学策略要根据教学情境的要求和学生的需要随时发生变化。无论是在国内还是在国外的教学理论与教学实践中，绝大多数教学策略都涉及如何提炼或转化课程内容的问题。袁振国则认为，教学策略是在教学目标确定以后，根据已定的教学任务和学生的特征，有针对性地选择与组合相关的教学内容、教学组织形式、教学方法和技术，形成的具有效率意义的特定教学方案。教学策略具有综合性、可操作性和灵活性等基本特征。

一、地理教学的整体性策略

　　初中地理教学策略是指教师基于地理学科特点，初中学段学生年龄特点，为实现课程目标而有针对性地采取的方式或方法，具有综合性、可操作性和灵活性等特征。教学策略隐含着教师对课堂教学有效性的期待。在教学实践中，教学策略要根据教学情境的要求和学生的需要随时进行调整。

　　【例1】蚌埠高新教育集团实验中学匡昌林老师"极地地区"一节教学。

　　教师根据"极地地区"教学重难点情况和情境教学的特点，采取整体设计地理教学活动的策略，选取材料：2013年12月25日5时50分，正在南极执行科考任务的中国"雪龙"号收到澳大利亚海上搜救中心电话，了解到俄罗斯"绍卡利斯基院士"号在南极附近海域被浮冰困住，情况危急，希望"雪龙"号前往遇险地点施救。以此为背景，以"'绍卡利斯基院士'号被困——'雪龙'号施救——两船均被困——两船成功脱险"为故事线索，将南极地区自然环境的特点、保护南极地理环境等贯穿其中，展开本节课的教学。

　　地理教学的整体性策略认为，课堂教学是在教学活动诸要素，如学科课程

————————————————

　　①原文系承担教育部"国培计划（2015）"一线优秀教师培训技能提升研修项目授课讲稿（北京，2015年10月）。

标准、教材、学情等共同作用的基础上，所形成的一系列教学活动统一体，是诸要素、诸教学活动所组成的相互联系、相互影响的动态过程。

结构决定功能，课堂教学的结构直接影响它的教学功能。基于不同的研究视角观照课堂结构，可以形成对课堂教学的立体认识。例如，课堂教学的知识内容结构、活动结构、师生行为结构、时间结构等，共同构成课堂教学的不同观察维度，其暗线在于：教学内容（逻辑）—教学活动—教学行为—教学时间。而这些不同的课堂教学观察维度体现了课堂教学各要素（内容、活动、行为、时间）的统一。

地理教学的整体性表现为教学各个环节活动（结构）之间的联系与影响（动态），局部功能和整体功能的关系，包括：第一，课堂教学知识内容的整体性，即表现为章节知识内部和章节之间的联系，即学科知识之间的内在联系——体现学科逻辑；第二，课堂教学行为的整体性，即基于构建和谐师生关系，教与学的行为关系服从教学目标，育人目标；第三，课堂教学活动的整体性，即师生围绕教学内容展开教学活动，教师的组织引导，学生的自主学习和探究学习。上述结构的相互协调、相互作用，具有统一性和发展性，是动态的、变化的。教学内容结构设计决定了课堂教学活动结构、师生行为结构和教学时间结构。

1. 目前地理教学中存在的问题

在经过多年课程改革之后，我们对新课程教学有所总结、有所认识。当面对那些精彩的课堂，我们思考：教师的课堂教学为什么这样设计？地理教学采取什么样的教学策略？地理教学在于引导学生认识事物表象还是事物内在本质？什么决定着课堂，课为什么这样上？调查显示：初中地理教学存在局限，对课程标准不重视；重视教材，但停留于表象，对教材表达的地理事物之间的逻辑关系有所忽视，也很少从教学策略层面进行教学设计；很多课堂教学缺乏整体设计，教师忽视构成课堂教学各组成部分之间的联系，表现出教学活动的随意性，情境创设上不连续，内容组织上不连续，教学缺乏方向感和整体意识。简单机械地处理教材，教学内容处理不当，忽视教材章节知识的整体性，导致学生对地理知识理解和掌握上的不连续，不完整，甚至割裂；教学活动不当，教学时间分配不恰当，课堂教学中师生行为的不合理，忽视学情、教材、师生关系对实现整体教学的基础意义。

2. 地理教学的整体设计

（1）地理教学的整体设计要求教师在教学过程中协调好教学各要素之间的关系，使各种教学要素有机结合起来，在完成教学目标的过程中实现整体功能

——教学目标。

教师依据学情、课程标准、教材和教学风格,在认知教学目标、重点、难点、教法等前提下,对整节课的地理教学,根据教学主线(知识与能力、过程与方法、情感态度与价值观),整体设计课堂教学诸环节,从导入到展开各组成部分内容,进行有针对性的设计与处理(活动串),自然、顺畅地建立各环节之间的联系,实现各环节的功能,从而实现课堂教学的整体功能。

(2)对地理教学整体性的认识建立在教师对课程标准、教材、学生、课堂教学规律的理解和教学经验的基础上。地理课堂教学设计集中体现在教学过程的设计上。显然,教师在备课时需要有意识地进行教学设计。

在初中地理教学中,创设"讲故事"的教学情境,用地理知识的内在逻辑线索,把教学组织起来,体现地理教师的创造性。整体设计地理课堂教学,要求处理好各组成部分内容与整体教学设计的关系,局部服从整体。各局部教学内容的设计构建整节课的设计,局部功能形成整体功能(教学目标)。

这里对地理教学整体性策略的讨论是基于教学过程结构的讨论:强调课堂教学结构和教学功能(目标)的关系。

【例2】蚌埠第七中学张跃文老师"西双版纳"一节教学。

教师依据课程标准和学生特点,创设带学生去遥远的西双版纳旅游的虚拟情境,通过介绍西双版纳地理位置、自然环境和旅游资源分布等,整体设计本节的教学,集趣味性、知识性和情感态度教育于一体,较好地实现了本节的教学目标。

各类地理教学比赛,以及国外关于课堂教学的理论和实践都证明,教学设计的重要性——追求教学的意蕴,越来越强调在一定教育理念支持下的教学设计。这也是评价教学效果的核心内容:分析教学过程设计,以及实际教学过程与教学过程设计之间的一致性,判断生成性内容的合理性及教师的处理,进而对教师的专业水平进行判断。

【例3】蚌埠第六中学程晓红老师"海陆的变迁"一节教学。

"大陆漂移说"的科学依据是本节的教学难点。本节教材尽管提供了丰富的图文信息,但对于七年级学生来说,要形成对"大陆漂移说"的科学认知,难度较大。授课教师创造性地使用教材,结合教材内容设计易于学生理解的演示活动,把抽象的理论问题形象化,通过设疑、释疑,实现学生对教学难点问题的有效突破,激发了学生探究问题的热情,使"大陆漂移说"的科学依据、基本内容为学生所理解,并把对学生科学态度的教育,自然地融合到教学活动中,具体生动,提升了课堂教学效果。

(3)当前基于地理教学整体性策略下的教材处理存在不同的情形。地理教材是教与学的基础,教材是一个整体,无论整节内容还是局部,地理教材的整体性是实现课堂教学整体设计的基础。显然,深入研究教材,把握教材的整体特点,对实现地理教学的整体性具有实际意义。

由于学情、教师专业水平的差异,教师对课程标准和教材的理解、使用也存在差异,这是客观事实,需要教师在教学实践中有意识地不断学习和实践。教材的合理使用是创造性实施教学的基础。

3. 卓越课堂须建立教学整体观

教师要建立上位的教学整体观,即着眼于课堂教学中教与学的关系,来强调课堂教学的整体意义。教学整体观意味着教学的最优化组合,包括教学要素的整体配合和协同。从这层意义上说,有效教学的本质内涵就是能够达成教学目标的课堂师生交往活动。

实现有效教学的方式,一方面是学生感兴趣,这是有效教学的必要条件,另一方面,强调教学的针对性,这是有效教学的充分条件。高质量的人际关系是连接教与学的纽带。古人说"亲其师,信其道",建立良好的师生关系,让学生愿意付出额外的努力,激发学生强大的学习动机。

教学关系变革的着力点在于把学习方法教给学生,重视学生内在学习动力的激发,把时间还给学生,重视学生学科核心能力的培养。在学习评价上,美国传奇教师雷夫·艾斯奎斯提倡"没有害怕的教育",即彼此信任,他认为知识本身就是最好的奖品……他深信:着力于孩子的品格培养,激发孩子对自身的高要求才是成就孩子一生的根本。高效课堂的根本在于教学要素的内在统整,即高质量的教、主动的学、亲密的师生关系和优质的教学内容。

二、地理教学中的情境教学

1. 情境教学法

(1)情境教学法的定义。

情境教学法是指在教学过程中,教师有目的地引入或创设具有一定情绪色彩的、以形象为主体的生动、具体的场景,以引起学生一定的态度体验,从而帮助学生理解教材,并使学生的心理机能得到发展的教学方法,由英国应用语言学家在20世纪30—60年代发展形成。

情感和认知相互作用,其中,情感对认知活动至少有动力、强化、调节三个方面的功能。情境教学法的核心在于培养和调动学生的情感,激发其学习动机。

情境教学是在对社会和生活进一步提炼和加工后才作用于学生的。借助不同的媒体，如生动形象的语言描绘、课内游戏、角色扮演、图片、音乐欣赏、主题视频等，寓教学内容于形象的情境之中，发挥着潜移默化的暗示作用。初中地理教学中广泛使用情境教学法。

江苏南通师范第二附属小学教师李吉林提出"情境教育"理论（她的"情境教育实践探索与理论研究"荣获首届基础教育国家级教学成果奖特等奖），认为情境教学的"情"与"境"是相互交融、不可分离的。"情"是情境教学的灵魂，"境"则是学生感知的凭借。"境"的逼真和亲切感使学生更易受到境中情的感染。情境知识观成为新知识观的主要取向之一，知识、思考和情境是紧密联系的，知与行是相互作用的——知识是蕴含在情境之中的。

情境教学是否属于地理教学法的范畴？学界存在不同观点。在陈澄、段玉山、孙大文编著的《地理教学论》等著作中尚未有记述。

（2）情境教学法的理论依据。

情境教学法的依据有：情感和认知相互作用、认识的直观原理、智力与非智力因素统一、思维科学的相似原理等。教学是寓知识传授和情意培养于一体的活动。情境教学能够培养人的情感，可以为学生提供良好的暗示或启迪，有利于锻炼学生的创造性思维。

建构主义认为：学习总是发生在情境之中，而情境则与蕴含其中的知识形成了不可分割的联系。美国教育学者钮威尔和西蒙认为，问题解决是由一定的情境引起的，是按照一定的目标，应用各种认知活动、技能等，经过一系列思维操作，使问题得以解决的过程。

显然，情境教学法有利于建构灵活的知识结构、发展高层次的地理思维能力、提高学生的自主学习能力。知识必须在它发挥作用的情境中使用，才能具有情境性，从而成为"活的知识"。知识的学习应该在一定的生活化的、符合学生经验的、较为真实自然的情境中展开。

【例4】合肥第一中学周鲍老师"热力环流"一节教学。

这节课体现了新课程改革下的高中地理课堂要求，从当地学生生活出发，用视频导入新课，以教学实验操作的方式，创设新颖的教学情境，将热力环流分析与实际观察相结合，展现了独特的教学风格。课堂教学的特点：课程导入过渡精彩，关注生活中的地理，重视地理学的学科特点，演示实验直观贴切，板书设计合理精练，学生参与积极主动。

（3）创设情境的目的和意义。

创设良好的教学情境,引发学生产生疑问,从而激发兴趣、启发思维。教师通过情境,引导学生(参与者)在活动和体验中反思自己的经验与观念,在交流和分享中学习,产生新的思想和新的认识。例如,人教版地理教材基于情境的设计思路。教材运用真实和虚拟的情境,引起学生对教学内容本身的兴趣。情境在教材中起到穿针引线的作用。

【例5】基于情境的设计思路:对现实问题的讨论(人教版七年级上册)。

关于丽江古城的开发和保护的讨论。

①提出一个与学习新课有关的实际问题,引起学生想要解决这个实际问题的兴趣。②提出一个包含所学课题的奇特现象。③设置问题情境后,引导学生猜想和论证。④摆出对立的观点,让学生辨析。

情境教学的影响因素是复杂多样的,包括学生、教材、教师、媒体技术、教学设计、情境素材等。

(4)情境的不同类型。

课堂教学的不同环节使用不同的情境,例如导入新课、教学活动间的过渡、教学总结、突破重难点等均创设不同的情境。一般可以分为:社会和自然的情境,问题情境,教学方法的情境,教学组织的情境,心理引导的情境,等等。

初中地理教学中,应重视情境教学对于构建地理概念、揭示地理事物之间联系、培养学生地理认知能力的普遍意义。

2.教学情境创设应把握的原则

情境教学法的关键在于教学情境的创设,对于教师来说,这是一个充满创造性思考和实践的过程。

第一,创设情境要做到因材施教,根据教材、技术、教学设计等选择和设计情境教学活动,同时注意结合学生的年龄特征、知识基础、认知程度和生活体验。

第二,创设情境是教学设计的重要组成部分,体现教学的整体性。情境设计要服从整节课的教学设计,要把握好情境创设局部和整体的关系。情境创设不局限于新课的导入,可贯穿于教学全过程,以整体情境体现地理教学的整体性,如前述课例"极地地区"的教学设计。局部情境则围绕具体内容处理设置。

第三,从现实生活中选取材料,激发学生的学习兴趣。要注意引导学生参与、动手思考、联想、比较、发现。

第四,在创设局部情境时,一般多以教学重点、难点为中心进行设计,启发思维,引导学生从多个角度分析问题。

第五，创设情境要注重师生情感的交流。情境创设是师生共同的活动，教师应为学生创设民主、和谐的课堂氛围，这对情境教学的顺利进行具有积极意义。

第六，情境创设的多样性和优化。情境创设可借助多种媒体实现多样化。通过情境素材和设计思路进行优化，即根据思想性、功能性（拓展思维）、教学时间等，优化处理教学情境材料，实现情境创设的优化。

第七，注意情境材料的针对性，情境材料与教学内容之间要有明确的联系。在教学中，教师应注意从情境中提取有关地理知识，建立与教学内容（地理事物）之间的联系。

【例6】情境创设的多样性：5秒钟微笑的力量。

描述：一节物理课，师生的交流单向，很少互动。教师做演示实验，渐渐吸引了学生，教师被学生的专注所感染，突然微笑起来（真实、发自内心）。那一刻，学生的表情放松，积极起来（被感染）。随后，课堂教学顺畅起来。

分析：教师的演示实验创设了师生良好的交流情境。教学的本质是一种交流活动。微笑是一种特殊而常用的交流方式。加拿大学者迈克·富兰认为：教师专业需要实践的智慧，需要提高教师观察决断的能力和随机应变的能力。5秒钟的微笑，其意义在于师生的相互鼓励。

基于问题的情境能够启发学生思维。教师根据问题的难易程度，设计适当的问题情境，能够有效地引导学生的思维不断发展，并将问题渗透到情境当中，让问题成为课堂师生探讨学习内容的桥梁。

【例7】某年暑假，你沿着约东经120°在亚洲旅行，沿途拍摄了许多照片（见图1）。同学们非常羡慕你，向你询问以下问题：

图1

这些照片是在哪里拍摄的?任意选两张照片,介绍那里的房屋特点及其与当地自然环境的关系。能否将这5张照片排列成序?如何排列?为什么?

分析: 这是一个基于问题的情境创设。试题给出一组彼此间有一定关联的图片,创设问题情境,引发学生思考,使课堂教学逐步深化。

3. 地理情境教学存在的主要问题

(1)情境使用的片面性。

目前,地理教学中情境的创设,多用于讲授新课之前的教学导入。实际上,教学情境不应只为进入新课作铺垫,可以根据教材和学生的认知基础,在教学的不同阶段,创设符合教学内容要求的多种情境,持续地引起学生积极的情感体验,以此来激发学生的学习动机和学习兴趣,调整、推动、强化学生的认知、情感和实践等活动,促进其思维、创造能力的发展,如前述课例"西双版纳"的教学设计。

(2)情境教学的低效。

实际教学中,一些教师对情境创设缺乏细致的设计,或生搬硬套,创设的情境过简或过难,或缺乏思考性、启发性,情境创设流于形式。部分教师在教学中创设活动情境,追求形式的生动,脱离教材教学重点、难点,脱离学情,创设一些缺乏实际意义的合作学习"活动"情境,表面上课堂氛围活跃,但并不能有效地为教学目标服务,且影响了实际教学效果。

情境创设不是摆设,要避免过于功利,"家常课""公开课"都应当使用。教师要注意依据教学设计和学情精心设置情境,但不要过于渲染。

(3)创设情境忽视师生情感的交流。

情境创设应重"情"。在情境教学中,许多教师依据教学任务、内容等因素创设情境,在设计和实施中往往忽视了与学生的情感沟通,显然,这是不恰当的。和谐的师生关系是取得教学效果的前提。

(4)忽视情境创设的多样性和优化。

一方面,一些教师常出现过多使用图片或视频,角色扮演等,没有发挥不同媒体的优势。另一方面,一些教师缺乏情境创设的优化意识:忽视材料的针对性和材料处理,忽视情境与教学内容之间的联系,导致信息冗余;有些课件过于注重画面的精美,忽视了教学功能,忽视了对地理教材内容的学习和关注,导致教学活动浮于表面;有的课堂教学过多使用多媒体,教师成了"操作员"和"讲解员",忽视了教师与学生的知识和情感交流,画面速度过快,没有给学生一定的思考时间,没有让情境为教学内容服务。

从本质上说,情境教学是教师根据学生实际和教材的不同内容等具体情况和条件,创造的适合学生年龄特征、富有情感教学情境的教学行为。情境教学法是以情感调节为手段,以学生的生活实际为基础,以促进学生主动参与为目的,优化教学活动的教学方法。在课堂教学实践中,情境教学法比较适合学生的生理、心理特点和认知规律,是教师为了实现教学目的所采取的一种教学技术手段。

三、地理教学中的学科逻辑教学

1. 学科逻辑

关于地理事象分布的知识:分布在哪里(Where)? 在什么条件下(When)? 为什么分布在那里(Why)? 形成了怎样的分布类型(What)? 这些问题体现了地理学科特有的思维逻辑,构成了研究地理分布问题的基本知识框架。因循学科逻辑,一个个看似分散的地理知识"点",可以被一些"链条"所连接,地理学科思想和方法正蕴含其中。

【例8】(2014年全国乙卷)20世纪50年代,在外国专家的指导下,我国修建了兰新铁路。兰新铁路在新疆吐鲁番附近的线路如图2所示。读图2,完成(1)~(3)题。

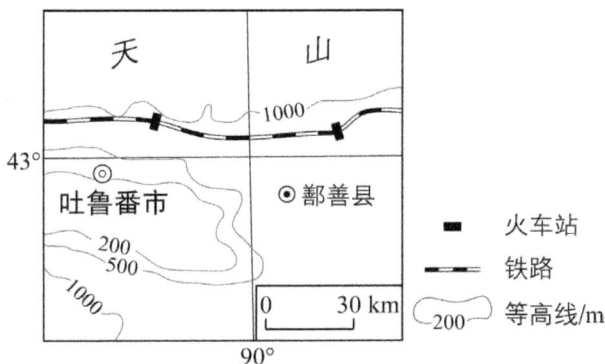

图2 兰新铁路线路(新疆吐鲁番附近)

(1)推测外国专家在图示区域铁路选线时考虑的主导因素是(　　)

　　A. 河流　　　B. 聚落　　　C. 耕地　　　D. 地形

(2)后来,我国专家认为,兰新铁路在该区域的选线不合理,理由可能是(　　)

　　A. 线路过长　　B. 距城镇过远　　C. 易受洪水威胁　　D. 工程量过大

(3)50多年来,兰新铁路并没有改变该区域城镇的分布,是因为该区域的

城镇分布受控于（　　）

  A.地形分布 B.绿洲分布 C.河流分布 D.沙漠分布

分析：这组试题取材于现实生活，以我国西北局部区域为载体，以铁路线建设为背景，考查了考生对铁路选线与新疆区域自然环境、人口分布之间学科逻辑关系的理解。

铁路选线受多种地理因素影响和制约，需要考生综合分析地形、工程量、占用耕地情况、聚落、自然灾害、线路长短、安全方便等，体现了地理综合思维。制约新疆城镇分布的主要因素是水源。新疆气候干旱导致河流欠发育，地形控制河流和地下水的分布，进而决定人口、城镇聚落、耕地均分布在绿洲上，也决定了交通线的分布。试题体现了地理学科逻辑。

山区修建铁路的选线要求：沿等高线修建，地形起伏小，线路较短，工程量小。地形是当年外国专家在图示区域铁路选线时考虑的主导因素，但铁路距离城镇较远，难以充分带动附近地区的经济发展。

（1）学科逻辑与学习逻辑。

逻辑是一种思维的规律。学科逻辑是指按照一定的理论方法使学科中的各个知识点串联起来而形成的线索结构，通常以概念、推理、命题等形式出现，简言之，即学科知识结构。有学者认为，学科逻辑是通过学科知识结构体现的、能够反映学科思想和方法的一种思维规律。

学科体系和学科逻辑是两个相互关联，又不完全相同的概念。学科体系一定有学科逻辑来支撑，学科逻辑不仅对整个学科体系的建构有意义，而且对每一个学科知识的学习有意义。地理教材中的知识内容蕴含着地理学科逻辑。

学习逻辑是学生学习的规律和方法。学生通过这些有逻辑的地理知识的学习，逐渐建立起"头脑中的地图"（包括知识结构图）。学生从"学会地理"走向"会学地理"，即会用地理的"头脑"来思考和分析问题，这才是有用的地理，学生终身受用的地理——地理教学要解决的问题，也是教学培养的目标。

（2）地理教材中的学科逻辑。

地理学揭示的是不同空间尺度上的地理事物的分布和发展变化规律。教材依照学科课程标准的要求，在编写上构建"认识大洲—认识区域—认识国家"的不同尺度，体现认知地理事物的逻辑关系。教材强调从空间上观察世界，认识区域特征、人类和事物的空间分布和地域组合；从时间上观察世界，用发展的眼光看待问题，认识地域特征及人类和环境的发生、发展及变化过程。这其中包含着学科的认知逻辑（学科逻辑）。

不同时空尺度下研究问题的视角和出发点不同。地理教学中的学科逻辑教学体现地理学科思想和方法。例如,认识不同区域的尺度变化:大尺度——某地为一个点;尺度变小一点——空间变小,点就变成区域,变"丰富"了;尺度再变小一点,可以看见分布的细节。"改变分析的空间尺度能提供深入了解地理过程和现象的洞察力,能了解地理过程和现象在不同尺度上是如何相互联系的。"(《重新发现地理学——与科学和社会的新关联》)

【例9】人教版地理教材结构所体现的学科逻辑(不同尺度的区域)。

[世界地理]

总论:地球和地图、陆地和海洋、天气与气候、居民与聚落、发展与合作

分论:认识大洲——认识地区——认识国家

> 我们生活的大洲——亚洲
> 我们邻近的国家和地区(日本 东南亚 印度 俄罗斯)
> 东半球其他的国家和地区(中东 欧洲西部 撒哈拉以南非洲 澳大利亚)
> 西半球的国家(美国 巴西)
> 极地地区

[中国地理]

总论:从世界看中国、中国的自然环境、中国的自然资源、中国的经济发展、中国在世界中

分论:中国的地理差异(四大地理区域)

四大地理单元——认识区域

> 北方地区(自然特征与农业 东北三省 黄土高原 北京)
> 南方地区(自然特征与农业 长江三角洲地区 香港和澳门 台湾省)
> 西北地区(自然特征与农业 塔里木盆地)
> 青藏地区(自然特征与农业 三江源地区)

分析:教材结构体现出从空间上观察世界,不同时空尺度研究问题的视角,这其中包含着学科的认知逻辑(学科逻辑)。

教材在选择区域时考虑的主要方面:不同空间尺度,不同性质(自然、经济、文化),近时期国内的地理热点地区,我国社会经济的发展变化,课程标准要求的变化,适当照顾覆盖面,等等。

对学科内容本质的认识,包含利用对学科内容本质的认识进行设计教学的

意识和方法,体现地理学科区域性和综合性的特点,这客观要求在教材编写和教学中处理好学科逻辑和学习逻辑的关系。教材最终呈现的逻辑结构,是根据学生的知识结构、身心发展规律与学科知识结构而确定的。其中,学科知识结构是教材编写的基本依据。教材的教学结构是教材对教学过程的设计,是教材最具活力的部分。

【例10】学科逻辑教学——气候的认知框架(七年级上册)。

目标设定:认识世界气候的地区差异,初步学会分析影响气候的主要因素。

构建知识之间的联系,便于知识的融会贯通。构建概念图,围绕核心概念进行概念建构。地理概念是形成地理规律和原理的基础。

气候的要素:气温和降水;世界各地的气候差异与气候类型。

阅读气候类型图、世界气候类型分布图,分析气候的地区差异。

影响气候的主要因素(找规律、析原因):影响热带和寒带气候差异的主要因素是纬度位置;影响亚欧大陆中纬度地区东西向气候差异的主要因素是海陆位置;影响山地迎风坡和背风坡降水差异的主要因素是地形……不逐一讲述气候类型,不要求记忆气候类型的名称,某些气候类型的特点分散到有关区域中讲述。

学科逻辑教学体现对学科内容本质的认识:带着对内容本质的认识设计教学,带着对设计本质的认识进行教学,发现、提出、分析、解决、反思问题。体现地理学科区域性和综合性的特点,体现学科逻辑和学习逻辑的关系。

【例11】学科逻辑教学:欧洲西部传统的畜牧业认知框架(七年级下册)。

目标设定:了解欧洲西部畜牧业发达的主要原因。

构建知识之间的联系,便于知识的融会贯通。构建概念图,围绕核心概念进行概念建构。

从欧洲人的饮食结构引入欧洲西部传统的畜牧业:

地处中纬度大陆西岸的地理位置(以平原为主的地形、温带海洋性气候)——多汁牧草,草场广布——畜牧业发达

【例12】学科逻辑教学:认识地区——撒哈拉以南非洲(七年级下册)。

本节落实的课程标准主要包括:"运用资料描述某地区富有地理特色的文化习俗""运用图表说出某地区气候的特点以及气候对当地农业生产和生活的影响"等。

根据"重视世界上地理问题突出的地区和国家"的区域选择原则,教材选

择了在自然地理和人文地理方面均具有显著特色的撒哈拉以南非洲,作为认识地区的学习案例,引导学生初步掌握学习和探究区域地理的基本方法。

第一部分"黑种人的故乡",介绍本区的地理位置、自然环境和居民状况,隐含当地人类活动与自然环境的关系,同时为"活动"栏目落实课程标准要求作铺垫。

第二部分"快速发展的经济",撒哈拉以南非洲是世界矿产资源的宝库,目前撒哈拉以南非洲一些国家,因地制宜发展民族经济,取得了显著的成效。进入21世纪,这里成为世界经济发展最快的地区之一。

第三部分"人口、粮食与环境",撒哈拉以南非洲国家要在经济上摆脱过分依赖初级农矿产品生产和出口的状况,因地制宜,发展民族经济。

"撒哈拉以南非洲"一节教材的内容结构如图3所示,体现的学科逻辑:自然地理要素之间以及人文地理要素之间的因果关联。认识区域要素特征的方法论:分析区域地理要素,特别显著的征象和标志,归纳综合,体现地理学"整体性"思想。

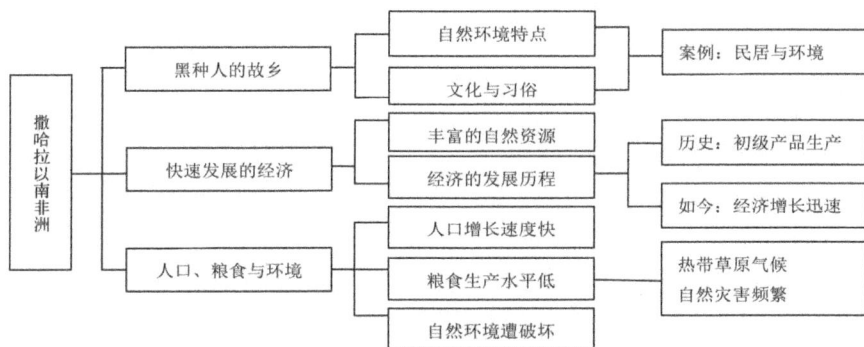

图3 "撒哈拉以南非洲"内容结构

【例13】学科逻辑教学:认识国家——俄罗斯(七年级下册)。

本节落实的课程标准主要包括:"根据地图和其他资料概括某国家自然环境的基本特点""运用地图和其他资料,联系某国家自然条件特点,简要分析该国因地制宜发展经济的实例""根据地图归纳某国家交通运输线路分布的特点"。

俄罗斯是世界上国土面积最大的国家,自然资源丰富,工业发达,特别是核工业和航空航天工业在世界上占有重要的地位。同时,俄罗斯拥有发达的交通运输业。

根据"选择世界上重要的国家"的区域选择原则,教材选择俄罗斯作为认识国家的学习案例,旨在培养学生初步掌握认识国家的基本方法。

教材围绕相关课程标准的要求,有所侧重地设计学习内容,具体包括三个部分:"横跨亚欧大陆北部""自然资源丰富,重工业发达"和"发达的交通"。三个部分由自然到人文,采用步步深入的方式,引导学生学习。

"俄罗斯"一节教材的内容结构如图4所示,体现的学科逻辑:自然地理要素之间以及人文地理要素之间的因果关联。

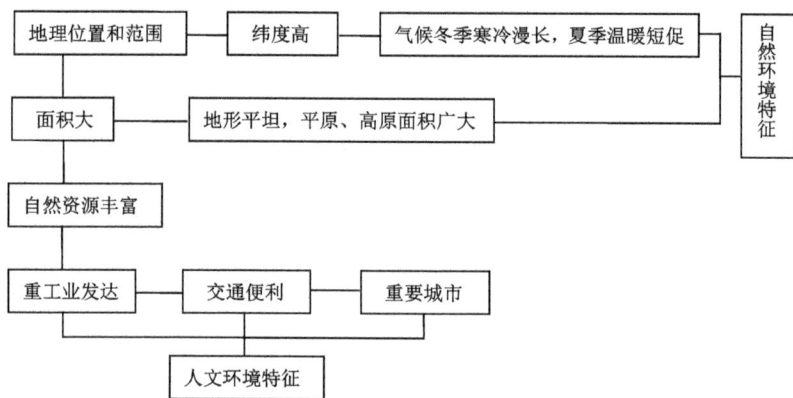

图4 "俄罗斯"内容结构

结论:区域地理教学的取向是依据课程标准,侧重方法。教材给出不同尺度的区域,突出所选区域的特点,落实相关"标准",引导学生构建地理学科逻辑。重点不是让学生了解系统的区域地理知识,而是作为案例,教会学生学习区域地理的方法,并适当迁移到其他区域,举一反三。

2. 教学逻辑:地理学"整体性"思想——地理学科思想方法教学

(1)地理学"整体性"思想的内涵。

"整体性"不仅是地理学科的基本原理之一,而且是地理学科的核心思想之一,它能够帮助学生更好地建构地理学科的知识体系,提高学生的综合思维能力。

(2)构成要素的内在关联性是整体性的根本,结构和功能的一致性是整体性的核心,等级性和层次性是整体性的表现。

地理学"整体性"思想的教学价值表现在:有助于学生建构地理学科的知识体系(例如对日本地理要素关系的认知);有助于提高学生的综合思维能力(例如对黄河流域综合治理的认知);有助于提高学生的地理兴趣,形成地理观念。

【例14】对日本地理要素关系的认知。

逻辑联系:以"日本"的学习为例,引导学生从地理位置(西北太平洋上的温带岛国)出发,逐渐推演出范围、气候、地形、植被、河流、资源、农业和工业等地理要素的特征,并发现各要素之间的关联,从而得出认识日本这一尺度区域的思维框架,形成一个完整的认知结构。

(3)以地理知识为依托,探讨各类知识隐含的整体性思想:

地理过程知识中的整体性思想:综合思维(水土流失过程)。

地理成因知识中的整体性思想:综合思维(黄土高原地貌演化)。

地理特征中的整体性思想:综合思维(西北地区的区域特征)。

【例15】怀远包集中学李涛老师"西北地区"一节的教学(复习课)。

[考试说明]我国北方、南方、西北和青藏地区的主要地理特征。

[内容分析]"干旱"是西北地区最突出的自然地理环境特征。围绕"干旱",西北地区的自然环境呈现出整体性的特点。干旱的自然环境影响人类的生产和生活,本节以农业为例分析西北地区农业生产活动。

[教学目标]

(1)知识与技能:①了解西北地区的位置、范围以及自然特征。②理解西北地区干旱的表现、成因及变化规律。③分析本区干旱环境下的农牧业生产和区域可持续发展。

(2)过程与方法:①读图确定范围,概括位置特点,分析归纳本区的自然地理特征。②初步认识地理环境中各要素之间相互依存、相互制约的对立统一关系。

分析:西北地区区域特征的整体性思想(综合思维),渗透着地理学本质的内涵。第一,体现出位置和地形对气候的影响,进而影响河流、土壤、植被、农业、工业等其他地理要素;第二,说明气候、河流、植被、土壤等自然要素,农业生产和工业生产等人类活动,共同导致了本区域最突出的生态问题——荒漠化。综上,各地理要素是相互影响、相互联系的统一整体。

启示:教师深入分析教材,从地理科学本体的角度对教学进行设计,基于学科本体的教材分析、教学设计和教学实施是学生真正理解地理科学本质和价值的关键,也是提升地理教学水平的关键。教师要对学科内容的本质有深入的认识,同时,要有带着对内容本质的认识设计教学的意识和方法。教学要体现地理学科区域性和综合性的特点,准确把握学科逻辑和学习逻辑之间的关系。

结论:

(1)内在的关联或者与教学关联的知识才值得去教。初中地理课堂呈现什么知识不是最重要的,重要的是呈现知识关联,即学科逻辑。教学要让学生在地理逻辑情境中学习,教学要突出知识的内在关联性。

(2)学科逻辑教学的实质就是把学科事实转换为学科逻辑,再把学科逻辑转换为学生的认知逻辑——这既是教师的教学逻辑,也是学生的学习逻辑。教师在教学中创设情境,引导学生在情境中学习,学生的学习效率才会高,显然,教师对教材的处理具有重要意义。

(3)教学整体性策略、情境教学和学科逻辑三者之间的关系如图5所示:

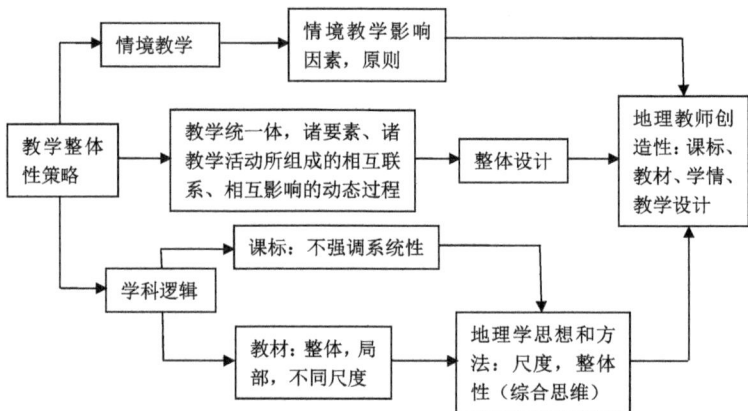

图5 教学整体性策略、情境教学和学科逻辑三者关系

事实上,不同学科的教学策略具有共性,包括实用性和可操作性。教学策略无高下之分,只有合适与否。

四、从对地理学科本质认识的角度看教学——创造性实施地理教学的关键

1. 目前地理教学中存在的问题

目前,地理教学中缺乏对学科内容本质的认识,以及带着对内容本质的认识设计教学的意识和方法,关键是缺乏问题意识,不能抓住核心问题。例如,如何处理好学科逻辑和学习逻辑的关系问题。缺乏对教学设计本质的认识,以及带着对设计本质的认识进行教学的意识和方法,关键是缺乏解决问题的方法指导。缺乏对教学本质的认识,以及带着对教学本质的认识反思的意识和方法,关键是没有形成系统地发现、提出、分析、解决、反思问题的习惯。缺乏对教学研究本质的认识,以及带着对教学研究本质的认识改进教学和提高自身素质的意识和方法,关键是缺乏解决问题的案例研究。

2. 创造性实施地理教学

创造性实施教学的基础在于创造性使用教材,本质就是在教学中构建学科逻辑,即地理学科思想和方法的教学,这需要教师的实践智慧。

创造性教学实践及其研究越来越强调"设计意识"和"反思意识",它需要在"教学理念"或"教学信念"的支持下展开"教学设计"。这意味着"想方设法"地让学生在单位时间内获得有效的发展。教学设计借助于一系列"教学行为",实现教学方案的理想和价值。教学过程本质上是人(教师和学生)在活动中的发展过程。促进学生的发展,一方面是认知的发展,另一方面是情感的发展。

创造性实施教学,强调提高地理课堂教学的有效性,提倡问题引导教学,包括教材围绕学科核心问题展开,教案围绕教材问题设计,课堂教学利用问题引导学生学习。重视教学过程的有效性,没有过程就没有思想的产生。

要实现创造性实施教学,教师在备课时需要思考:

(1)学生在哪里?教学活动是否基于学生的认知规律,是否关注学生的思维活动,是否以学生能力发展为主,是否贴近学生的实际生活。

(2)生活在哪里?教学活动是否建立了学科与生活的联系。

(3)学科在哪里?教学活动要体现学科特点。教学中要注意引导学生认同地理科学的价值,突出地理学的实用价值:体现学科的思想性,提供观察和认识世界的独特视角;强调综合地看待问题,把环境—社会系统或自然—人文现象(人与自然)联系起来;强调动态地观察世界,地理要素和系统的变化,时间和空间尺度的相互依赖和影响,以及多样的空间表达,包括图像、语言和数字等方法的运用。体现学科素养的培养,思考是否从学科的视角进行课堂设计。

(4)创新教材使用:从课程及教学的角度来说,教材仅是教学的重要资源之一;成功的教学不是依赖于教材,而是借助于教材。

(5)创新教学设计:继承和发展传统的教学方式;创造性实施教学的关键在于能够充分把握学情、课程标准和教材,对教学过程进行充满创造力的设计。

(6)教学过程如何设计?需要解决三个问题。第一,"给"学生什么?教材文本表面和背后表达了什么?学生需要迁移的是什么?第二,怎样"给"?要选择恰当的教学方法。在技术层面上,要把握课堂教学的整体性与课堂教学内容的整体设计。第三,怎样检验"给"的效果?要选择合适的评价方式。

3. 关于好课的讨论

华东师范大学叶澜教授在《什么样的课算好课》一文中表示,评价一堂好课没有绝对的标准,但有一些基本的要求。第一,要有意义,一堂课要让学生学到新知识,能够锻炼能力,有良好的情感体验,产生进一步学习的强烈要求,从而越来越主动地投入到学习中去。第二,要有效率,有生成性,有常态性,是有待完善的课。归纳起来就是扎实、充实、丰实、平实、真实。

著名特级教师王树声老师在《谈地理教学中的"势度与韵味"》一文中认为,地理教学应当做到"有气则有势,有识则有度,有情则有韵,有趣则有味"。这句关于地理教学的话充满了教育的思想性和艺术性,"势""度""韵""味"也可以作为欣赏和评价一节好课的标准。

在我看来,好课的关键在于教学活动追求的效果。首先,要触及情感,引发思考,生成问题,促进学生对学习内容的理解;其次,要引导学生掌握技能和方法,并激发其进一步学习的动机。我们追求好课,但不要强求。我们应该追求师生彼此可以感染的课,追求上完课心里有踏实的感觉。我们不强求完美的课,但尝试追求下次课比这次课略好一些。教学方式与学习方式无优劣之分,贵在得法,因材施教。

好课的评价标准是丰富的,教师教学的艺术性是其表征之一。教学的艺术性在课堂教学上体现为有教育理念的支撑,能够有意识地自觉运用教学理论设计教学活动,具有个性化、创造性、不可复制的特点。好课的关键在于要有"心"的参与,有创造的元素。有创造力的课才是有生命的课,才是真正吸引学生、发展学生的课。好课具有生成性,充满思考。好课的内涵是丰富的,具有美的力量。好课是"备"出来的,好课是"磨"出来的,好课是"练"出来的,好课是"悟"出来的。好课是教师对教育的情怀,是对教育不懈追求的结果。教师的思想决定课堂的深度,教师的胸襟决定课堂的宽度。

今天,我们进行这样一次教学交流,不仅仅是教学技术的交流,更重要的是教师专业精神的交流。教师培训应着力于对教师职业的双重关切,即专业精神与专业技能。一个只有在教学过程中真正感受到幸福快乐的教师,才会有师德,一个只有秉持"工匠精神"与"奢侈态度"的教师,才能够致广大而尽精微。因此,关注教师的专业发展,更要关注教师的职业生活。好的教育既要成就学生,也要成就和丰富教师。苏联教育家苏霍姆林斯基说:在教学大纲和教科书中,规定了给予学生各种知识,但却没有给予学生最重要的东西,这就是——幸福。理想的教育是:培养真正的人,让每一个从自己手里培养出来的人都能幸福地度过一生。这就是教育应该追求的恒久性、终极性价值。

初中阶段地理教育评价若干问题的探讨[①]

教育评价是教育活动的一个重要组成部分,它是以教育目标为依据,运用有效的评价技术和手段,对教育活动的过程和结果进行测定、分析、比较,并给予价值判断的过程。在实施素质教育的过程中,科学的教育评价是全面贯彻教育方针的重要保证,是深化教育改革、提高教育质量的有效手段,是实现教育管理和教育决策科学化的重要环节。

随着新课程改革实验在全国范围内铺开,传统教学评价中的弊端越来越明显,因此,建立适应新课程需要的教育评价体系非常迫切和必要。

当前,在实施素质教育的过程中,我国的教育评价呈现出以下几个发展趋势:①体现教育评价内容的全面性;②教育评价方法多样化;③教育评价主体多元化;④日益注重教育评价的教育性和发展性功能。

新课程所需要的教学评价和传统的教学评价相比,评价功能从甄别选拔转向了促进学生的发展;评价的主体从教师一元转向了师生多元;评价的内容从单一的评价学生学习成绩转向了评价学生各方面的素质;评价的方式方法从单纯地"打分"或"划分等级"转向了以定性评价统整量化评价的多种方式;评价的过程从静态地评价结果转向了动态地评价整个过程,从评价学生的"过去"和"现在"转向了评价学生的"将来"。总的来说,新课程需要的是一个能促进学生主动发展的全面的评价体系。

教育评价体制的改革是全面推进课程改革的关键,是牵动全局的根本环节。结合地理学科实际,如何科学、客观、公正地进行地理教育评价,发挥评价的教育发展和激励功能,是我们地理教育工作者必须认真思考的重要问题。

一、初中地理教育评价的基本原则

1. 符合学生学习和身心发展规律的要求

进行地理教育评价,首先应当充分考虑初中学生的生理和心理基础条件,

[①]原文在安徽省地理新课程优秀教育教学成果评比活动中获一等奖(2004年12月)。

这是进行地理教育评价的基础。体现课程标准所强调的"要根据学生的心理规律,引导学生从现实生活的经历和体验出发,激发兴趣,培养学习能力,了解地理的价值和功能,有利于形成学生主动学习的态度"。注重教育评价的教育性和发展性功能。

2.体现新课程的教育理念

以学生发展为本,建立学习结果与学习过程并重的评价机制,体现教育评价内容的全面性。创设激励性评价机制也是《全日制义务教育地理课程标准(实验稿)》的基本理念之一。对学生的教育评价要重过程、重体验、重应用。面向全体学生,努力体现情感态度与价值观的统一。

3.评价方式的多元化

评价方式的多元化具体体现为教育评价方法的多样化和教育评价主体的多元化。使用侧重不同内容的评价方法和不同的评价主体来实现对学生的全面评价。

从重过程、重体验、重应用的角度出发,采用多种评价方式,关注学生的全面发展。过程评价与结果评价并重。

4.因地制宜地设计和实施评价

由于各地社会经济、文化背景和教育发展的不平衡,在实施学习评价时应当结合当地的教育实际,创造性地进行教育评价。评价方式要因地制宜,灵活多样。

二、影响地理教育评价的主要因素

由于各地社会经济、文化背景和教育发展的不平衡,影响各地教育评价的因素是多方面的,基本因素包括三个方面:

第一,教育环境:学校的办学水平、软硬件条件、教育文化环境建设等。

第二,教师的业务素质:教师的专业背景、继续学习的能力、职业态度等。

第三,学生的基本素质:学生的学业基础、身体和心理状况、学习态度等。

三、初中阶段的地理教育评价目标及实施

1.初中阶段地理学习应当达到的学业水平

初步理解和掌握地理学的基本观点和方法,能够较灵活地应用地理学的观点、方法认识和简单分析实际生活中的自然和人文地理现象,并能够进行初步的思辨性思考,提出自己的观点;初步形成价值判断能力、社会责任感;完成初中阶段基本教学内容的学习,并通过结业考试。

2. 运用多种方式对学生的地理学习过程和结果进行评价

倡导发展性评价,淡化甄别与选拔功能,这是实施素质教育的要求。《全日制义务教育地理课程标准(实验稿)》为此提出了具体建议:如评价学生解决地理问题的能力时,学生应了解:能否把现实生活中的问题抽象成地理问题;能否制定解决问题的方案;能否形成有效解决问题的思路;能否检验并解释结果。评价学生解决问题的过程,重点是评价学生在搜集整理以及分析地理信息资料过程中的表现。评价情感态度与价值观时,关注学生:对地理的兴趣和好奇心;体会地理学与现实生活的密切联系和地理学的应用价值;对周围环境和地球上不同自然和人文特征的审美能力,以及对社会和自然的责任感;热爱祖国的情感与行为,关心和爱护人类环境的意识和行为;等等。

根据蚌埠市的实际情况,依据新课程标准的评价理念,从实际操作的角度出发,我们提出了蚌埠市初中阶段地理学科学生学业成绩评价方案,设计了《蚌埠市初级中学地理学科综合评价表》(见附录),目的在于落实素质教育的要求,落实新课程的实施要求,提高地理教学质量,希望通过评价方式的改革,促进学生学习方式的改变。"改变课程实施中过于强调接受学习、死记硬背、机械训练的现状,倡导学生主动参与、乐于探究、勤于动手,培养学生搜集和处理信息的能力、获取新知识的能力、分析和解决问题的能力以及交流与合作的能力"。同时引导学生理解地理学对生活、对自己的终身发展、对地理课程的理解等方面起到的积极作用。

在具体操作中,我们结合实际地理教学活动和学校开展的形式多样的活动,通过参与地理课内外活动的次数和质量等,形成学生对学科态度的基本评价,由教师、学生和家长共同操作。教师根据具体情况,因地制宜地设计和组织实施。教师的评价应以激励性评价为主。学生的自我总结和反思,学生间的互评,是学生评价的重要方面。家长也参与评价,对学校、学生的学习活动提出看法和建议,从而实现对学生成长的全面评价。

设计、使用成长记录卡和成长资料袋,收集反映学生成长的有关资料,存放在成长资料袋中。

3. 对初中地理教学质量的监控和评价

探讨考试模式的多元化,开卷、闭卷相结合。对学生的知识、技能、情感态度等进行全面考查,努力探索命题的新思路。例如,2004年安徽省高中升学考试试题中就设计了这样一道开放性试题:

14.2003年是安徽省实施生态省建设的第一年。经过努力,环境状况有所好转,但总体形势仍很严峻。省环保局发布的资料显示,2003年我省发生的环境污染和破坏事故69次,其中水污染39次,大气污染24次;发生地质灾害670起;淮河流域水质有所改善,但污染仍很严重,淮河流域水环境问题已经成为我省经济发展的制约因素之一。

阅读材料,运用所学知识回答问题:

(1)淮河流域水环境污染严重的原因有哪些?(4分)

(2)想一想,你能为家乡的环境保护做些什么?(3分)

试题较好地体现了新课程的教育理念,贴近生活实际,富有时代气息,起到了良好的促进和导向作用;体现了对学生情感态度与价值观的培养,引导学生关注社会、关注国家经济建设。从试卷分析来看,该题难度适中,区分度良好,命题的效果很好。

教学质量的监控要根据当地实际定期进行,统一阅卷,收集处理数据,进行试卷分析,并及时进行教学反馈。在此基础上对学生的学习状况进行评价,评价结果作为学生成长记录中学业成绩的重要方面。

教学质量监控的组织和实施由各地教研部门或学校负责。

4. 进一步改革初中升学考试

2004年,安徽省对原初中升学考试进行改革,在历史和政治学科试卷中,首次对初中阶段的地理知识以学科间渗透的形式进行了考查,并计入升学成绩。这对落实素质教育和课程改革的要求,对提高初中地理教学质量,起到了积极、深远的作用。

长期以来,初中升学考试中对初中阶段的地理知识不做考查,事实上,这不符合素质教育的要求,不利于学生良好知识结构和学习品质的形成,不利于学生的全面发展,也不利于调动广大地理教师工作的积极性。

为落实全面推进素质教育的要求,体现课程标准所强调的"要根据学生的心理发展规律,联系实际,引导学生从现实生活的经历和体验出发,激发学生对地理问题的兴趣,培养地理学习能力,鼓励积极探究,使学生了解地理的价值和功能,有利于形成学生主动学习的态度",建议在初中升学考试中进一步增加对初中阶段地理知识考查的分量。命题上淡化学科属性,注重学科间知识的联系,以能力考查为命题依据,引导学生对所学知识进行灵活应用,引导学生理解地理学与生活、与自己终身发展的关系,引导学生关注社会、关注国家经济建设,体现对学生的情感态度与价值观教育。

附录：

蚌埠市初级中学地理学科综合评价表

说明：本表旨在以发展的目光评价学生的学业综合素质。请同学和家长们积极配合，共同促进学生的全面发展。本表作为学生成长记录资料，存入学生的成长资料袋。

班级：　　　　姓名：　　　　学号：　　　　学期综合评价：

表1：本表由教师、各小组负责人、学生本人以及其他同学分别按A、B、C、D四个等级填写。四项中若有三项为A，则学期综合评价可评定为A。

评价人	教 师	小组负责人	学生本人	其他同学
等 级				

表2：本表由教师填写。教师参考学生参加教学活动的表现，填写前三项；期中、期末成绩分别按A、B、C、D四个等级填写。五项中若有四项为A，则表1教师栏中可评定为A。

学习的积极性和主动性	健康、和谐、勤奋等方面的个性和品质	课堂表现积极性，与他人合作的态度	期中成绩	期末成绩

表3：本表由小组负责人根据本学期布置的16次课堂作业完成的情况，分别按A、B、C、D四个等级填写。每周反馈一次，由地理课代表负责监督。其中若有11项为A，则表1小组负责人栏中可评定为A。（作业次数具体根据教学实际拟定；作业形式可以为课堂练习、观察报告、访问与调查报告、参与教学活动表现、地理小论文等）

周次	1	2	3	4	5	6	7	8	9	10	11	12	13	14	15	16
等级																

表4:本表由学生本人根据实际情况按A、B、C、D四个等级如实填写,若有三项为A,则表1学生本人栏中可评定为A。

对地理学科的态度和课堂表现情况	每次作业的完成质量	收集处理地理信息的能力(上网、报刊、书籍等)	地理课外活动的质量(调查、观察等)	运用所学地理知识解决实际问题能力

注:表1中的"其他同学"评价栏,由教师和同学代表组织学生填写。可根据表2、表3、表4结果以及同学代表自己的了解填写。

表5:教师意见和建议。

教师意见和建议	教师签名:

表6:家长意见和建议。

家长意见和建议	家长签名:

表7:学生意见和建议。

学生意见和建议	学生签名:

"大气环境保护"教学设计①

教学目的：

（1）知识目标：帮助学生了解温室气体的种类，全球气候变暖的主要原因和危害，以及全球在减少温室气体排放等方面的合作；了解大气臭氧总量减少的原因和危害，认识臭氧层的变化对地球环境和人类的影响，以及保护臭氧层的措施；了解酸雨形成的原因和危害，酸雨在我国的分布及其防治。

（2）能力培养：引导学生积极参与教学活动，培养学生阅读、处理信息的能力；突出实践能力、创新精神的培养，联系实际，提出研究性学习课题"调查我们周围地区的大气环境状况"。

（3）德育教育：结合本节内容，对学生进行环境教育，树立"环境意识"和"全球意识"，自觉规范自己的行为。

教学重点：大气环境问题的危害和防护。

教具：大气环境保护多媒体课件、关于酸雨的化学实验器材。

课时：1课时 。

教法设计：启发式教学和研讨式教学相结合，学生在教师的启发下，通过观看、阅读资料，分析、讨论、提取、归纳问题，提出措施，体验学习过程，实现教学目标。

教学过程：

【新课导入】

（播放自然风光片，利用课前3分钟播放，形成教学情境）

[教师]同学们，刚才我们在课前的时间里看了这段"请您欣赏"短片，我想每一位同学都会由衷地感叹：这是多么美丽、多么令人神往的地方啊！然而同学们，你们是否思考过这些美丽的地方，将会随着日益严重的环境问题而面临危机？因此全球合作，共同保护地球环境，已经成为世界各国人民共同关心的

---

①原文系2001年参加蚌埠市高中地理优秀课评选活动授课教案（获市一等奖）。

问题。今天,我和同学们一起来探讨大气环境的保护。

板书:

第九节 大气环境保护

[教师]首先我们来看漫画"地球出汗了"。同学们,这幅漫画反映了什么大气环境问题?

[学生回答]全球变暖。(导出)

板书:

一、全球变暖

[教师]启发学生——这幅漫画不仅使我们明确了全球变暖的问题,而且唤起了我们对全球变暖的思考:地球为什么会变暖? 全球变暖会产生什么后果?下面我们一起来具体分析。

(1)漫画:"地球出汗了"。

[教师]全球气候变暖的主要原因是什么呢?

[教师总结]引起全球气候变暖的主要原因包括两个方面:一个是自然原因,另一个是人为原因。由于人类活动所排放的温室气体的不断增多,人为原因是主要的。

(2)图片:英国费里布里奇电站废气的排放。

[教师]展示温室气体构成图——温室气体主要有:二氧化碳、臭氧、甲烷、一氧化二氮、氟利昂(氟氯烃化合物)等。

(3)[教师]我们知道全球变暖是由于大气中CO_2浓度在不断增加,那么为什么全球大气中CO_2浓度在不断增加呢?

图片:大气中CO_2浓度增加图(简介图),英国费里布里奇电站废气排放,森林树木的砍伐(三图同现)。

[教师总结]大气中的CO_2浓度在不断增加,主要是由人类活动造成的,如燃烧矿物燃料,毁林,特别是热带森林的破坏等。

(4)[教师]启发学生——全球气候变暖将产生什么后果?(学生回答,教师总结)

后果:第一,全球气候变暖会引起海平面上升,直接威胁沿海的低地国家和地区;第二,全球气候变暖会引起世界各地区降水和干湿状况的变化,进而导致世界各国经济结构的变化。

(5)[教师]面对全球气候变暖的趋势,人类应当采取哪些措施?

请同学们阅读课本第62页有关内容,进行讨论。大家可以根据自己的理解,不拘泥于课本内容,提出自己的看法。

[学生回答]措施包括:为了减少CO_2等气体的排放量,一方面,提高能源利用技术和能源利用效率,开发利用新能源;另一方面,努力加强国际间的合作。

小结:通过对全球气候变暖的探讨,我们了解了全球气候变暖的原因、后果、采取的措施等内容,更重要的是我们体验了获得知识的方法:通过分析资料,从中发现问题,从课本和自己的知识储备中提取知识,并加以综合,获得新的知识。

【过渡】

事实上,全球变暖是大气环境问题的一个重要方面。科学家经过研究发现了这样的事实:自20世纪70年代末以来,全球臭氧总量明显减少,1979—1990年,全球臭氧总量下降了约3%。南极附近臭氧量减少尤为严重,出现了"南极臭氧洞"。那么,全球臭氧总量为什么会明显减少、臭氧层的破坏会产生什么危害? 接下来我们来探讨臭氧层的破坏与保护。

板书:

二、臭氧层的破坏与保护

学生平时通过看报等,对臭氧层的破坏有所了解。那么关于臭氧层的破坏与保护,学生希望了解哪些问题呢? 请学生阅读课本第62至63页有关内容,然后进行讨论。

希望了解的关于臭氧层的破坏与保护的有关问题:

(1)全球臭氧总量为什么会明显减少?

(2)臭氧层的破坏会造成怎样的危害?

(3)目前,国际社会和我国在保护臭氧层方面做了哪些工作?

(4)结合实际思考:在我们的生活中,是否使用了破坏臭氧层的物质? 为了保护臭氧层,在这些方面能否有所改进?

[教师]下面我们一起观看有关臭氧层的破坏与保护的录像资料,请同学们注意观看,并带着问题思考。

结束后,要求学生结合课本,注意理解教材所表达的地理事实,结合录像,对问题进行讨论,加以归纳。

[教师]总结:

(1)全球臭氧减少的主要原因:①受太阳活动等自然因子的影响;②人类使用破坏臭氧层的物质(氟氯烃化合物)。

(2)臭氧层破坏给地球环境造成的危害:①直接危害人体健康;②对生态环

境和农林牧渔业造成破坏。

（3）目前，国际社会和我国在保护臭氧层方面所做的工作：国际社会加强合作，共同保护臭氧层，要求减少并逐步禁止氟氯烃等消耗臭氧层物质的排放，积极研制新型制冷系统。我国积极参加国际保护臭氧层合作，并制定了《中国逐步淘汰消耗臭氧层物质国家方案》。

（4）在生活中存在使用破坏臭氧层物质的现象。为了保护臭氧层，在这些方面的改进措施包括使用无氟冰箱等。

[教师]下面我们先做一个实验，同学们注意观察。

介绍实验器材。

实验过程：取一个附盖的小玻璃瓶，注入石蕊试液，这时溶液呈紫色。再取3根火柴，使火柴头靠在一起，点燃后，将3根火柴头朝下插入小玻璃瓶内（火柴头不碰液面）。待燃尽后，取出余下的火柴杆。盖上瓶盖，略震荡，观察现象。然后与石蕊试液比较。

思考：观察到什么现象？ 实验说明了什么？（设置情境）

[教师]启发学生回答：

现象：变红了，因为生成了酸性物质。火柴头中含有硫等元素，燃烧后产生二氧化硫等酸性气体，与水发生化学反应，生成了酸性物质。

[教师]启发——地球上燃烧煤、石油、天然气等，不断向大气中排放二氧化硫、二氧化氮等气体，这些气体在适当的条件下会形成什么现象？（导入）

板书：

三、酸雨危害与防治

[教师]下面请同学们对这个问题进行探讨。（教师利用多媒体辅助、组织教学）

资料：有关酸雨的危害和防治的课本内容、录像资料、地图册。

方法：使用前面的学习方法，即首先通过分析资料，产生问题，然后从课本和自己的知识储备中提取知识，并加以综合，获得新的知识。

首先，产生关于酸雨危害与防治的问题。

结合课本第64页有关内容，从学生的角度提出希望了解的问题，请学生进行讨论。

希望了解酸雨危害与防治的有关问题：

（1）什么是酸雨？

（2）我国酸雨的主要类型是什么？在分布上有何特点？

（3）酸雨会给地球环境造成怎样的危害？

（4）目前在防治酸雨方面的有效措施是什么？

[教师]接下来我们一起观看有关酸雨危害与防治的录像资料，请同学们注意观看，并带着问题思考。

结束后，结合课本第64页有关内容和录像，对问题进行讨论，并加以归纳。

[教师]总结：

（1）酸雨：人们一般把pH小于5.6的雨水称为酸雨。酸雨主要是由燃烧煤、石油、天然气等，不断向大气中排放的二氧化硫和二氧化氮等酸性气体形成的。

（2）我国酸雨的主要类型是硫酸型酸雨。

酸雨区（结合课本第64页内容及图）主要分布在我国东南部的大部分地区，约覆盖了国土面积的40%。

（3）酸雨给地球环境造成的危害：使河、湖水酸化，影响鱼类生长繁殖甚至导致其大量死亡；使土壤酸化，危害森林和农作物的生长；腐蚀建筑物和文物古迹；危及人类健康。

（4）目前防治酸雨的有效措施：研究煤炭中硫资源的综合开发和利用。

向学生强调可以不拘泥于课本，各抒己见，启发他们讨论措施：

调整民用燃料结构，实现燃料气体化；对被酸雨侵蚀的森林、河流、湖泊、土壤等，可采用施洒石灰石粉末，或改良植物品种，提高树木的抗酸能力等措施。

课堂教学总结：

通过今天的学习，我们了解了全球大气环境问题和开展的保护工作（结合板书提纲）。

通过今天的学习，我们体验了获得知识的方法和过程：即通过分析资料，从中发现问题，从课本和知识储备中提取知识，加以综合，获得新的知识，体现了意向—感知—理解—巩固—应用—创造的过程。

通过今天的学习，我相信我们每一位同学都感受到了保护大气环境的重要性。保护环境就是保护人类自己，我们要树立"环境意识"和"全球意识"，规范自己的行为，积极参与环境保护工作，为保护大气环境、防治大气污染做出自己的贡献。

板书提纲：

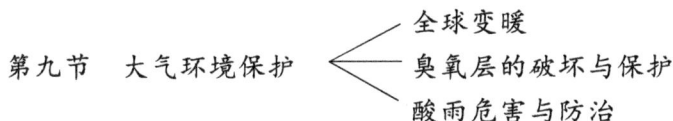

第九节　大气环境保护 ⟨ 全球变暖
　　　　　　　　　　　臭氧层的破坏与保护
　　　　　　　　　　　酸雨危害与防治

课堂练习：

研究性学习课题——调查设计：

我们周围也存在大气环境问题，请同学们设计一个调查方案，调查我们周围的大气环境状况。

布置作业：

基础训练第37至39页。

"水资源的合理利用"教学设计①

一、课程标准及解读

课程标准:以某种自然资源为例,说明在不同生产力条件下,自然资源的数量、质量对人类生存与发展的意义。

解读:要求学生能够以水资源为案例,深刻认识包括水资源在内的各种自然资源对人类活动的影响,并且进一步从时空两个视角,以发展的观点看待不同的生产力条件下,自然资源数量、质量对人类活动的影响,树立可持续利用自然资源的观念和意识。

二、教学目标

1. 知识与技能

(1)了解水资源的概念,学会运用图表资料,说明世界和我国水资源分布的主要特点。

(2)了解水资源在数量、质量上对经济活动规模、效益的影响;理解不同生产力(科技水平)条件下,水资源的数量和质量对人类社会的影响程度不同。

(3)理解从开源和节流两个方面促进水资源的可持续利用。

2. 过程与方法

(1)以人水关系为主线,引导学生积极思考水资源"是什么""如何影响""怎么办"的问题,进行主动学习、合作探究,同时注重发展性评价。

(2)重视地理素养培养,突出地理图像、案例的分析讨论,合作探究水资源与其他自然和人文地理要素的相互关系,并尝试提出解决问题的对策,培养学生分析、处理地理信息的能力。

(3)运用多媒体辅助地理课堂教学,培养学生收集、处理信息的能力,从而提高学生的地理学习能力。

_____

① 原文系 2008 年参加安徽省特级教师评选的考评课授课教案。

3. 情感态度与价值观

（1）通过学习，激发学生的学习兴趣，培养其求真求实的科学态度。

（2）教学注意联系安徽省水资源状况，引导学生关注我国和家乡的水资源问题，提高节水意识，形成科学的资源观和关爱环境的积极态度。

（3）培养学生合作学习的态度。

三、教材分析

水是人类社会赖以生存和发展的物质基础。本节教材主要介绍水资源的概念及分布、水资源与人类社会、合理利用水资源三个问题。

如何正确地认识水资源与人类社会的关系（见图1），是建立正确资源观的基础，也是本节的重点内容。

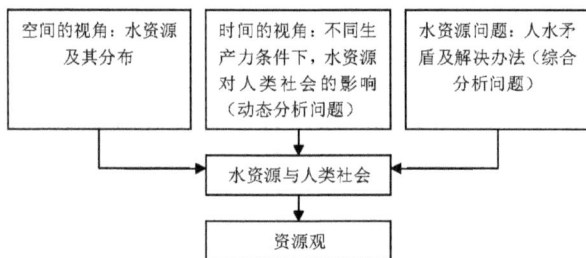

图1 水资源与人类社会的关系

首先，教材从空间的视角介绍水资源及其分布，从广义上解释了水资源的概念，并介绍了通常所说的水资源。水资源分布的突出特点是分布不均衡，教材介绍了世界各大洲和我国的水资源分布状况。

其次，从时间的视角介绍了不同生产力水平条件下，水资源对人类社会的影响。"水资源与人类社会"部分主要介绍水资源的数量、质量对地区经济活动规模、效益的影响，以及科技进步促进水资源利用水平的提高。教材设置插图、活动（以色列的水资源开发利用、咸海的忧虑），揭示人水关系，帮助学生加深理解。

最后，强调要合理利用水资源，面对人水矛盾（水资源的数量和质量问题），强调采取多种措施，从开源和节流两个方面促进水资源的可持续利用。教材安排了案例、活动等栏目，供学生学习和讨论。

四、教学重、难点

教学重点：了解全球及我国的水资源状况；认识不同的生产力条件下，水资源的数量、质量对人类生存与发展的影响;水资源的合理利用。

教学难点:学生缺乏关于水资源与人类社会、合理利用水资源的深入思考,对水资源数量、质量对经济活动的影响,少有接触和了解。

五、教　法

以自学指导、引导—探究为主,同时利用计算机多媒体辅助教学。

六、课　时

1课时。

七、教　具

多媒体辅助教学。

八、教学过程

教学过程如表1所示。

表1　教学过程

教学内容	教师活动	学生活动	设计意图
[导入] 时间:3分钟	利用宣城青龙湾生态旅游区的照片和安徽省水资源状况简报,指出水资源给我们带来的美和安徽省水资源面对的问题,导入新课。启发学生思考水资源对人类活动的影响	学生观看图片,引发思考	创设情境,导入新课。联系安徽省水资源状况,引导学生关注家乡的水资源问题
[新课] 一、水资源及其分布 时间:7分钟	教师介绍水资源概念,指导学生读世界各大洲的水资源图、我国水资源分布图等(多媒体),分析有关内容 一、水资源及其分布 1.水资源的概念 广义:水圈内的水量总体 通常所说的水资源是指陆地的淡水资源。目前人类比较容易利用的淡水资源主要是:河流水、淡水湖泊水、浅层地下水 2.衡量一个地区或国家水资源丰歉程度指标:多年平均径流总量 3.世界水资源分布特点:六大洲——亚洲最多,大洋洲最少,地区差异显著。国家和地区——巴西最多,中国第六 4.我国水资源分布特点:南多北少、东多西少;夏秋多、冬春少 第61页活动(布置作业) 过渡:观察照片(宣城地区的水稻种植,长江中下游地区的水田农业),思考水稻的分布与水资源的关系	学生根据教师的学习要求,阅读有关材料,了解水资源的概念以及世界和我国的水资源分布特点	培养学生的阅读、观察、分析和概括能力;激发学生学习兴趣,培养其求真求实的科学态度

续表

教学内容	教师活动	学生活动	设计意图
二、水资源与人类社会 时间:13分钟	二、水资源与人类社会 1.水资源的数量影响经济活动规模的大小 处理:水田景观,交通与河流 2.水资源的质量影响一个地区经济活动的效益 处理:农夫山泉与千岛湖 3.不同生产力(科技水平)条件下,水资源的数量和质量对人类社会的影响程度不同 处理:两个阶段;结合教材图片分析 教师小结 活动:"沙漠中的奇迹——以色列水资源的利用"(以色列农业照片) 分组探究活动 (1)以色列的自然环境不适合发展农业 (2)以色列通过"开源"和"节流",使水资源由"少"变"多"。"开源"的方法是海水淡化等;"节流"的方法是发展灌溉技术,提高水资源的利用效率 (3)从以色列发展农业的奇迹中,我们看到了科学技术的力量 过渡:接下来,我们再来看一个案例"咸海的忧愁",分析咸海水资源环境变化的主要原因	活动:沙漠中的奇迹——以色列水资源的利用 四人一组,分组合作学习,并根据要求思考、讨论	培养学生的观察、阅读、分析和概括能力 培养学生的合作态度
三、合理利用水资源 时间:12分钟	案例:咸海的忧虑。分析咸海水资源环境变化的主要原因 1.观察咸海的地理位置和咸海的变迁图 2.分析咸海的忧虑,组织各学习小组进行交流 结论:水资源危机包括自然和人为两个方面的原因 自然原因:一是地处内陆,受海洋影响小,气候干旱,降水少;二是全球气候变暖,蒸发加剧 人为原因:工农业发展和生活水平提高导致需水量增加,特别是无节制的农业灌溉,导致咸海水量不断减少 过渡:在人口持续增长和经济高速发展的今天,一方面,人们对水资源的需求量越来越大;另一方面,水资源的质量不断下降,污染日益严重,咸海的变迁给我们什么启示?如何合理利用水资源成为人类亟待解决的问题 三、合理利用水资源 处理:引导学生分组讨论,如何做到合理利用水资源,具体措施有哪些 1.指导学生利用教材等资料自学"合理利用水资源"内容,启发学生思考 2.指导小组学习 3.组织学习小组同学进行交流; 4.教师小结 结论:开源措施——合理开发和提取地下水;修筑水库;开渠引水,跨流域调水;海水淡化;人工增雨;等等。节流措施——加强宣传,提高公民节水意识;改进农业灌溉技术;提高工业用水的重复利用率;挖掘水资源的潜力;等等	1.学生学习有关内容,并讨论咸海环境变化的主要原因 2.学习小组交流,发言	通过学习,培养学生观察、运用地图分析归纳总结问题的能力;培养学生利用教材等的自学能力、分析和处理信息的能力;培养学生的合作态度。联系安徽省水资源状况,引导学生关注我国和家乡的水资源问题,提高节水意识,形成科学的资源观和爱护环境的积极态度

教学内容	教师活动	学生活动	设计意图
归纳总结 时间：2分钟	教师引导学生共同总结本节教学内容	学生参与总结本节教学活动	培养学生的概括能力
布置作业 时间：2分钟	1.结合实际，采用查资料、走访水厂、调查等形式，了解宣城市或安徽省水资源的利用情况、存在的问题、解决措施，如"宣城市水资源状况调查" 2.第65页活动 3.基础训练册		复习巩固

九、板 书

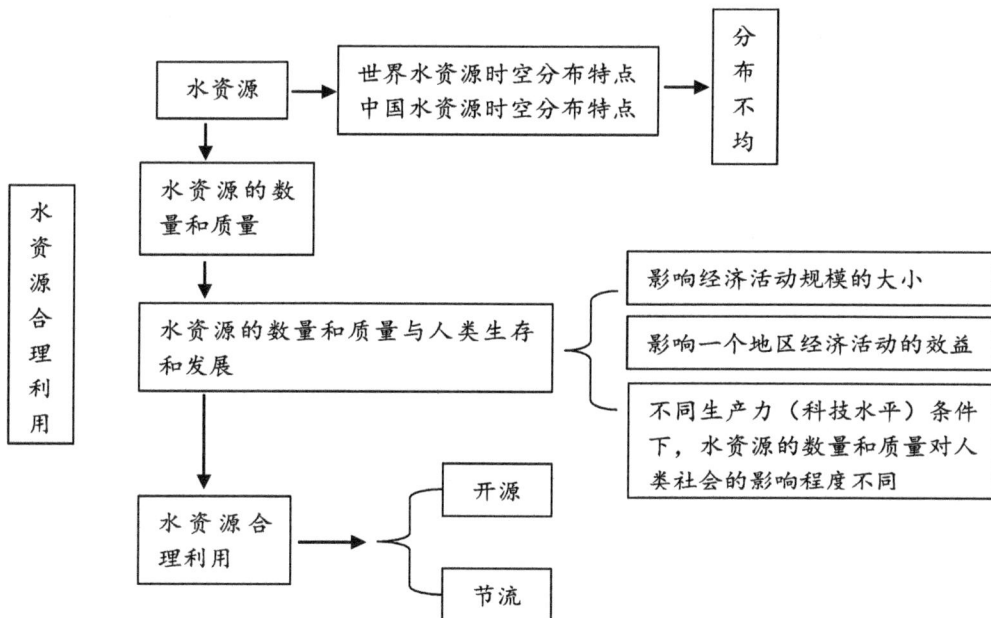

"沟壑纵横的特殊地形区——黄土高原"一节的教学评析①

　　"沟壑纵横的特殊地形区——黄土高原"一节内容是八年级的重点内容之一。黄土高原是我国,也是世界著名的地形区之一。黄土高原环境的历史演化过程深刻地揭示了人类活动与地理环境之间的关系。

　　宋长军老师的这节课教学结构清晰,层次分明,从空间位置到黄土地貌的景观,到探究黄土地貌的成因,再到思考人类活动与黄土高原自然环境的关系,逻辑严密,层层相扣,体现了地理教学的科学性。师生在合作探究、共同体验的过程中,感受和反思人类活动与环境的关系,把本节教学推向高潮,体现出地理教学的思想性。

　　教师在教学设计中寓深刻于循循善诱、情境营造和活动体验之中,在流畅的教学活动中,把预设和生成、体验和创新有机结合起来。教师的教学活动充分关注学生与教师的合作交流,有效地利用多媒体课件,使教学在师生共同活动中自然、顺畅地完成。用实验的方法探究黄土高原水土流失的原因、后果和治理,实现了教学内容的预设和知识的生成,使学生真切地感受到知识的产生过程和知识的力量。在进行关于风成说的证据讨论时,我们以为此处可以告一段落了,然而却有学生出乎意料地提出不同的看法,体现出学生在充分参与、思考的基础上产生了新的知识。同时,教学把具有重大意义的环境问题、可持续发展思想教育,自然地结合教学活动,具体生动,提升了课堂教学的内涵,实现了教书育人的目标,达到了本节课程标准的要求。

　　在听课的过程中,我感受到了时代的变化,学生在观察、思辨、语言等方面的能力令人惊叹。

　　从蚌埠地区的花鼓灯到黄土高原的腰鼓,将两个不同地域的文化现象加以比较,从简单的文化现象对应,到启发文化现象与自然环境的关系,看似平淡,

---

①2005年我指导的蚌埠市第二十六中学宋长军老师"沟壑纵横的特殊地形区——黄土高原"一节教学,获全国地理新课程教学成果二等奖。

实则寓意深刻。下面我们结合课程标准和教育教学的一般规律,对本节教学进行分析,以期对我们的教育教学赋予更丰富的意义。

1. 教材的地位

黄土高原是八年级下册地理学习的第一个跨省区域,也是教材重点介绍的我国唯一一个地形区。

从地理学来看,黄土高原在我国地理环境中很具典型性。从学生的角度来看,黄土高原内容不仅仅对学生认识地理环境以及人类活动与地理环境之间关系具有典型意义,更重要的是,通过这部分内容的学习,学生将在理解地理学、掌握地理学的学习方法、理解人类生存与自然环境的关系上有更加深刻的认识。

2. 学生情况分析

第一,从学生的心理基础来看,教学对象为八年级学生,他们思想活跃,有比较好的接受能力,学习的潜质较好。第二,从学生的生活经验来看,学生来自安徽省,对黄土高原的地理环境及当地的生产活动缺乏了解,这是本节教学应当注意的地方。

3. 教学设计思路

在教学的总体设计上,教师从教材和学生实际出发,按照课程标准的有关要求,精心设计,从身边"淮河流域的花鼓灯"引入"黄土高原的腰鼓",利用视频资料,调动学生的感官,营造教学情境。从黄土高原的位置图入手,让学生思考黄土高原主要跨哪几个省级行政区,为本节的教学提供空间基础。从启发黄土的来源到黄土地貌的景观,再到探究黄土地貌的成因,最后到进一步思考人类活动与黄土高原自然环境的关系,反思人类自身,在知识的逻辑性上,层层相扣。师生在合作探究、共同体验的过程中,反思和感受人类活动与环境的关系,把本节教学推向高潮,实现对地理教学的思想追求,完成本节的教学目标。

在能力培养上,既重视学科间共同能力的培养,如观察、概括、逻辑思维、表达等能力的培养,又重视地理学科专业能力的培养,如利用地图分析黄土高原的位置,培养空间思维能力;利用"水土流失与地表植被和降水强度的关系"实验,分析黄土、气候、植被、人类活动等与黄土高原环境的关系,培养学生的综合分析能力。

在教学方式的选择上,充分关注学生与教师的合作与交流,有效地利用多媒体课件,使教学在师生共同活动中自然、顺畅地完成。在教学中充分调动学生的感官,把握教学内容的内在逻辑关系,把教学内容和教学形式有机结合起来。用实验探究的方法探讨黄土高原水土流失的原因、后果和措施,体现地理教学在学科方法上的科学性,实现教学内容的预设和知识的生成。

4. 教学准备

第一,为了解决学生对黄土高原缺乏了解的问题,教师首先在课前要求学生搜集大量有关黄土高原的知识,作为课前的知识储备。如黄土高原表面黄土来源的假说、黄土高原治理状况等。第二,为了营造探究问题的教学情境,教师从身边的地理现象入手,利用淮河流域被誉为"东方芭蕾"的花鼓灯艺术,过渡到延安粗犷有力、充满阳刚之气的腰鼓;利用多媒体课件的视频,在大屏幕上展示黄土高原一望无际的黄土,千沟万壑、支离破碎的地表形态,黄土高原的聚落和耕地分布等,自然而真切地吸引着学生的注意力。事实证明,教学情境的营造有效地发挥了作用。第三,充分准备"水土流失与地表植被和降水强度的关系"实验,包括实验器材、实验指导等。

5. 教学思考:突破教材,发展教材

在本节教学中,有两个难点问题:一是黄土高原表面黄土来源假说"风成说";二是黄土高原水土流失的产生。前一个问题在于如何解释"风成说",后一个问题在于学生缺少对黄土高原水土流失产生的直观认识。针对这两个问题,教师尝试采用不同的方法加以突破。

对于第一个问题,教学处理上设计以活动的形式进行突破。首先,课前布置学生搜集有关黄土高原地表黄土来源的假说,初步了解黄土来源。在教学中创设教学情境,在此基础上启发学生思考:黄土高原的地表黄土是从哪里来的? 其次,让学生各抒己见,把他们搜集的资料拿出来,共同讨论。学生在合作中交流,发表意见,体验与他人合作的快乐。最后,教师对学生的意见加以归纳,展示"风成说"的有关证据,引导学生分析、讨论这些证据说明了什么问题,在讨论的过程中实现对黄土来源"风成说"的突破。

对于第二个问题,教学处理上设计以实验的形式进行突破,目的在于比较直观地分析出水土流失与地表植被覆盖率、降水强度之间的关系,并突破学生对黄土高原地区缺乏了解的局限,进而解决黄土地貌如何形成的问题。针对课本活动内容的设计,为使学生对水土流失主要原因理解得更加深入,结合学生情况,又设计了"降水强度大,地表无植被保护"和"降水强度大,土质疏松"两种情况的实验。在课堂上,学生边实验、边观察、边思考,参与热情被充分调动了起来。通过实验,学生得出水土流失与地表植被覆盖率和降水强度之间的关系。在此基础上,将实验的结论应用于黄土高原,进一步分析黄土高原水土流失的主要原因和所造成的危害,得出黄土高原水土流失是自然和人为因素共同

作用的结果。同时,从黄土的收集、木盒的制作、黄土表面草皮的培植,到课堂实验,学生亲身体验了知识的产生,他们的收获是巨大的。在这个过程中,还培养了学生动手实践、观察、思考和相互合作的能力,以及综合分析问题的能力,并使他们亲身感受了可持续发展思想的实际意义。

通过本节的教学,我们深深感受到,上好一节课要有充分的教学准备。教学准备对教师和学生来说,都是非常重要的。只有充分的准备,才可能真正做到优化教学目标,达成教学效果。

对于教材,要敢于突破,敢于发展。例如,在设计"水土流失与地表植被和降水强度的关系"实验时,从便于学生理解的角度出发,教师对课本的活动内容进行了补充,增加了"降水强度大,地表无植被保护"和"降水强度大,土质疏松"两种情况的实验,使学生对黄土高原水土流失主要原因的理解更加深刻。

成功的教学在教学设计上,要妥善处理好教学内容的预设和学生知识的生成之间的关系;在教学方法上要继承,更要创新;在教学的形式和内容上,要把握好二者的统一。在教学过程中,要充分调动师生的感官,通过思维活动、实证探究等,使学生真切地感受到知识的产生和知识的力量。不断挖掘教学内容,升华教学内容,把一些具有重大意义的社会发展问题,如环境问题、可持续发展思想教育等,结合教学内容,使之具体而生动,使学生真切地感受环境问题与人类活动的关系,从而提升课堂教学质量,实现教学育人的目标。

这节课的教学还存在一些不尽如人意的地方,例如,对"水土流失与地表植被和降水强度的关系"实验,讨论得不够充分,挖掘得不够深入,完全可以在实验的结果上进一步启发思考:为什么黄土高原的植被出现地域差异?为什么植被覆盖状况差?自然导出人类活动对黄土高原的影响。另外,教学结尾部分的处理也不是很理想,作为知识延伸,布置学生把自己对黄土高原的认识、治理措施等加以归纳,写一篇小论文,显得有些空洞。因为学生写论文,在内容和方法等方面还需要教师进一步指导。这样的处理不是完全令人满意的,然而教学艺术的探究也许就是在这样的过程中得到了提炼和升华。

改变学生学习地理的方式,就是帮助学生由被动接受知识,转变为主动参与、体验、探究,并创造知识。一节课的成功,不是看学生参与活动的人数和时间以及回答了多少问题,不能拘于形式、淡化知识与技能的培养,而是要看学生参与课堂活动的积极性和有效性,即要看学生参与活动的质量,要看学生掌握的知识,形成的技能,以及情感态度的积极变化。学习对生活有用的地理,学习对终身发展有用的地理,地理教育任重而道远。

搭建理想课堂和现实课堂之间的桥梁①

　　李方平老师的"山地的形成"(人教版地理必修1第四章第二节)一节教学在江西南昌举行的2013年度全国地理优质课评选活动中获得特等奖,显示了较高的教学水平。这节课以不同类型山地的形成为线索,以地理实验和野外考察为载体,组织学生进行合作学习、探究学习,达到了课程标准的要求。这里就李方平老师的这节课谈几点看法,供交流讨论。

一、创设地理实验探究,落实课程基本理念

　　"重视对地理问题的探究,倡导自主学习、合作学习和探究学习"是《普通高中地理课程标准(实验)》提出的基本理念。本节教学中,教师依据课程标准,以学生为主体,从生活实际出发,结合教学内容,设计了基于"山地的形成"主题情境的地理实验探究课。教学中引导和组织学生进行一系列地理实验展示,结合课前依据教学内容组织学生进行的野外火山地貌科学考察,把考察成果带入课堂,有效地拓展了地理教学,体现了教学的开放性,拓宽了学生地理学习的视野,丰富了地理课程,较好地落实了《普通高中地理课程标准(实验)》的课程基本理念,创造了生动、开放、创新的地理课堂。

二、课堂教学整体设计,教学结构清晰

　　课堂教学是一个有机整体,本节教学整体设计具有显著的学科特色。首先,教师根据本节教材内容和学生的认知规律,以不同类型山地的形成为探究线索,整体设计教学活动。教师依据山地的三种形态,将学生分为相应的三个学习小组,组织地理实验探究活动;在此基础上,设计新课导入,地理实验演示、讨论;最后对整节内容进行总结、提升。在教材局部处理上,教师给出景观图

　　①原文发表于《中学地理教学参考》2014年第11期第44-45页。2013年10月,我指导的蚌埠市第一中学李方平老师"山地的形成"一节教学在2013年度全国地理优质课评选活动中获特等奖。

片,引发思考,学生进行地理实验演示、讨论。教师巧妙设计板书,利用板书对学习内容进行结构化和地理逻辑的建构。本节教学从宏观到微观,结构清晰,教学环节设计合理,灵活生动。

教材不是教学的全部,教材是开放的、不断发展的。教学中教师依据课程标准,根据教学活动的需要对教材内容进行适当取舍和补充,实现了"从教教材到用教材教"的转变,体现了教师教学的创造性,实现了对教学资源的有效整合。

三、以学生为主体,教学生成处理得当,深化课堂教学

为体现以学生为中心的教育理念,本节教学从新课导入到教学过程中的三个地理实验和一次野外考察,均是在教师的指导下由学生组织完成的。学生参与度高,参与质量好,充分体现了学生的主体地位。教师通过有效组织和引导,把课堂还给学生,让学生成为自主学习、自主实践,享有充分学习时间和空间的学习者。

教师没有简单地给予学生地理知识,而是结合本节教学目标,充分启发、引导和鼓励学生制作地理模型,进行地理实验,尝试、体验、观察、思考、讨论、领悟,学会分析常见山地形成的内、外力因素,在体验中实现学习目标,促进地理实验能力、地理逻辑分析能力、地理语言表达能力的提高,激发地理学习的兴趣,切实转变学习方式。

在地理实验演示活动中,学生能够主动提出问题(共提出7个与实验相关的问题),教师因势利导,引导学生讨论、解答。教师与学生之间的互动,生成了新的地理知识,成为课堂新的教学资源,有效拓展了学生的学习空间,丰富和深化了本节教学。

四、采用情境教学,有效实现地理概念的建构

概念教学是本节的教学难点。本节学习涉及多个地理概念,如褶皱、背斜、向斜、褶皱山、断块山、火山等。虽然学生在日常生活中对这些概念有所了解,但如何实现对地理概念的科学认知是本节的教学难点。美国心理学家、教育家布鲁姆曾说,有效的教学,始于期望达到的目标。教学中教师首先给出学习目标,然后采用情境教学的方法,给出相关地理景观图片,如褶皱、褶皱山等,启发思考,进而引入学生的地理实验,在实验和讨论的基础上,对学生的讨论进行梳理和总结,给出有关概念,并使用Flash软件对背斜、向斜、断层等的形成进行动

画演示,整个教学活动生动、科学。这一过程着眼于概念的建构,帮助学生建立了概念之间的联系,例如褶曲—背斜、向斜—褶皱山。教师还通过板书加强学生对概念的理解,有效地完成了地理概念的教学。

华东师范大学教授叶澜认为,评价一堂好课没有绝对的标准,但有基本的要求,有待完善是其中之一。我们在看到这节课的优点的同时,也看到存在的不足,例如,在教学活动的衔接过渡上处理得不够自然,教师的普通话还不够标准,教材中板块构造理论内容在下节课如何处理,等等。

"山地的形成"这节课在课程理念、教学设计、课堂形态等方面做了有益的探索,展示了教师的教学视野。但不可否认,这节课与常态地理课堂之间存在一定的距离。作为观课者,我们更多的是从中获得启发和借鉴。一位优秀教师如何形成自己的地理教学思想和教学风格,值得我们共同去思考和探寻。

"我们与淮河"系列科普活动光盘脚本①

画外音：在祖国美丽富饶的辽阔大地上，有一条玉带似的河流。多少年来，它滋润了千万亩良田，哺育了一代又一代儿女。然而，由于近年来工业的发展，人们的环境保护意识的淡薄，人口的不断增加，如今，很难见到清澈澄碧的河水，很难感受到清纯的河风……这就是我们的母亲河——淮河！她用无声的语言向我们倾诉着深深的痛苦！保护我们的母亲河吧！

画面：辽阔的土地、清容宛如玉带的河流、万亩良田—工农业发展、城市建设—污染的水体、枯萎的庄稼—"保护母亲河——淮河"（字幕）

一、淮河的现状

【镜头一】

画外音：淮河古称淮水，地处中原，是我国七大江河之一。它发源于桐柏山，流经豫、皖、苏、鲁四省。该河支流纵横，湖泊星罗棋布，流域面积约27万平方千米。流域人口近一亿六千万人。

新中国成立后，淮河流域人民响应"一定要把淮河修好"的号召，兴建了大量的水利工程，初步建成了防洪、排涝、灌溉体系，淮河流域已成为我国重要的商品粮生产基地。

画面：淮河流域景观—淮河流域图—历史文化古迹—治淮工程—工业城市、农业丰收景色。

【镜头二】

画外音：我们的家乡—蚌埠地处淮河中游，地跨南北两岸，它是皖北水、陆交通的枢纽，千里长淮的第一港。近年来的发展建设使它成为淮河流域的重要

---

　　①光盘（约20分钟）记录了1997—1998年蚌埠二中开展的以"我们与淮河"为主题的系列科普活动。1998年11月，《我们与淮河》光盘在安徽省优秀自制教具展评中获一等奖。1999年，该项目在第五届全国青少年生物和环境科学实践活动评选中获"全国十佳示范奖"。

工业中心城市。

画面:蚌埠市区景色(突出蚌埠地处淮河之滨)。

画外音:淮河对流域内经济的发展有举足轻重的作用,为流域内人民的生活及工农业用水提供了丰富的水源,她已成为淮河流域人民的母亲河。

画面:淮河流域景色。

【镜头三】

画外音:然而,近年来随着流域内工农业的发展,人口不断增加,淮河流域的水污染问题愈来愈突出,用污染的河水浇地,使土地板结,影响作物生长。污染的河水虽经自来水厂处理,但质量仍达不到可以饮用的标准。淮河的污染,已成为制约淮河流域社会、经济发展的桎梏! 治理污染刻不容缓!

画面:淮河流域水体污染、污水排放等—农作物枯萎—城市生活用水紧缺(蚌埠),找水、无水可喝的景象(中央电视台焦点访谈有关内容)。

【镜头四】

画外音:1995年8月,国务院颁布了我国第一部流域性法规《淮河流域水污染防治暂行条例》,使淮河流域走上了依法治污的法制轨道,提出了1997年年底实现全流域所有工业企业污染源达标排放,2000年实现淮河水质变清的战略目标。经过淮河流域四省、各级政府和广大人民的不懈努力,到1997年,淮河流域水污染防治取得了第一阶段的初步成效。对一些污染严重的企业实施关停和限排措施,初步实现了淮河流域工业企业的达标排放。但淮河污染治理还存在很多问题有待解决,形势仍十分严峻。

画面:《淮河流域水污染防治暂行条例》—治淮委员会—治污工程的施工等镜头—1998年1月1日零点行动(部分镜头)—存在问题(部分企业等)。

二、我们参与的淮河水污染防治工作

【镜头一】

画外音:淮河流域水污染防治工作涉及社会的各个方面,我们学校在这方面充分发挥了教育的主渠道作用,将环保意识的培养、环保法规的宣传、环保知识的教育落实到化学、地理、生物等学科的教学中去。

画面:蚌埠二中主景—校宣传栏—有关学科课堂教学活动。

【镜头二】

画外音:同学们开展了多种形式的宣传活动。如定期出板报,开展环保知识演讲活动,举行环保知识竞赛,请有关专家到学校介绍环保知识,在节假日走上街头,设宣传站向市民宣传保护水资源、防治水污染的意义。

画面:(1)黑板报(有关班级)。

(2)环保知识演讲、环保知识讲座。

(3)节假日:街头环保知识宣传站。

【镜头三】

画外音:在宣传活动中,我们认识到防治水污染至关重要的是防止水污染。大家到"引天济蚌"工程的取水地——天河乡,向农民宣传《中华人民共和国水法》《中华人民共和国环境保护法》,宣讲水污染的危害性。

画面:部分同学、教师乘车去天河乡—向当地农民宣传《中华人民共和国水法》《中华人民共和国环境保护法》,介绍喷灌、滴灌技术。

【镜头四】

画外音:学校在假期组织夏令营让我们考查淮河,鼓励我们走出校门,调查污染企业、环保部门、城市居民,了解污染情况。

画面:淮河水面考察—治淮委员会—环保局—工业企业。

画外音:我们根据调查的情况,写出淮河流域污染情况简报,全体同学及时了解淮河流域污染及治理的进展。

简报:《1997年底淮河流域水污染防治情况简报》。

到1997年年底,淮河流域水污染防治取得第一阶段的初步成效,对一些污染严重的企业实施关停和限排措施,初步实现流域工业企业的达标排放。

画面:

[远景]部分同学、教师观看《1997年底淮河流域水污染防治情况简报》。

[近景](1)1993年淮河流域水污染示意图。

(2)1997年淮河流域超标排放企业达标情况示意图(柱状图)。

【镜头五】

画外音:在掌握较多的环保知识和大量第一手资料的基础上,学校又开展了"环保小论文"评比活动。许多同学在论文中对防污、治污提出了很多设想和建议。

有的同学对污染企业提出了分类治理的建议,根据企业污染程度制定相应的治理措施。

有的同学对我市某污染大厂提出改造方案:将工厂所排放的粉煤灰和化工石膏用于制水泥、新型砖及装潢材料等。我们在老师的指导下,按此方案经过反复实验,已经制成了一种新型建材砖。这种砖在常温常压下即可生产,而且质量优于普通砖。这种砖的密度小，制作简单，所以还可用来做多种装饰材料，有很好的开发前景。我们用自己的智慧和双手，为治理污染做出了贡献。

画面：众多环保小论文—同学讨论、教师点评—设想师生制砖过程；新型砖与普通砖质量比较表。

【镜头六】

画外音：1997年年底零点行动后，淮河水质已基本达标，但为了防患于未然，有的同学做出了提高饮用水质量的设想：①方法一：适当开采深层地下水。②方法二：在城市建立两套供水系统。一套供应高标准的饮用水；另一套供应低标准的洗衣、洗澡等用水。③方法三：利用原供水系统定时供水，在做饭时间供应饮用水，在其他时间供应一般用水。

学校采纳了"开采深水井"和"定时供水系统"的设想，打了一口80米的深水井，早、中、晚供应深水井无污染的水，其他时间供应一般用水，解决了全校2 400名学生和全体教师的吃水问题，起到了合理利用水资源、提高水资源利用效率的效果。

画面：

（1）小论文文稿—设想。

（2）我校校园—深井—定时供水系统—采访有关人员—说明设想的效果。

【镜头七】

画外音：综上所述，我们所实施的行动，提出的建议、设想，都是蚌埠二中同学为保护母亲河淮河所做的一些力所能及的工作。这也是我们对环境不断深入了解的过程。我们最终的目标是实现人类与环境之间的"共融"。所谓"共融"就是指实现人类社会经济与生态环境之间的共同协调发展，即实现社会经济与生态环境的可持续发展。

1997年，淮河历史翻开新的一页，绝不让污水横流，让清澈的河水滋润我们的家园，也映照着我们的未来。

画面：校园环保活动—城市环保设施—城市远景—淮河—绿水蓝天。

附录：

"我们与淮河"青少年生物和环境科学探索系列科普活动介绍

1997年以来，淮河流域开展了举世瞩目的水污染治理工作。为了对广大青少年进行生态环境保护和可持续发展教育，蚌埠二中开展了以"我们与淮河"为主题的系列科普活动。通过这些活动,同学们提高了生态环境保护意识,以及学科学、用科学的能力,初步形成了对人类活动与生态环境之间的相互关系和可持续发展思想的正确认识,也适应了学校由应试教育向素质教育转变的要求。

活动取得了很好的成效,来访的英国坦姆赛德市友好代表团,对我校的环境教育极为赞赏,授予我校英国皇家健康学院环境保护奖牌,将我们用活动中积累的资料所编辑的光盘《我们与淮河》带回英国,并在欧盟环保会议上做了介绍。

以反映"我们与淮河"系列科普活动为主题的光盘《我们与淮河》,是我校科技小组代表大陆青少年,参加中国香港第31届联校科学展览会的主要作品,在联校科学展览会上受到广泛好评。从香港返回后,第九届全国人大常委会副委员长、第六届中国科协主席周光召等省、市领导亲切地接见了参加联校科学展览会的师生,对此次系列科普活动给予了高度评价。中央电视台、安徽电视台还对此做了专题报道,取得了良好的社会效果。

1999年,该活动在第五届全国青少年生物和环境科学实践活动评选中获"全国十佳示范奖"。

指导教师:庄大传、吴岱峰、聂金昌、马峰、王化荣。

珍贵的体验　难忘的回忆①

　　1999年10月16—19日,蚌埠二中科技小组代表安徽省参加中国科协'99青少年科学论坛活动,在活动中取得了优异的成绩,并代表中国首次参加了2000年5月在美国底特律举行的第51届英特尔国际科学与工程大奖赛。"英特尔国际科学与工程大奖赛"(Intel ISEF)素有全球青少年科学竞赛"世界杯"的美誉,是全球规模最大、等级最高,也是唯一面向9至12年级(初三至高一)中学生的科学竞赛。竞赛学科包括所有自然科学和部分社会科学内容,为全球最优秀的小科学家和发明家们提供了互相交流、展示最新科技成果的舞台。我校科技小组赴美参赛的两个项目分别是"蚌埠地区天井湖、沱湖银鱼生态调查"和"新型太阳能双轴自动跟踪聚焦式集热器"。其中,"蚌埠地区天井湖、沱湖银鱼生态调查"在第51届英特尔国际科学与工程大奖赛中获得二等奖,为我国代表队的最高奖项。中央电视台、中国教育台、安徽电视台、中国教育报、中国青年报、安徽日报等新闻媒体对我校赴美参赛的项目进行了报道。这是我校继1999年8月参加全国青少年生物和环境科学实践活动获得两项奖励之后,再次为安徽省争光,为蚌埠二中的光辉历史书写了新的篇章,为祖国争得了荣誉。

一、中国科协'99青少年科学论坛活动介绍

　　中国科协组织开展的青少年科技活动,主要有全国青少年生物和环境科学实践活动、全国青少年发明创造和科学讨论会等。1999年,中国科协组织了'99青少年科学论坛活动,它作为首届中国科协学术年会的组成部分,被定位为中国青少年最高等级的学术性科技活动。

---

　　①1999年10月16—19日,我带领蚌埠二中科技小组的陈鑫、罗钦、郑懿三位同学(两个项目)赴杭州参加中国科协'99青少年科学论坛活动。两个参赛项目双双出线,并获得了代表中国首次参加在美国底特律举行的第51届英特尔国际科学与工程大奖赛的机会。2000年2月,我和聂金昌老师带队,在北京参加了中国科协为准备第51届英特尔国际科学与工程大奖赛的冬令营集训。

参加本次'99青少年科学论坛的省市有北京、上海、广东、浙江、安徽等,参加论坛活动的单位为各省市重点中学,包括全国重点中学,其项目集中反映了当地青少年科技活动的水平,可谓强手如林。

中国科协'99青少年科技论坛活动的组织、选拔、评审有严格的要求,参加论坛的学生是推荐项目的主要参与者或合作者,并且有较强的实践能力和语言表达能力。评委会由资深专家、学者、教授组成。论坛活动包括五个方面:

第一,开幕式及青少年科技项目展示,包括展板的布置、多媒体的使用、答辩等内容。答辩小组由专家和学生组成,以一对一的形式进行问答,对项目的选题、实施、方法、结论等方面进行全面的考察。各专题组评出本组的优秀项目,参加大会论坛发言。第二,大会分组论坛。分组论坛主要是参加活动的学生对自己的项目进行介绍,并同其他同学进行交流,包括质疑、评论等。第三,参加中国科协首届学术年会开幕式。第四,评审。本届青少年科学论坛评审的主要任务是选出较为成熟的作品,作为今后参加国际交流的备选项目。同时,本届科学论坛还将评选出最佳演讲者、最佳提问者、最佳展板设计等奖项。第五,大会论坛活动。①优秀青少年科技项目报告:由两个专题组选出的优秀项目的学生代表,在大会规定的时间内作项目报告,并现场回答提问。②分组论坛的专题报告。③宣读中国科协首届学术年会、'99青少年科技论坛大会宣言,闭幕式。

二、我校参加中国科协首届学术年会、'99青少年科学论坛情况

安徽省'99青少年科学论坛组织评审组对参赛项目进行选拔,经过激烈竞争,我校有两个项目入选,分别是"蚌埠地区天井湖、沱湖银鱼生态调查"和"新型太阳能双轴自动跟踪聚焦式集热器",占入选项目总数的1/2。

在临行前的准备工作中,蚌埠市教委陈神洲主任、团委石艳书记和市科协李家举部长亲临指导。我和课题组的其他教师根据学校领导提出的"展示项目最佳水平"的要求,进行了充分的准备,从语言表达、多媒体设备的使用、答辩资料的准备到文明礼仪等,为参加'99青少年科学论坛做了大量细致的工作。这是我们在本届科学论坛中取得优异成绩的前提和保障,也使我们对在科学论坛中取得好成绩充满了信心。

按照学校的安排,我带领蚌埠二中科技小组的陈鑫、罗钦、郑懿三位同学赴杭州参加中国科协'99青少年科学论坛活动。10月16日上午到达杭州。按照大会组委会要求,我立即带领学生布置展板,熟悉场地,调试集热器,同时和浙江

省科协的同志联系电脑设备。下午对软件进行安装和试运行，并让两位学生反复操练。晚上演练集热器的工作原理，根据答辩要求，相互提问，为第二天的答辩做好充分准备。

10月17日上午7时20分，我带学生来到展区，布置好桌椅，搬来电脑设备并进行调试，电脑运行良好。然而在调试集热器时，设备突然停止了转动，此时开幕式时间已到，我一方面安排学生安心参加开幕式，另一方面抓紧时间进行检查，原来是线路的接线出了问题，故障很快得到了排除。

10月17日上午8时30分，中国科协党组、中国科协青少部、各省科协领导、专家、指导教师和学生等数百人出席了'99青少年科学论坛开幕式。中国科协党组领导和浙江省科协领导先后发言，祝贺中国科协首届学术年会、'99青少年科学论坛的举行。随后，主持人介绍了本次科学论坛的评审委员会，共13名评委，云集了我国一流的科学家。总召集人是中国医学科学院基础医学研究所研究员、中国生理学会副理事长邓希贤教授，其他评委主要有北京大学化学院博士生导师、全国高等学校化学教育研究中心主任、中国化学会化学教育委员会主任常文保教授，北京自动化研究所研究员、全国发明协会秘书长张开逊教授，以及中国环境科学学会、浙江大学、中国计量学院、华东师范大学等高校研究所的博士生导师、教授等。

本次'99青少年科学论坛评审委员会下设两个专题组，一组侧重生物和环境科学，由邓希贤教授任组长，共8名评委；另一组侧重自然科学（数学、物理等）和发明创造，由张开逊教授任组长，共5名评委。

10月17日上午9时30分，进入本次'99青少年科学论坛最关键的时刻，每位教授带领两名科技爱好者，到各省的展位听取项目介绍并提问。答辩是紧张激烈的，各省的选手纷纷亮出"看家本领"，充分展示自己。在这样激烈竞争的氛围下，我校两位学生准备充分，在进行项目介绍和答辩时表现较好。两位同学充满自信的语言、落落大方的举止、形象的多媒体展示、生动的实物演示，给教授们留下了深刻的印象。邓希贤、张开逊等教授欣然同两位同学合影。浙江大学博士生导师叶高翔教授热情地对陈鑫同学说："希望你今后考到我们浙大来！"教授们的欣喜之情溢于言表。中央电视台、浙江电视台、浙江教育电视台等新闻媒体对我校的项目进行了报道，浙江教育电视台还采访了两位同学。

10月17日下午，两位同学分别参加了以"学习、实践、创新"和"未来生活和可持续发展"为主题的小组论坛活动。在论坛活动中，两位同学结合自己的项目，就主题内容提出了自己的看法，并同其他省市的同学进行了交流。

10月17日晚,组委会传来了好消息。我校的两个项目在全国五省市参评的26个优秀项目中脱颖而出,双双名列小组第一,被推荐参加19日上午的大会论坛活动。我们非常高兴,但我们还要继续努力,不骄不躁,争取在大会论坛上更好地树立蚌埠二中的良好形象。

10月18日上午,全体参赛同学参加了在浙江大学逸夫体育馆举行的中国科协首届学术年会开幕式。来自全国的近4 000名科学工作者出席了这场盛会,列席的两院院士有数百人。全国人大常委会副委员长、中国科协主席、中国科学院院士周光召,作了题为"历史的启迪和科学发展的条件"的演讲,其中"科学只有第一,没有第二"一句话令人深思。此外,中国科学院院长、院士路甬祥,北京大学教授、院士王选等也分别做了精彩的学术报告。同学们接受了一次生动的现代科学技术教育,更重要的是亲身感受到了崇尚科学的氛围。

10月19日上午,在大会论坛上做汇报的共有四个项目:安徽省两个、浙江省一个、北京市一个。汇报开始,陈鑫和郑懿同学先后走上主席台,他们以清晰而富有感染力的语言、准确的演示,再次给出席大会的领导、评委、同学们留下了深刻的印象。陈鑫同学的汇报结束后,整个会场鸦雀无声,大家被她的作品深深地吸引住了,随后爆发出热烈的掌声。郑懿同学是项目汇报中获得掌声最多的一位选手。在她介绍完自己的项目后,到台前提问的同学、老师"络绎不绝",回答提问的时间甚至超过了介绍项目的时间。郑懿同学以落落大方的举止、准确的回答,赢得了在场领导、评委、老师和同学们的热烈掌声。

颁奖结束后,评委会总召集人邓希贤教授对本次青少年科学论坛进行了总结,并特别褒奖了蚌埠二中的工作,他说:"这次青少年科学论坛大会活动中,各地推荐了不少优秀项目,这方面蚌埠二中的科技活动是特别出色的……我呼吁各高校、研究所的实验室要尽可能地向中学生开放,使他们尽早地参与到科学活动中来。学习科学研究的方法,培养科学的态度和探索精神。各高校、研究所要支持他们!"

三、几点工作感受

参加中国科协首届学术年会、'99青少年科学论坛的短短几天,我们收获了许多,但也有不少值得总结的地方。

第一,我校的科技活动所取得的成绩,是在领导的大力支持下,在专家、科协领导、有关教师,包括学生、学生家长等各方面的共同协作下完成的,是集体智慧的结晶。领导的重视是成功的关键,学校制定的有关科技活动的政策是成功的保障,取得的成绩是我校推进素质教育的成果。第二,这次活动给我以深刻的启发,在工作中要有科学的态度、实事求是的精神,尤其要讲求工作的质量和效率。第三,这次活动使我认识到自己在知识结构等方面的欠缺,体会到不断学习的重要性和必要性;同时也使我认识到中学阶段重视学生的全面发展和打好基础的重要性。现在的科技活动已向多学科综合和相互渗透的方向发展,注重应用所学知识和解决实际问题的能力。目前高考"3+综合"也明确了这个方向。第四,开展科技活动需要有无私的奉献精神。这次参加'99青少年科学论坛的准备工作在暑假就开始了。课题组教师牺牲了大量的休息时间,付出了大量的心血。有的老师因课题组工作牺牲了国庆长假,甚至放弃了回老家探亲;有的老师在评定职称的紧要之际,还扑在设备的制作和完善上;有的老师在繁忙的教学工作中抽出时间设计、制作设备;有的老师为了更好地展示项目,废寝忘食地工作,多次工作到凌晨三四点钟。在"蚌埠地区天井湖、沱湖银鱼生态调查"项目中,从选题、资料收集和整理,到论文撰写、答辩指导、参赛准备等方面,我做了大量工作,许多晚上、周末、假期都是在学校办公室度过的……没有奉献精神,我们不可能取得这样的成绩。第五,在这次活动中,我有幸结识了一些专家学者,被他们平易近人的风范和严谨的科学态度所折服,同时认识到做学问不仅要有扎实的业务知识,还要具有良好的个人修养。

附录:

"蚌埠地区天井湖、沱湖银鱼生态调查"项目介绍

学生:安徽省蚌埠市第二中学高二年级郑懿、罗钦。

指导教师:马峰、吴岱峰、聂金昌、王化荣。

本项目是关于蚌埠地区天井湖、沱湖银鱼种群的生态调查。项目背景:蚌埠银鱼数量大大减少,同时天井湖、沱湖银鱼种群分布出现"此消彼涨"的现象。我们对银鱼的生活习性进行研究,对两湖历史时期和目前银鱼分布、产量、生态环境等方面进行对比分析,并探讨造成以上现象的主要原因。

结论:首先,建立自然保护区对于保护野生银鱼资源是有效的方法;其次,水体的底质状况、水面状况、水质状况中的溶解氧,是对银鱼生态保护有重要意义的指标;最后,在保护生物多样性的过程中,提高人们的生态保护意识是非常重要的。

第三篇 DI SAN PIAN

地理高考研究

近年高考地理试卷回顾与启示①

在高三备考过程中,如何以正确的观念和方法研究高考,实现科学备考是一线教师普遍关注的问题。近年来,高考备考中所谓"热点""猜题卷"等层出不穷,题海战术依旧盛行。随着施行高中课程改革省份的不断增加,课程改革地区的高考越来越受到人们的重视。高考如何体现课程改革的要求,如何体现三个维度的课程目标,等等,成为教师们普遍关注的问题。

事实上,我们不能把所谓"热点""猜题卷"及某些学术期刊的文章等作为高三备考的方向,这一方面会误导教师,不利于教师正确地认识高考,助长投机心理,另一方面会使教学偏离高三备考的正确方向。实现科学备考需要从观念到行为的深入思考,澄清备考观念,进一步说,地理教学需要回归教育理性。

解决这些问题,首先需要从观念层面上明确高考是什么性质的考试,高考的价值追求是什么?高考应当或可以承载哪些功能,高考在考什么?进而,从地理命题的技术层面来认识高考。

高考试卷凝结着命题专家的智慧和心血。高考试卷的背后是命题专家对试题所涉及学科理论、中学地理教学和教育测量理论的理解与把握,从这层意义上说,一套高考地理试题是一部学术作品,是一部地理科学研究、中学地理教学、教育测量技术三者相结合的力作。同时,高考试题作为重要的教育资源,也是教育研究的重要对象。本文以近年来高考试卷中的地理典型试题为对象,力图通过对高考试题的价值追求、命题技术等的分析,一方面,领悟高考试题的艺术境界,汲取命题的技术精华,感受蕴含其中的地理思想和人文情怀,另一方面,结合一线地理教学的实际,探讨如何实现科学备考。

一、把握高考考试性质是研究高考地理试题、实现科学备考的基本出发点

把握高考的考试性质是理解高考试卷难度设置、分值比例、题量、题型比

①原文发表于《中学地理教学参考》2009年第6期第4-12页。

例、内容含量等技术要求的基础,也是进行科学备考的基本出发点。从考试性质上说,高考是合格的高中毕业生参加的选拔性考试,因此高考应有较高的信度、效度,必要的区分度和适当的难度。高考的价值追求在于"有助于高等学校选拔人才、有助于中学实施素质教育、有助于高校扩大办学自主权",并对深化课程改革起到积极的导向作用,这些同时也是高考命题工作要遵循的重要原则。

高考地理试题依据地理教学大纲(或地理课程标准)、高考地理科目考试大纲、高考文科综合科目考试大纲的说明等进行命题。高考选拔性考试的性质,高利害测试对考试公平性的要求,高考试卷的难度设置、分值比例、题量、题型比例、内容含量,试卷的组卷方式,以及测试时间、地点和方式等要求,决定了高考地理试题测试着力于考生构建在主干知识基础之上的地理思维品质和基本技能,在遵循测量规律的同时追求"能力立意"。高考不把知识的覆盖度作为命题追求的目标。由此来看,研读地理教学大纲(或地理课程标准)、高考地理科目考试大纲和高考文科综合科目考试大纲的说明等,对高三备考具有重要的实际意义。

二、高考试题研究与科学备考关注的若干问题

下面结合近年高考地理试题,就高考试题研究与科学备考中一线教师普遍关注的若干问题进行探讨。

1. 地理概念、规律和原理的考查

地理概念、规律和原理是地理学科的主干知识,是高考考查的核心内容。高考地理科目考试大纲在能力要求中提出:"理解地理基本规律和原理,运用所学的地理及相关学科的知识和观点,运用地理事实材料,简明地推导或定性地说明地理规律和原理。""描述、概括、理解各地理事物(包括自然地理要素、人文地理要素以及人类活动与环境之间的关系等各方面)的空间结构联系和发展变化过程。"要求考生能够阅读图像,进行地理信息的提取,调动和运用地理概念、地理事物的主要特征及分布、地理原理与规律等知识,与试题的形式和内容建立正确的联系,在此基础上进行作答。

【例1】(2006年全国文综Ⅱ卷 选择题第3~5题)图1中四条曲线分别示意四地3月21日到6月30日的日出时间。读图,回答3~5题。

3.与摩尔曼斯克地区日出时间对应的曲线是(　　)

A.①　　　B.②　　　C.③　　　D.④

4.④地位于(　　)

A.南半球中纬度 B.北半球低纬度 C.副热带高压带 D.副极地低压带

5.8月23日,②的昼长约为( )

A.24小时 B.22小时 C.20小时 D.18小时

答案:3.B 4.D 5.C

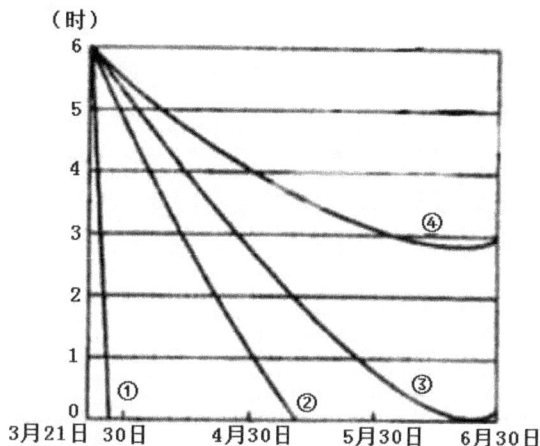

图1 日出时间

试题在命题上,把不同纬度的四地的日出时间,以坐标图的形式表达出来,是传统光照图的变式,隐含表达了随着太阳直射点的周年运动,不同纬度地区昼夜长短的变化规律,考查考生对地球公转的地理意义的理解。试题设计巧妙,要求考生以动态的视角分析问题,体现地理问题认知的过程性。

在近年高考地理试题中,对地球运动有关图像的考查不断有新的变化,图像似乎变得"简单"了,但实际难度却在不断增加,例如2007年、2008年全国Ⅰ卷中对光照图的考查。但无论如何变化,高考考查的内容本质仍然是太阳直射点周年运动与各地昼夜长短、正午太阳高度的周年变化规律。试题难度往往体现为对考查内容的深度做进一步分解和细化,以及在呈现方式上的变化。客观上看,作为学科主干知识的地球运动内容,因具有较高的地理思维含量,成为高考考查频度较高的内容。

对地理概念、规律和原理的深入理解和灵活运用,是高考考查的核心内容。一般而言,考生应熟练掌握五大地理规律(地球运动规律、大气运动规律、地壳运动规律、水体运动规律、地理环境的分异规律)和四大区位理论(农业、工业、城市、交通区位理论)。从实际地理教学来看,考生存在的问题很多,突出表现在对地理概念、原理和规律理解不透。从高考阅卷反馈来看,即使试题难度不是很大,考生依然失分严重。反思上述问题,一是教师是否帮助学生对基本概念、规律、原理结合有关图像进行了深入理解;二是在教学中,教师分析有关问题是否把握到了问题的实质,并进行了地理方法上的指导。在教学策略上,教师可以考虑带着学生就典型试题共同讨论,落实到具体知识点,分析问题的逻辑关系,归纳出有关地理概念、规律和原理。对于经典试题的分析,要注意分析其结构、思路、方法,把握地理现象和本质(地理概念、原理、规律)的关系。

2. 调动和运用自主学习过程中获得的相关地理信息能力的考查

高考基于对公平性的追求,试题不依据任何版本教材,每一道试题都是依据新材料、新情境而命制的。通过给出具有一定阅读量的材料,结合设问,构成新的问题情境。试题材料呈现方式多样,新颖灵活,往往结合图像、图表,具有真实性和知识性的特点。在来源上,试题往往取材于现实生活,或具学科专业背景,具有适当的梯度和难度。

高考地理科目考试大纲在能力要求中提出:"使用和分析各种资料,进行地理信息的提取、认定、判断及反思。""描述、概括、理解各地理事物(包括自然地理要素、人文地理要素以及人类活动与环境之间的关系等各方面)的空间结构联系和发展变化过程。"要求考生具有调动和运用自主学习过程中获得的地理信息的能力。在获取和解读地理信息的基础上,调动和运用相关地理知识、基本技能,描述和阐释地理事物,论证和探讨地理问题,具有学科命题研究的重要价值。

【例2】(2008年广东地理卷第35题)我国四川盆地是有名的雾区,重庆冬季无云的夜晚或早晨,几乎80%是雾日,有时终日不散,有"雾都"之称。分析下列资料,结合所学知识,回答(1)～(4)题。

资料1:雾是悬浮于近地面空气中的大量水滴或冰晶,使水平能见度小于1千米的现象。雾多出现在晴朗、微风、近地面水汽比较充沛且比较稳定或有逆温存在的夜间或清晨。

资料2:见表1。

表1 辐射雾与平流雾的比较

	概念与特征	形成条件
辐射雾	是由地面辐射冷却,使近地面大气降温而形成的雾 多出现在冬半年晴朗、微风的夜间和清晨	①近地面空气中水汽充沛 ②地面辐射使近地面气温降低,利于水汽凝结 ③风力弱,近地面大气稳定,水汽积存下来 ④有充足的凝结核
平流雾	暖而湿的空气做水平运动,经过寒冷的地面或水面,逐渐冷却而形成的雾 海洋上四季皆可出现	①下垫面与暖湿空气的温差较大 ②暖湿空气的湿度大 ③适宜的风向(由暖向冷)和风速(2～7m/s); ④大气稳定

(1)辐射雾和平流雾中,具有明显季节性特征的是_____雾。

(2)海洋上暖湿的空气流到冷的洋面上,一般形成_____雾。

(3)气象谚语"十雾九晴"中的"雾"一般指_____雾。

(4)重庆的雾大多属于辐射雾还是平流雾?分析形成原因。

答案:(1)辐射 (2)平流 (3)辐射 (4)重庆位于四川盆地,空气比较稳定,夜晚地面辐射强,再加上水汽充足,尘埃多,易形成辐射雾。

试题以生活中常见的天气现象——雾作为背景材料,提供有关资料,意在考查考生调动和运用自主学习过程中获得的相关地理信息的能力。考生通过提取材料"辐射雾与平流雾的比较表"中的有效信息,结合设问,激活所储备的知识,进行分析和整合,探讨重庆地区雾的主要类型,并结合地形、空气状况、水汽条件等,分析其形成原因,落实了考试大纲的能力考核要求。

这类试题反映出近年高考命题已脱离教材的限制,从更广阔的领域里,选取密切联系我国和世界经济、科技、社会发展的素材,结合现实生活,体现理论联系实际,学以致用。从知识层面上说,高考考核的内容应为"活的知识",而不是"死的知识";同时,试题需在一定的生活化的、符合考生经验的、较为真实自然的情境中展开,进而反映学生的思维过程,体现考查地理思维品质和基本技能,以及高考"能力立意"的要求。

高考作为选拔性考试,决定了地理命题时要选取新材料,创设新情境,一方面,考查考生的学习能力,做到能够在有限的时间里有效提取信息,建立与既有知识储备的联系,并能够描述和阐释地理事物,论证和探讨地理问题,满足高考对考试公平性和"能力立意"的追求;另一方面,与高考命题所面临的"资源空间"有关,高考命题囿于地理教学大纲(或地理课程标准)、考试大纲、考试说明的要求,命题的空间在一定程度上受到限制,因此,这类试题有效地拓展了高考命题的空间。

考生面对新材料、新情境试题,失分比较多,暴露出考生在自主学习和应变能力上存在问题。解决问题的对策在于,在备考过程中充分认识新材料、新情境试题的特点,通过专题训练,拓宽视野,逐步扩大积累,使学生在心理上和解答方法上形成对这类地理试题的有效体验。在此基础上,进行针对性总结,使学生在面对这类试题时,能够做到冷静审题,激活知识储备,整合地理知识信息,形成解决问题的具体思路。

3. 不同类型图像的考查

地图是地理学的第二语言。从近年高考文科综合试题来看,地理图像已经成为试题信息的主要载体,平均每套试题图像数量在6幅左右。因为对考生读图、析图思维水平要求高,不同类型的地理图像成为地理命题重点关注的对象。

高考地理科考试大纲在能力要求中明确提出了关于图像解读与绘制的要求,如"熟练判读各种比例尺的地图及地形剖面图,并能在图上填绘重要地理事物的位置或分布区;熟练使用和说明各种等值线图、示意图、景观图像、各种自然要素和社会经济的统计资料及图表等,并能根据要求绘制简单的地理图表。"近年高考试题对图像解读与绘制能力有进一步要求,要求考生能够快速、全面、准确地获取图形语言形式的地理信息,包括判读和分析各种地理图表所承载的信息,能够运用地理基本技能,如地理坐标的判断和识别,不同类型地理数据之间的转换,不同类型地理图表的填绘,地理数据和地理图表之间的转换,等等。

高考图像考查的类型主要包括地理区域图、等值线图、地形剖面图、数据统计图(表)、地理示意图、变式组合图等。各类图像呈现特点不同,所承载的信息不同,具体到相关试题的设问,读图、析图的切入点和难度也各具特点。读图、析图已经成为考生提高地理高考成绩的关键。

近年来,高考图像考查一般表现为区域定位、判读有关要素特征等,更多的是通过读图,引导考生获取有关信息,调动知识技能储备,结合具体设问,分析、描述、阐释、论证和探讨有关地理问题。

【例3】(2003年全国文综Ⅰ卷第36题)古人在一篇游记中写道:"登高南望,俯视太行诸山,晴岚可爱。北顾但寒沙衰草……"据此并结合图2,回答下列问题。

(1)图中有6个经纬线交点,其中与游记作者登临之地相距最近的交点的地理坐标是_____。作者北顾的是_____高原的深秋景色。

(2)描述图中10℃等温线的走向,并说明其原因。

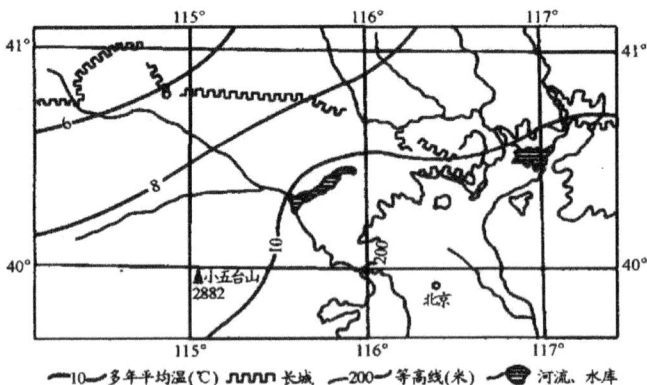

图2

答案:(1)41°N,115°E 内蒙古

(2)10℃等温线东半段接近东西走向,主要受纬度(太阳辐射)因素的影响。西半段因受东北—西南走向太行山的影响,呈东北—西南走向。

解答此题要求考生具有扎实的文字和图像阅读能力。考生根据试题文字材料中提供的空间、高度、方位和时间信息,图像提供的经纬度、北京、长城、等高线等信息,调动知识储备,并根据等高线和河流流向,判断地势特点,进而确定地理坐标及作者北顾的高原。在命题上,试题利用一篇游记中的话,配以相关区域地图,形成问题情境,设计巧妙,其中蕴含着对学生人文素养的考查和引导,体现了高考命题的艺术性。

在近年的地理高考试题中,对区域定位的考查已经成为常态。考生由于判读失误,失分比较多,暴露出考生读图、析图能力有待提高。因此,在高考备考过程中,要加强读图、析图训练,不断总结,帮助考生学会运用经纬线、海陆轮廓形态、地形、河流分布及政区边界等进行区域定位,同时可以适当渗透社会热点,增强考生对地理新闻的敏感性。

【例4】(2005年全国文综Ⅰ卷第36题)图3为我国亚热带季风气候区一个小区域的平面图及地形剖面图。据此回答下列问题。

(1)简述三个剖面分别显示的地形特征,并综述该小区域的整体地形特征。

(2)根据所给信息,说明该小区域土地利用的潜力及开发利用应当注意的问题。

(3)扼要说明该小区域水能开发的有利因素。

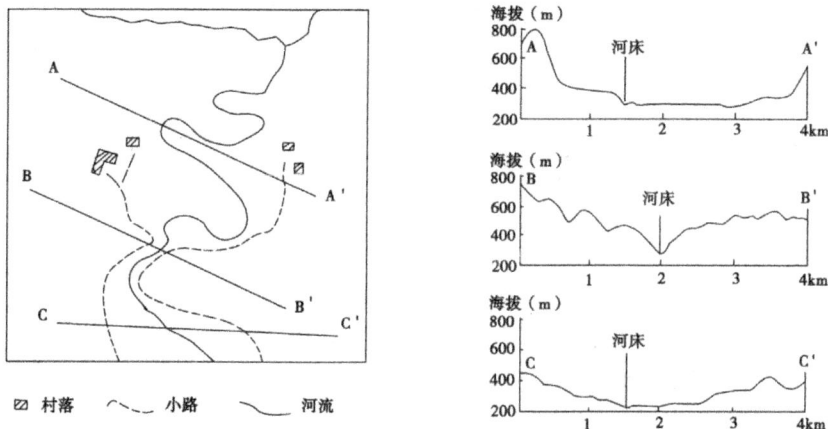

图3 某小区域的平面图及地形剖面

答案：(1)AA′剖面显示的是山地(低山、丘陵)中的一个宽阔河谷(盆地)。BB′剖面显示的是山地中的深切("V"形)河谷(峡谷)。CC′剖面显示的是丘陵地中的河谷。该小区域是山地(低山、丘陵)中分布着宽窄相间的河流谷地。

(2)有发展耕作业、林业、果树业和开发水能的潜力。开发中应避免坡地垦荒(过度开垦)，防止水土流失(保持生态平衡)。

(3)降水较多，有(足够)汇水面积。河流有较大落差。(在剖面线BB′附近)有峡谷(形成较好坝址)。

此题要求考生具有扎实的地理基础和图像阅读能力。根据"我国亚热带季风气候区"和三个地形剖面图的数据，可以判断此区域的大体分布，以及以低山、丘陵为主的地形特点；根据三个剖面图的海拔分布和地形剖面"V"形起伏、宽浅平缓、宽阔平坦差异，以及河流弯曲形态、居民点的分布、小路延伸串接三个区域等信息，判断其总体地形特征是山地(低山、丘陵)中分布着宽窄相间的河流谷地。在此基础上，确定该小区域不同土地利用的潜力，开发利用应当注意的问题及水能开发的有利因素。

在命题上，试题给出某区域平面图和三幅地形剖面图，构成图像组合，手法简明，形成试题情境。地形剖面图呈现沿线山地、丘陵和谷地的数据特征，平面图呈现地形剖面位置的空间分布，图像、题干与设问之间关系紧密，设计巧妙，要求考生能够切换不同的地理视角，并在转换过程中对不同类型的图像信息进行整合，形成对问题的认知。试题信息量和思维含量高，较深入地考查了考生的地理思维水平，是地理高考试题中的佳作，体现了高考命题的视野，同时蕴含了对考生地理思想和方法的教育。

这类变式组合图考查的地理要素往往比较复杂，隐含诸地理要素之间的联系；图像信息既具有关联性，又具有整体性，对考生地理信息读取与整合的能力要求比较高。变式组合图因其取材丰富，综合度高，考查的地理思维含量高，备受命题者的青睐。

在高考中，考生面对变式组合图试题，丢分比较普遍。以"例4"为例，首先考生对三个剖面图所表达的地理意义不能够很好地理解，不能够建立起剖面图与平面图之间的联系，这样就难以形成对地理信息的整体性认知，反映出考生的地理基础(丘陵地形特点、我国亚热带季风气候区分布、土地利用与开发等)、图像阅读存在问题，对地理概念、规律没有做到正确理解和灵活运用。因此，在高考备考过程中，要加强各类图像，特别是针对变式组合图的训练。把握地理主干知识的关键在于灵活运用,要依托不同类型的图像,培养考生有效读取信息,把握信息的局部性、动态性、关联性、差异性和整体性的能力,加强针对不同类型图像的归纳总结,提升学生应对变式组合图一类试题的能力。

【例5】(2003年广东地理卷第31题)图4表示某研究小组实测的上海市某日14时气温分布状况。读图,完成下列要求。

(1)在答题卡图中补绘35.0℃、35.5℃两条等温线。

(2)简述上海市此时气温的分布规律。

(3)P点夏季的盛行风向为_____①_____。若仅考虑当地的气温分布,P点此时近地面的风向为_____②_____。

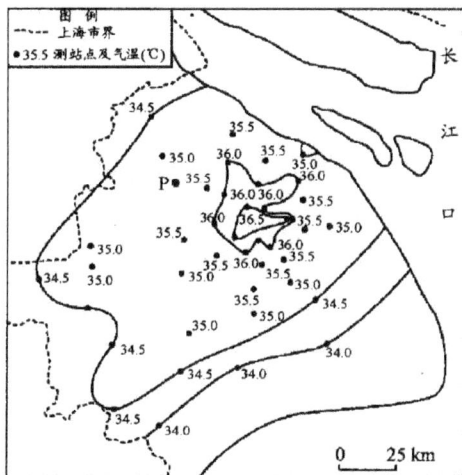

图4　上海市某日14时气温分布

答案:(1)略

(2)城区高,四周低(或由市区向郊区递减)。

(3)①偏南风(东南风),②偏北风(西北风)

本题考查考生等值线的基本知识,要求掌握一定的地理绘图技能和归纳概括能力;理解季风区风向分布规律,理解气温与气压、风向之间关系的基本原理。试题在命题上,结构简明,梯度清晰。等值线图在高考中出现的频率较高。图像呈现其表达要素的数量特征和形态特征,考查的思维价值在于等值线的空间分布和影响因素的分析,包括区域间的比较等。

在高考图像考查中,对于考生动手绘制能力的要求时常有所体现,例如:

2001年全国文综卷Ⅰ卷第36题:某山区的一所学校,拟组织考生对附近公路的交通流量进行调查。判断在三个地点中,能目测到公路上经过车辆的是（　　）。试用地形剖面图解释你所做的判断,并作简要说明。

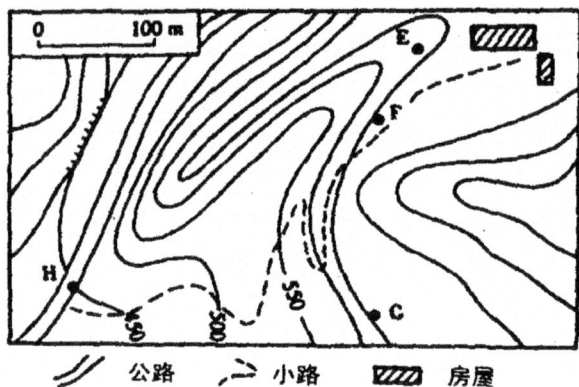

图5

这类试题在命题上相对比较单调,考查着眼于绘制等高线、剖面图的基本方法,在近年高考中出现的频率不是很高,但由于考生的动手能力比较差,往往在面对这类试题时,得分情况并不好。

近年来,地理景观图在部分课程改革省份的高考试卷中时有出现,例如:

2006年广东地理卷第33题第(2)小题:读图,指出景观特征。

2004年上海地理卷第31题:读下面中外著名城市景观照片,完成表格。

这类试题信息量和思维含量不是很大,但对图像的典型性要求比较高,在教育部考试中心命题的试卷中较少出现。

在高考备考过程中,对于等值线图的训练要把重心放在其表达要素的数量和形态特征,以及形成因素的分析上。对于动手绘制能力的培养,关键在于方法,例如绘制等值线、地形剖面图的要领等,加强这方面的训练,并引导学生归纳总结。

4. 地理学习和基本研究方法的考查

近年高考试题重视对地理学习和基本研究方法的考查,例如区域间的比较、区域的整体性和差异性分析等。地理学科的研究方法是学科学习和发展的精髓。

高考地理科目考试大纲在能力要求中提出:"比较、分析、评价地理事物和现象,并尝试创造性地解释地理问题。"要求考生能够综合运用地理学科的原理、规律,运用判断、归纳、演绎、比较、概括等方法论证和探讨地理问题,体现创新性思维。

从命题的角度来看,试题不仅要重视地理概念、规律和原理的考查,地理学科的基本研究方法,也应当是地理试题考查的重要内容。从地理思维的角度来看,地理学习与研究方法的考查体现了地理学科思维的本质。从课程改革的要求来看,地理学习与研究方法的考查落实了高中课程标准中课程目标"过程与方法"维度的要求。

【例6】(2006年重庆文综卷第36题)图6中A、B地区为高原。读图,回答下列问题。

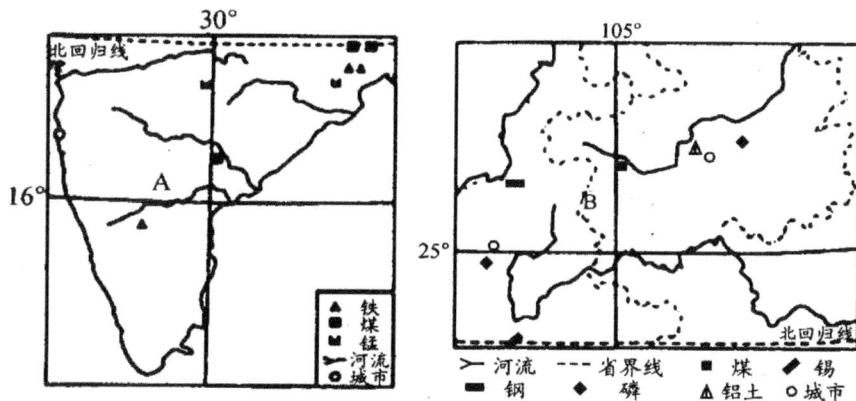

图6

(1)简要说明A、B高原地形的差异。(6分)

(2)A、B高原同属季风气候区,比较两高原夏季风的异同。(12分)

(3)简述A、B高原能源、矿产资源及工业部门的主要差异。(12分)

(4)地下水污染是B高原的环境问题之一,简要分析其形成的主要原因。(6分)

答案:(1)A(德干)高原海拔较低,起伏和缓。B(云贵)高原海拔较高,地面崎岖。

(2)A、B高原都受西南季风影响,并带来丰沛的降水。B高原除受西南季风影响外,还受东南季风影响;西南季风对A高原的影响大于B高原。东南季风的形成主要受海陆热力差异影响;西南季风的形成主要受气压带和风带季节移动影响。

(3)资源差异:A高原煤、铁、猛资源丰富,煤与铁资源组合具有优势;B高原有色金属、磷、水能、煤资源丰富,能源与有色金属资源组合优势明显。工业部门差异:A高原以钢铁、机械工业为主;B高原以有色金属冶炼、化学、能源工业为主。

(4)石灰岩地区渗漏强(地表水向地下水转化迅速),工业废水、生活污水的直接排放,化肥、农药的不合理使用。

试题给出两个区域,根据经纬网和区域轮廓判断,分别为印度半岛和我国西南云贵高原地区。在立意上,试题考查两个区域自然环境要素,以及能源、资源、工业和环境问题;强调比较法的运用,通过设问引导试题立意的实现。要求学生能够运用所学地理知识,运用正确的地理观念,通过比较、判断、分析,阐释说明A、B高原地形,夏季风的异同,能源、矿产资源及工业部门的主要差异,体现区域地理环境的整体性和差异性。

从高三的测试分析来看,对于考查地理学习与研究方法一类试题,考生的问题是多方面的,对分析问题的思路掌握不全面,对比较内容回答不完整,分析问题的逻辑组织混乱,缺少条理。例如,对"地下水污染是B高原的环境问题之一,简要分析其形成的主要原因"的回答,学生分析问题的逻辑混乱,缺少条理,有相当比例的学生仍然表现出地理学科知识掌握和灵活运用问题,对考查区域相关知识掌握不全面。

地理概念、规律和原理是学科根本的思想方法,考生的问题在于不能做到透过地理现象看清事物的本质,缺乏对地理事物本质的认识。在高考备考过程中,针对地理学习与研究方法一类试题的考查,首先要使学生具备比较扎实的系统地理知识,对概念、原理、规律要有深刻的理解;其次要加强学生分析地理问题方法的学习,掌握分析地理问题的一般方法,如比较法的运用等。教师可以针对性地加强这方面的训练,引导学生进行总结。

5. 高考地理试题对课程改革理念的体现

正在进行的高中课程改革一方面深刻地改变着中学地理教学,另一方面深刻地影响着高考。高考对深化课程改革起到了积极的导向作用,促进了课程改革的稳步推进。

(1)关于情感态度与价值观的考查。

地理试题蕴含着丰富的地理思想,承载着科学素养教育、引导地理价值观的功能。考试过程中,考生在进行地理思维活动的同时,感受试题所给予的情感态度与价值观引导,感受蕴含其中的地理思想和人文情怀,体现学生个人的情感态度和意志品质。

【例7】(2008年全国文综Ⅰ卷第39题地理部分)根据材料和图7,结合所学知识,回答下列问题。

一位西方史学家说,土尔扈特人回归的悲壮之举,"是值得我们传诵的一篇伟大的叙事史诗"。

······	············
······	············
1771年	1月17日,渥巴锡率领近17万人踏上东归征程。2月7日,沙皇命令堵截东归的土尔扈特人。7月8日,土尔扈特前锋抵达伊犁河流域。16日,清军总管会见渥巴锡等人。此时东归的土尔扈特部仅剩6万余人。10月15日,渥巴锡在木兰围场觐见乾隆帝。10月27日,乾隆帝立《土尔扈特全部归顺记》和《优恤土尔扈特众记》两碑,以资纪念。

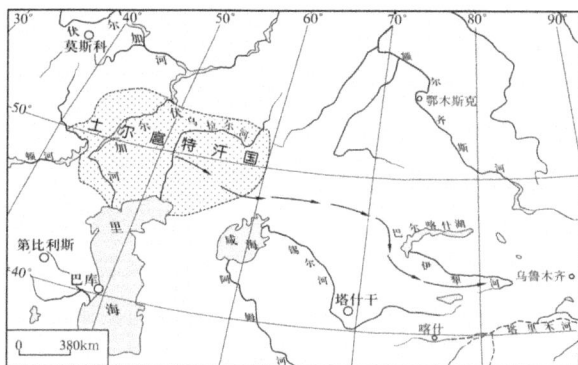

图7

(1)土尔扈特汗国和伊犁河谷地都属于温带大陆性气候,但水草丰美,适合游牧业的发展。分别说明两地水资源丰富的原因。(12分)

(2)土尔扈特人在回归途中历经艰辛,其中来自自然的威胁主要有哪些?(8分)

答案:(1)土尔扈特汗国:河流较多(有伏尔加河、乌拉尔河等),距大西洋较近,西风带来的水汽较多。伊犁河谷地:西风带来的水汽较少,但因地形抬升,降水量增加,同时有高山冰雪融水。

(2)冻害(气候寒冷);缺水(干旱);缺草(料)。

试题取材于我国历史上土尔扈特部落回归的历史事件,命题以地理的视角,巧妙切入,通过设问,考查不同地域水资源丰富的原因,以及土尔扈特人在回归途中遭遇的来自自然的威胁。考生通过分析土尔扈特汗国和伊犁河谷地两地的地理位置,影响水资源的主要因素,温带大陆性气候特点以及土尔扈特人回归过程的时间信息,解答有关问题。试题立意深刻,情境设计新颖、巧妙,设问精准,意境深远,体现了对考生情感态度与价值观的引导,使考生感受蕴含其中的思想教育和文化的意义,为近年高考文综试题的佳作,值得在命题中借鉴。

课程改革对高考的影响是复杂而深远的。从教育测量的角度来看,地理课程目标中的情感态度与价值观维度、倡导的学习方式转变等,在高考试卷中不能直接测量。不恰当的创新是违背命题规律的做法,试题命题行为要服从教育测量的要求。

(2)关于开放性试题和探究性试题。

试题作为体现教育思想的载体,如何体现课程改革得到各方的关注。在近年课程改革省份的高考试卷中,从命题入手,对高考试题如何体现课程改革做了积极的探索。例如,部分省市的高考试卷中出现了开放性试题等,虽然实际上是半开放性试题,但这类试题在高利害测试中使用,从评卷等方面考虑,还是值得探讨的,特别是如果答案无限制,将会出现一些无测量意义的试题。

进入课程改革以来,在各地试卷中出现了形式多样的探究性试题。探究从本质上说是一种学习方式,但放到试卷里有一定的局限性。考试过程中,试题引导学生思考、分析的过程就可以体现学生对问题的思考与探究。从近年课程改革背景下的高考试题来看,部分试题更多表达的是在解决问题的思路和分析方法上体现探究性。

【例8】(2008年全国文综Ⅰ卷第36题)读图8,完成下列要求。

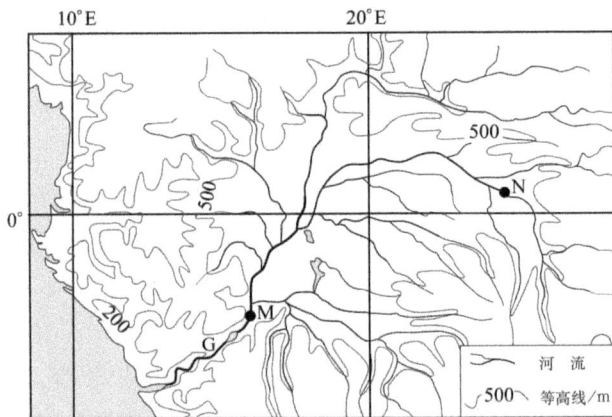

图8

(1)判断G河自N点至M点流经地区的地形类型,并说明判断的理由。

(2)说明G河水量丰富的原因。

(3)指出G河没有形成明显三角洲的原因,并加以分析。

答案:(1)盆地。从(向心状)水系或河流分布状况判断,该地形区北、东、南三面高;再从(500米)等高线判断,该地形区为盆地。

(2)位于赤道地区,终年受赤道低气压带控制,盛行上升气流,降水丰富;流域大部分为盆地,支流多,集水面积广。

（3）①入海口附近，泥沙不易沉积，因为地形高差大，河流落差大，流速大。②入海泥沙量较少，因为 G 河在 M 点以上多流于盆地中，流速较小，易于泥沙沉积；且从纬度位置和地形来看，流域内热带雨林广布（植被覆盖率高），水土流失较轻。

本题考查了考生对地理环境的整体性及造成地表形态变化的内外力因素等内容的理解。通过阅读图中的经纬网可以推知，该地区位于赤道附近，为热带雨林气候；依据等高线和河流流向及水系特征，可以推断出该地为盆地地形。试题第（3）小题，立意新颖，考查逆向思维能力，要求考生抓住问题的本质，从影响泥沙沉积的条件入手，结合该地河流的水文特征、地形、植被特征，运用科学的语言、正确的逻辑关系，分析论证 G 河没有形成明显三角洲的原因，在解决问题的思路和分析方法上体现探究性。

考生对于探究性试题的主要问题在于对考查的地理事象缺乏认知，本质在于对地理概念、规律和原理不能准确地、深入地理解，这从高考阅卷分析中清楚地反映了出来。例如，2008 年全国Ⅰ卷第 36 题，教师在阅卷中发现很多考生不能正确区分地形区和地形类型的概念，试题要求判断 G 河自 N 点至 M 点流经地区的地形类型，而考生回答的是具体地形区名称；试题第（3）小题要求考生要抓住问题的本质，从影响泥沙沉积的条件入手，结合该地河流水文、地形、植被的特点进行分析，但很多考生不能根据设问进行逆向思维，甚至无从下手，暴露出考生对学科思想和方法缺乏深入认识。

高考试卷中的开放性试题、探究性试题，更多体现的是对课程改革思想观念的引导。高考是选拔性考试，试题应当具有必要的区分度和适当的难度。从一些开放性试题、探究性试题的高考实际评卷结果来看，区分度并不理想。

在高三的备考过程中，教学应当回归高三教学的本原，把握学科的基本概念、规律和原理，学科的基本技能和方法，并在此基础上结合具体情境，加以灵活运用，描述和阐释地理事物，论证和探讨地理问题。高三教学应当回归地理学科的本质。

三、研究近年高考地理试题、关注科学备考的进一步思考

1. 地理课程改革与高考的关系

高考体现国家意志，体现社会发展对教育的要求。在课程改革背景下，高考体现时代性，体现地理课程改革的教育理念，高考与课程改革总的方向是一致的。

《普通高中地理课程标准（实验）》提出："培养未来公民必备的地理素养""满足不同的地理学习需要。建立富有多样性、选择性的高中地理课程，满足学生探索自然奥秘、认识生活环境、掌握现代地理科学技术方法等不同学习需要"。《义务教育地理课程标准（2011年版）》提出："学习对生活有用的地理""学习对终身发展有用的地理"，强调地理教育提供未来公民必备的地理知识，增强学生的地理学习能力和生存能力；引导学生关注人口、资源、环境和区域发展等问题，正确认识人地关系，形成可持续发展的观念，珍爱地球，善待环境，使所学内容不仅对学生现在的生活有用，而且对他们的终身学习和发展有用。课程改革的理念，不仅引导中学地理教学改革，而且对高考有重要意义。

课程改革对高考的影响，首先体现为高考命题指导思想的调整：在评价目标上，从认知评价转向对文化素养的评价；在评价目的上，从以选拔甄别为主转向辅以激励和促进学生主动学习和发展为宗旨；在评价维度上，从单纯的知识与能力转向知识与技能、过程与方法、情感态度与价值观；在评价方法上，从追求客观性和唯一标准答案转向重视个体的认识和理解多样性的相对评价。

在近年高考试卷中，地理试题从体现高考公平性的要求出发，逐渐脱离教材的限制，从更加广阔的领域里选取命题材料，如国际、国内的重大事件，学科发展前沿等，这些命题材料经过处理后构成试题的问题情境，形成试题的切入点。学生面对新的问题情境，经过信息提取，结合相关主干知识，进行针对性的整合，解决试题中的地理问题，完成对地理事物本质的认知。同时，这一过程也体现了"学习对生活有用的地理，学习对终身发展有用的地理"的新课程理念，体现了地理知识的实用价值。

高考本质上是教育测量的一种工具，有其自身的规律。考试和教学一样都是教育过程的重要环节，教学的本质是教育，面向全体受教育者；考试评价的本质是区分，是筛选。我们要从尊重教育规律出发，正视教学与考试在目标、过程、思维和行为方式等方面存在的差异，不应对高考抱有很多不恰当的期待，更不应把高考与课程改革的成败相联系，以系统局部功能承担整个评价系统的功能，显然是不合适的。基础教育的教学形式、方法、内容的改变不能够以要求高考的题目形式等发生改变而获得承认。

高考作为教育测量的工具，在整个社会的大背景下，未必能够承担那么多的功能，或者解决很多问题，高考难以兼顾来自社会各方的利益诉求。就目前来看，中学地理教育行走于高考应试和素质教育之间，面临许多实际困难。高考对于中学地理教学的引导从某种程度上说是有限的。同时，高考本身也有很多局限性,例如,学生的许多能力无法通过纸笔考试得以测量。

在高三阶段的教学中,要深入理解地理课程改革理念,认真研究高考考试大纲,研究高考试题,汲取命题的科学思想,总结命题规律,指导教学活动。不能鼓励学生死记硬背,猜题"押宝",进行题海战术。应帮助学生做到透过纷繁的地理现象、生动鲜活的试题情境,形成对地理事物本质的认识。

2. 正确认识高考地理"热点"问题

关注"热点"是每个公民应有的素质。近年高考地理试题中多次出现以国际、国内重大事件为背景的内容考查,即对所谓"热点"的考查。高考考查"热点"问题,引导学生从地理的视角关注现实生活中的地理现象、地理问题,包括一些重大国际、国内事件,体现"学习对生活有用的地理"的课程理念,体现高考的导向性和教育价值。

从命题技术上看,"热点"问题是否可以作为试题命题的素材,关键在于"热点"素材的"质量","热点"素材是否符合地理教学大纲(或地理课程标准)和高考考试大纲的要求,是否符合地理试题命题的技术要求,在内容上是否具有可延展性(一定纵深和可迁移度),是否符合命题对思维品质考查的要求。同时,还要根据考生的情况,考虑地理试题部分的整体把握。

高考对"热点"的考查、"热点"内容的呈现形式在不断发生着变化。在近年高考试卷中,常可以看到试题往往不回避"热点",但在材料的使用和问题的切入上独具匠心,别开生面。由此我们看到,高考命题的材料和切入点都具有一定的随机性,对高三教学来说,没有必要过于强调"热点",真正的"热点"是学科主干知识和学科基本方法。

从有关材料中,我们了解到教育部考试中心并不完全认同所谓"热点"的说法。结合高考考试大纲来看,显然,往往"热点"并不等于"考点",我们经常关注的"热点"一般以社会时事居多。《普通高中地理课程标准(实验)》指出:"培养未来公民必备的地理素养……关注人口、资源、环境和区域发展等问题,以利于学生正确认识人地关系,形成可持续发展的观念,珍爱地球,善待环境。"事实上,人类社会面临的重大问题,如人口、资源、发展和环境问题,才是永恒的热点。

高考试卷必须经得起科学的推敲和实践的检验。高考所要考查的是学生在整个中学阶段文化素质、思想素质以及各种学习能力的积累。

显然,高三备考中,全面夯实基础是根本,掌握地理概念、基本规律、原理、学科方法是根本。教师在教学中可以适当地分析讲评一些"热点"类的典型试题,并进行适应性训练,帮助学生开阔视野,建立对"热点"试题的体验。把握从地理现象到现象本质的认识,是应对考查"热点"问题的有效策略,但备考不可以陷入对"热点"的追逐中。

我们面对的是一个个具有鲜明个性的学生,站在地理教育的角度,在中学阶段,我们应该并且可以给学生们什么?《普通高中地理课程标准(实验)》提出了高中地理课程的基本理念:"培养现代公民必备的地理素养。设计具有时代性和基础性的高中地理课程,提供现代公民必备的地理知识,增强学生的地理学习能力和生存能力。关注人口、资源、环境和区域发展等问题,以利于学生正确认识人地关系,形成可持续发展的观念,珍爱地球,善待环境。"反思高三教学,长期以来,我们所进行的是"考什么,学什么",似乎过于功利,忽视了学生作为独立的人,其素质培养的基本需要。实现高中地理课程标准的要求,培养现代公民必备的地理素养,任重而道远。

在高三备考教学过程中,把握地理学科的基本概念、规律和原理(地理知识目标),学科的基本技能和方法(地理技能与表达方法),并在此基础上,结合具体情境进行灵活运用(地理解题能力),在备考过程中促进地理思想和价值观的提升(地理文化素养),是高三教学最重要,也是最基本的方向。

基于地理课程标准的大规模地理教育考试命题与思考

——以2009—2011年高考安徽文综卷地理试题为例①

一、问题的产生

国家课程标准是教材编写、教学、教育评价的依据,是国家管理和评价课程的基础。然而,在课程改革的省份,一些教师在课堂教学中较少使用地理课程标准,还有一些教师注意使用地理课程标准,但是经常困惑于如何把握教学的深度和广度;日常考试命题依据既往经验,所命制的试卷往往具有一定的随意性,试题测试内容和认知要求与地理课程标准相关内容标准常常存在较大的偏离,甚至一些试题所考查的内容不在课程标准规定的内容范围内,导致试卷质量不稳定;在高三教学中,一些教师对高考命题是否依据地理课程标准持怀疑态度,热衷于题海战术、猜题"押宝";一些教师在分析高考地理试题的过程中,过于注重地理知识和技能要求,忽视课程标准所倡导的课程基本理念和课程目标,如对地理问题的探究,对学生情感态度与价值观的培养,等等。

显然,明确课程标准对于大规模教育考试的规定性,将有利于加强教师的教学动机,有利于教师把握地理教学的深度和广度,提升课堂教学的质量。对于教育考试而言,依据地理课程标准的课程基本理念和内容标准命题,则有助于提升教师的评价素养,规范命题行为,进一步提高教育考试的质量,也有利于课程标准的落实。

基于课程标准的教育考试命题是指命题教师以学科课程标准为依据,进行试题的研制和开发,并使试题测试目标与相应课程标准规定的知识内容和认知要求保持一致。影响大规模教育考试命题的因素是复杂多样的,学科课程标准

---

①原文系承担重庆市高中地理市级骨干教师培训授课讲稿(重庆,2014年1月),发表于《中学地理教学参考》2012年第10期第6-13页。本文地理课程标准指《全日制义务教育地理课程标准(实验稿)》和《普通高中地理课程标准(实验)》,并将《全日制义务教育地理课程标准(实验稿)》与2011年版做了比较;所讨论的大规模地理教育考试以高考为代表。

是影响大规模教育考试命题质量诸因素的基础因素,也是最重要的因素之一。

高考作为最具影响力的大规模教育考试,命题如何体现地理课程标准所倡导的课程基本理念、课程目标和内容标准,为一线教师所关注。高考试卷是命题专家智慧的结晶。同时,高考试题作为教育资源,也是教育研究的重要对象。本文以2009至2011年高考安徽文综卷地理试题为例,探讨地理课程标准对大规模地理教育考试命题的规定性及有关问题。

二、地理课程标准对于大规模地理教育考试的规定性

1. 对于大规模地理教育考试测试知识内容和认知要求的规定性

地理课程标准对于大规模教育考试测试知识内容和认知要求的规定性是体现试卷科学性的重要方面。从相关文献来看,目前,国际上关于教育评价(教育考试为评价的重要内容)与课程标准一致性的分析主要有四种研究框架。本文基于教学实际,主要从测试内容和认知要求维度探讨地理课程标准对于大规模地理教育考试的规定性。

(1)对于大规模地理教育考试测试知识内容的规定性。

大规模地理教育考试全卷的测试内容应与地理课程标准的内容标准保持一致,并且保证测试内容具有适当的覆盖度,体现考查内容范围与地理课程标准的对应。同时,考查选取的内容(测试样本)应具有代表性,即有足够数量的试题覆盖不同内容标准下的知识点,以保证知识抽样的代表性,以及全卷知识内容的整体平衡。在此基础上,依据地理课程标准和学生的实际开发评分规则,保证评分规则与课程标准的一致性。具体到试题层面,每道试题的测试内容要与相应课程标准的知识内容保持一致。

根据全卷测试内容可以分析其知识覆盖情况。以2009至2011年高考安徽文综卷为例,地理科试题测试内容依据地理课程标准和高考考试说明(安徽卷),与相应地理课程标准的内容标准基本一致,覆盖面较广,如表1所示。

表1 2009—2011年高考安徽文综卷地理学科试题测试内容与
相应地理课程标准知识内容的对应

年 份	测试内容	对应的课程标准
2009年	地理信息技术;土地利用;城市地域结构;地球运动;气候;洋流;大气环流;地形;地理环境整体性和差异性;流域开发建设;河流水文特征;气象灾害;农业地域差异等	《普高》3-3;《义教》4-3;《普高》2-2-4,1-1-3;《义教》2-2-3-2;《普高》1-2-7,1-2-4,1-2-3;《义教》1-2-2;《普高》1-3-2,3-2-2,1-2-6,5-2-3;《义教》3-5-2-5

续表

年　份	测试内容	对应的课程标准
2010年	人类活动与气候;内外力作用;人类活动对地理环境的影响;风带;季风环流;生态环境问题;地球运动;世界气候;地壳物质循环;工业区位因素;人口迁移;产业转移;城市化;气象灾害;农业可持续发展等	《普高》1-4-2;《义教》4-3;《普高》1-2-2,2-3-2,1-2-4,2-2-3,1-1-3;《义教》2-2-3-3,1-2-1;《普高》2-2-2,2-1-2,3-1-4,2-1-6;《普高》5-2-3;《义教》3-5-2-1;《普高》3-2-3
2011年	安徽地理;气候;水循环;土地利用;农业可持续发展;大洲地理分布;地球运动;能源生产与消费;城市地域结构;工业区位因素;产业转移;气温;等压线;锋面活动;地质灾害等	《义教》3-5-2-6,4-3,2-2-3-3;《普高》1-2-6,3-2-3;《义教》2-1-1-2;《普高》1-1-3;《义教》3-3-1-2;《普高》3-1-4,2-1-4,2-2-2;《义教》2-2-3-2;《普高》1-2-4,1-2-5,5-2-2,5-4-2

注:①测试内容以实际试卷试题的顺序排列,对应课程标准条目也如此;②右栏中《普高》《义教》分别对应《普通高中地理课程标准(实验)》和《全日制义务教育地理课程标准(实验稿)》;③右栏中数字表达,例如《普高》3-3-1表示该试题对应的是《普通高中地理课程标准(实验)》必修三中第3部分第1点的内容标准,以此类推;④个别试题所落实的课程标准条目有交叉,不再重复列出。

从高考来看,地理课程标准规定了高考地理学科的考试范围和内容(当然,考试范围和内容具体也与全国或各分省命题省份高考方案、高考考试说明的规定有关)。但由于课程标准规定的目标不一定都是可测目标,如情感、态度与价值观目标;有的标准即使是可测目标,因受纸笔考试形式所限,也不一定都是可测的,如地理实验等。教育考试只能测量其可测的目标。

同时,大规模教育考试是抽样考试,其测试内容受考试时间、组卷和考试形式等的限制,不可能考查课程标准规定的所有内容。在高考文科综合的背景下,无论是全国卷、安徽卷,还是其他省份试卷,地理试题所覆盖的课程标准内容更为有限(个别省份单科命题也在一定程度上存在这一现象),因此,高考试卷追求考查的覆盖度是相对的,这决定了其所测试内容必然是地理课程标准中突出体现学科思想的部分。

(2)对于大规模地理教育考试测试认知要求的规定性。

地理课程标准关于认知要求的规定性,表现为课程标准的不同内容标准规定的认知过程往往存在不同的层次。大规模地理教育考试试题命题与相应课程标准不仅在内容上应保持一致性,而且在测试的认知层次上也应保持一致性,这样才能使试题基于课程标准,不会超过或低于相应课程标准。

地理课程标准在阐述学生应实现的学习目标时,采用行为目标的表达方式,对学生的学习行为提出了具体要求,以此在深度和广度上对相关知识内容和认知层次做出范围和程度上的限定。

　　课程标准对于学生的学习结果,采用了尽可能清晰的、便于理解和操作的行为动词,从知识与技能、过程与方法、情感态度与价值观三个方面进行描述,不仅体现了课程目标的要求,也体现了学生认知过程心理特征的不同层次。这些规定与地理学科高考评价目标所采用的教育目标认知领域分类是一致的。地理学科高考的评价目标以教育目标认知领域分类理论为依据,根据学生认知过程的心理特征,从地理概念、地理基本技能到地理原理和规律,划分为记忆、理解、运用(分析、综合、判断、评价、得出结论)等不同的层次,包括获取和解读地理信息,调动和运用地理知识与基本技能,描述和阐释地理事物、地理基本原理与规律,论证和探讨地理问题等四个方面。

　　课程标准中对"课程目标"和"内容标准"的陈述方式,具体采用"结果性目标"和"体验性目标"两类。

　　"结果性目标"陈述方式所采用的行为动词要求明确、可测量、可评价。这种方式指向可以结果化的课程目标,主要应用于"知识与技能"领域。内容标准中结果性要求的目标动词包括体现知识方面的行为动词和体现技能方面的行为动词。前者包括了解水平、理解水平、应用水平,后者包括模仿水平、独立操作水平、迁移水平。内容标准中有关结果性要求的目标动词常成为地理教育考试主观性试题命题设问使用的指令词语。具体如下:

　　第一,知识方面:①了解水平——包括再认或回忆知识,识别、辨认事实或证据,举例,描述对象的基本特征,等等。行为动词有:说出、描述、举例、列举、识别、知道、了解、指认、确定等。②理解水平——包括把握内在逻辑联系,与已有知识建立联系,进行解释、推断、区分、扩展,提出证据,收集、整理信息,等等。行为动词有:解释、说明、比较、理解、归纳、判断、区别、预测、对比、收集、整理等。③应用水平——包括在新的情境中使用抽象的概念、原则,进行总结、推广,建立不同情境下的合理联系,等等。行为动词有:应用、运用、设计、编辑、撰写、总结、评价等。

　　第二,技能方面:①模仿水平——包括在原型示范和具体指导下完成操作,对所提供的对象进行模拟、修改,等等。行为动词有:模拟、模仿、重复、再现等。②独立操作水平——包括独立完成操作,进行调整与改进,尝试与已有技能建立联系,等等。行为动词有:绘制、测量、测定、查阅、计算、试验等。③迁移水平——包括在新的情境下运用已有技能,理解同一技能在不同情境中的适用性,等等。行为动词有:联系、灵活运用、举一反三、触类旁通等。

　　"体验性目标"陈述方式指向无需结果化的或难以结果化的课程目标,主要应用于"过程与方法""情感、态度与价值观"领域。在纸质考试的背景下,试题设问基于测量的要求,很少使用体验性要求的目标动词。

【例1】(2011年高考安徽文综卷第33题)根据材料和图1,结合所学知识,回答下列问题。

材料:20世纪90年代以来,上海一方面争取了国产大飞机总装等项目,另一方面向安徽等地转出部分制造业。同时,城市内部空间结构优化,制造业集中分布区不断调整。图1示意上海市2004年制造业就业比重的空间分布。

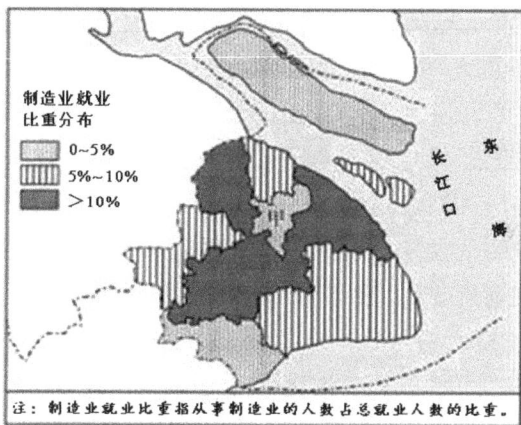

图1 上海市2004年制造业就业比重的空间分布示意

(1)图中甲地为____(功能区),简述判断理由。

(2)分析国产大飞机总装基地落户上海的原因。

(3)从产业转移角度,分析部分在沪皖籍从业人员返乡创业的原因。

本题考查了《普通高中地理课程标准(实验)》中"运用实例,分析城市的空间结构,解释其形成原因""分析工业区位因素,举例说明工业地域的形成条件与发展特点""举例说明人口迁移的主要原因""举例说明产业转移和资源跨区域调配对区域地理环境的影响"等内容。

课程标准使用的行为动词是:运用、解释、分析、说明等;试题设问使用的指令词语是:简述、分析。试题第(1)小题,要求考生理解相应课程标准的要求,结合试题情境,灵活运用,确定功能区,并简述判断理由。"简述"与"解释""说明"为课程标准内容标准中有关结果性要求的目标动词,具体为"知识方面"的"理解水平"。第(2)小题,设问使用的指令词语与相应课程标准使用的行为动词一致,均为"分析",为"运用水平",认知要求与相应课程标准一致。第(3)小题,课程标准使用的行为动词是"说明",为"理解水平";设问使用的"分析"为"运用水平"。"分析"的要求高于"说明"。总体上看,试题设问使用的指令词语与相应课程标准认知要求基本保持一致。本题组设问指向明确,难度适中(本题组难度系数 0.43)。

地理课程标准不同的内容标准在认知层次上存在一定差异,不同的行为动词所表达的地理认知过程不同,对学生的地理认知要求也不尽相同。例如,分析、归纳、运用和评价等层次,对学生的认知要求较高。课程标准的认知要求往往与试题的难度相联系,是构成试题难度的基础。从教育考试命题上说,一般情况下,试题的认知要求越高,试题的难度往往越大,反之亦然。

从一套完整试卷的角度来看,地理课程标准对于大规模地理教育考试试题认知要求的规定性,可以通过不同试题的认知要求形成全卷试题认知层次的分布,并借此形成全卷试题难度的分布基础。试题命题完成后,需要从全卷的角度分析不同试题与对应课程标准之间的联系,分析不同试题的认知要求,在此基础上,依据考试目的的要求,对试卷测试内容和试题难度等方面进行平衡和调整(通过对全卷试题考查课程标准认知要求的排布,对试卷的难度予以基础控制),使高考等大规模教育考试科学设计、控制全卷的难度成为可能。

(3)地理教育考试试题与相应地理课程标准的对应关系对命题的意义。

地理课程标准的实质是判断学生地理学习状况的评价标准。地理课程标准不仅对地理教育考试测试知识内容和认知要求具有规定性,同时,对测试方式、方法等也具有规定性,例如,课程标准中某些标准的"运用地图……""以某流域为例……""举例说明……"等表述,也是地理课程标准对于教育考试规定性的重要方面。

地理试题是测试学生地理学习状况的评价工具。在实际命题工作中,地理课程标准的知识内容和认知要求依托一定素材,如文字材料、数据、图表等(体现课程标准对测试方式、方法的规定性),构成试题情境,通过选项或者设问,形成了地理课程标准的"试题化"。这对我们理解试题命题具有实际的意义,如图2所示。

地理试题的命制以地理学科的视角,以情境化的形式,从知识建构的角度出发,体现地理认知(思维)过程。试题测试的知识内容、认知层次和测试方法应与相应课程标准的规定保持一致。

事实上,试题命制与相应课程标准不是事物表象上的对应,而是对相关地理事物本质的认识和反映,并在测试过程中实现试题的筛选功能、教育功能和对一线教学的引导。

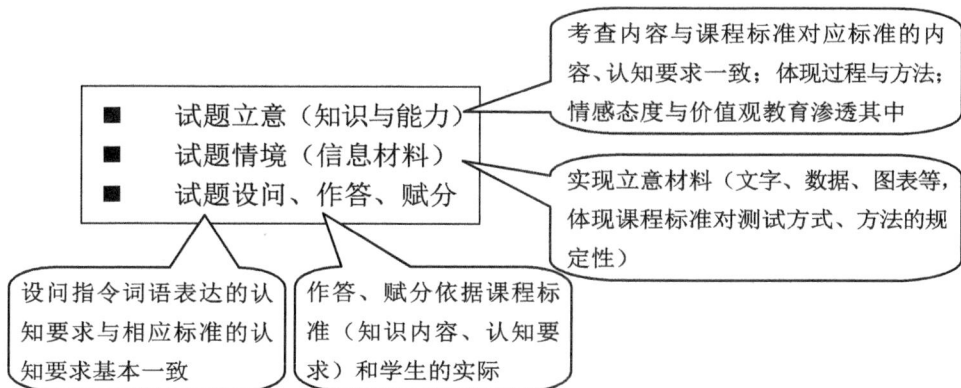

考查内容与课程标准对应标准的内容、认知要求一致；体现过程与方法；情感态度与价值观教育渗透其中

- 试题立意（知识与能力）
- 试题情境（信息材料）
- 试题设问、作答、赋分

实现立意材料（文字、数据、图表等，体现课程标准对测试方式、方法的规定性）

设问指令词语表达的认知要求与相应标准的认知要求基本一致

作答、赋分依据课程标准（知识内容、认知要求）和学生的实际

图2 命题要素与课程标准的对应

【例2】（2010年高考安徽文综卷第29题）11月22日，某地理研究性学习小组在观测房屋采光状况时，发现甲楼阴影恰好遮住乙楼三层中部（如图3所示），在甲楼顶层GPS测得纬度为31.836 6°、经度为117.217 9°、高程为96米。据此完成下题。

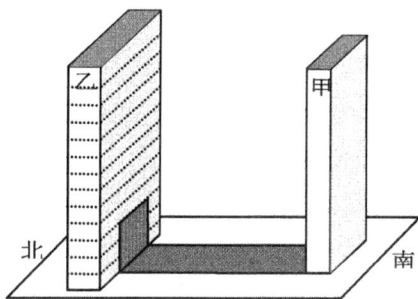

图3

29.隔25小时再次观测时，甲楼阴影可遮挡乙楼（　　）

　　A.二层西部　　B.四层东部　　C.五层西部　　D.七层东部

本题考查了《普通高中地理课程标准（实验）》中"分析地球运动的地理意义"等内容。试题以生活中楼房采光问题为情境，考查地球自转形成的太阳视运行、不同时刻太阳高度角和方位变化对房屋采光的影响。试题立意新颖，要求考生通过阅读材料，获取信息，分析和整合图像信息，进行空间思维。试题设问简明，难度适中（难度系数0.47）。

从目前来看，选择题因受试题结构等因素影响，试题与地理课程标准具体内容标准的一致性表现并不十分明确,特别是认知层次的一致性。事实上,这种一致性往往是隐含其中的。在一般情形下,主观性试题与课程标准具体内容标准的一致性表现较为清晰。其设问使用的指令词语与课程标准具体内容标准结果性要求的目标动词基本一致,体现出试题与相应课程标准不仅在知识内容上保持一致,而且在认知层次上保持一致。

在实际命题中,一道试题经常与一条或几条地理课程标准,或者与某条地理课程标准的部分内容和认知要求相对应,使得地理考试命题与课程标准之间的一致性关系表现出复杂的一面。

【例3】(2009年高考安徽文综卷第33题)根据材料和图4,结合所学知识,回答下列问题。

新疆罗布泊水面在古代曾经超过3 000平方千米,100多年前尚存500多平方千米,1972年完全干涸。塔里木河曾经是罗布泊的主要水源。20世纪后半期,塔里木河流域修建水库200多座,耕地面积扩大约1倍。

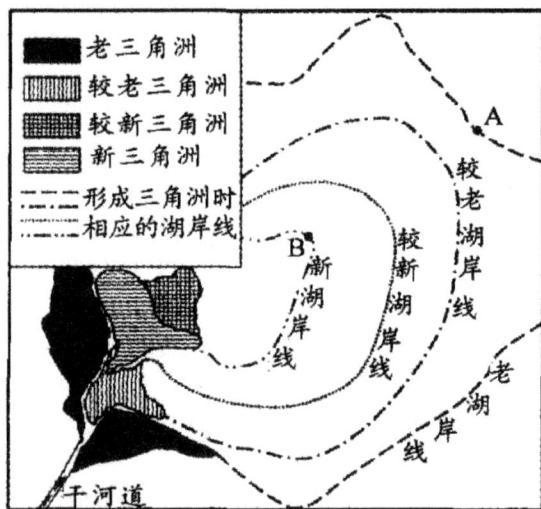

图4 古罗布泊湖岸线及河流入湖口三角洲分布示意

(1)指出自A地至B地地势的变化,并说明理由。

(2)运用地理环境整体性原理,说明三角洲位置变化的主要过程。

(3)简述罗布泊的干涸对干旱区流域开发的启示。

本题考查了地理课程标准中"识别等高线地形图上的山峰、山脊、山谷等""举例说明地理环境各要素的相互作用,理解地理环境的整体性""以某区域为例,分析该区域存在的环境与发展问题,诸如水土流失、荒漠化等发生的原因,森林、湿地等开发利用存在的问题，了解其危害和综合治理保护措施"和"以某流域为例，分析该流域开发的地理条件，了解该流域开发建设的基本内容，以及综合治理的对策措施"等内容。

试题以罗布泊的演变为背景，情境新颖，立意深远，重视体现地理学科的特点和思想，突出综合考查，注重知识间的联系，要求考生具有较高的地理综合思维能力。第(1)小题，从试题情境和图像中获取地理信息，根据不同历史时期湖岸线变化，判断该地区地势的变化特点，考查学生地理技能的迁移水平；第(2)小题，根据图例符号，分析河流入湖三角洲受不同时期气候和人类活动等因素的影响，说明三角洲位置变化的主要过程；第(3)小题，考查学生的知识迁移水平，体现学以致用。

相应课程标准使用的行为动词是：识别、说明、理解、分析、了解等；试题设问使用的指令词语是：指出、说明、运用、说明、简述。试题第(1)小题，要求考生理解相应课程标准的要求，结合试题情境，灵活运用；第(2)小题，要求考生"运用地理环境整体性原理，说明……"试题设问的指令词语为"运用"层次，认知要求高于相应课程标准；第(3)小题，设问总体要求是"应用水平"，隐含着"分析该流域开发地理条件"的要求，"简述"要求高于"了解"。试题设问使用的指令词语与相应课程标准在认知层次上基本保持一致，但要求提高，这是导致该题难度偏大的原因之一(本题组难度系数0.32)。

从以高考为代表的大规模地理教育考试来看，多数试题所体现的知识内容和认知要求与相应课程标准的要求基本是一致的。当然，也存在试题考查的知识内容和认知要求与相应课程标准不一致，甚至有一定程度偏离的情况。因此，切实把握好地理教育考试试题设计与相应课程标准知识内容和认知要求的一致性，是命题工作需要不断完善的问题。

2. 大规模地理教育考试对地理课程标准倡导的课程基本理念和课程目标的体现

从培养现代公民必备的地理素养出发，《普通高中地理课程标准(实验)》和《全日制义务教育地理课程标准(实验稿)》提出的课程基本理念和课程目标是地理教学和地理教育考试的基本依据。《全日制义务教育地理课程标准(实验稿)》和《普通高中地理课程标准(实验)》提出的课程基本理念和课程目标，符合学生不同年龄阶段认知过程的心理特征，具有连续性和一致性。从教育考试的要求来看，试题的价值取向应与地理课程标准倡导的课程理念和课程目标价值取向保持一致。

结合2009至2011年高考安徽文综卷地理试题,可以感受到命题教师在体现地理课程基本理念和课程目标上所做出的努力。

【例4】(2010年高考安徽文综卷第34题)根据材料和图5,结合所学知识,回答下列问题。

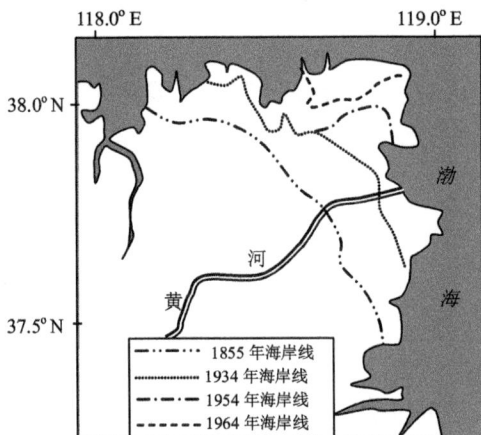

图5 某区域不同时期海岸线位置示意

地理环境是一个整体,一个区域地表形态的变化往往受另一个区域物质运动的影响。

(1)描述图示期间该区域陆地变化特点,并指出其泥沙主要来源区。

(2)泥沙主要来源区哪些气象灾害会加速该区域陆地面积变化?为什么?

(3)简述该区域或泥沙主要来源区如何实现农业可持续发展。

本题组难度系数0.52,关注考生的个性差异,在设计上适当体现选择性和开放性。第(3)小题,在设问上体现选择性,在确认考查知识点指向不变的前提下,考生可选择作答的区域。在答案设置上体现了开放性,充分考虑设问和考生解答的实际情况。试题渗透了《普通高中地理课程标准(实验)》倡导的"培养现代公民必备的地理素养"和"满足学生不同的地理学习需要"的理念。

地理试题不仅要重视体现地理学科的思想和方法,也要重视对学生探究地理问题、情感态度与价值观的培养,实现试题的教育功能,这也是试题命制的追求。例3中的第(1)、(2)小题,通过对该地区地势变化和河流入湖三角洲不同时期位置变化过程的分析,引导考生的地理认知由表及里,不断深入,体现了对地理问题的探究。第(3)小题"罗布泊的干涸对干旱区流域开发的启示",启发学生思考干旱区流域开发建设的基本内容,因地制宜地提出科学解决地理问题的措施。设问具有一定的开放性,给学生回答留有足够的空间,凸显了试题蕴含的教育价值,体现了对考生情感、态度与价值观的培养,以及高考对中学地理教学的引导作用。

目前,高考试卷命题依据地理课程标准,考查内容均为学科主体知识,且考查内容对应的课程标准均具有可测量性。事实上,课程标准所规定的某些行为目标,如学习方式的转变,自主学习、合作学习和探究学习,情感、态度与价值观等,在纸质考试的背景下是难以直接测量的。纸质考试侧重于学科知识和技能的考查,体现过程性和学科方法,渗透情感、态度与价值观教育。

三、基于地理课程标准的大规模地理教育考试的若干问题

1.部分试题测试目标与相应地理课程标准知识内容、认知要求不一致现象的讨论

从目前以高考为代表的大规模地理教育考试来看,无论是全国卷,还是分省命题试卷,试题依据学科课程标准,在很大程度上体现了地理课程标准的基本理念和课程目标,试题测试目标与相应课程标准规定的知识内容、认知要求是基本一致的,但也存在一些不一致,甚至有一定程度偏离的现象。

【例5】(2011年高考安徽文综卷第23～24题)近年来,安徽省外贸不断增长,主要进口金属矿砂、特种机械、有色金属等,出口机电、高新技术产品、服装等。图6表示2009年安徽省主要外贸国家及相应贸易额。据此完成23～24题。

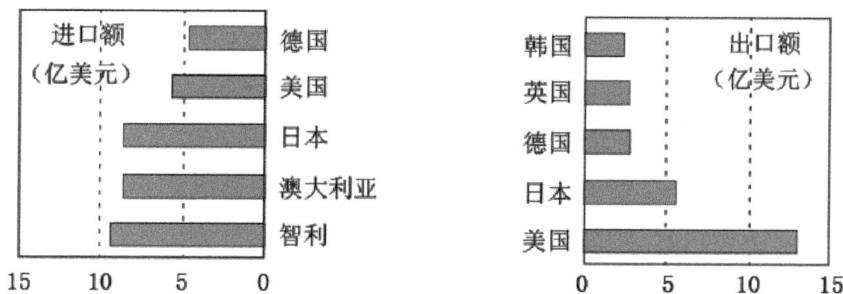

图6 2009年安徽省主要外贸国家及相应贸易额

23.符合安徽省主要外贸商品流向的是( )

A.向英国出口芯片、石油　　　　　　B.从智利进口汽车、铜矿砂

C.向美国出口冰箱、衬衫　　　　　　D.从日本进口手机、铁矿砂

24.进出口贸易状况表明安徽省( )

A.工业化水平超过主要出口国家　B.外贸海运航线主要集中在太平洋

C.原料导向型工业最具竞争优势　D.航空运量在外贸运量中比例最大

第23题难度系数0.81,第24题难度系数0.64,设置的选项对考生的区域地理知识要求过全、过细,《全日制义务教育地理课程标准(实验稿)》并没有这样要求。又如,以洋流内容为例,《普通高中地理课程标准(实验)》没有要求记住洋流的名称,但是在个别省市高考试题中有所涉及;关于地球运动地理意义的

考查,不同省份(包括全国卷)的考查存在一定的差异。诸如此类,反映出不同背景的教师群体(包括命题教师)对地理课程标准的不同理解。

值得注意的是,这种试题测试目标与相应课程标准规定的不一致,甚至有一定程度偏离的现象,往往给一线地理教学带来不恰当的影响。

上述现象表明,试题命题工作依据命题的技术要求,要在地理课程标准规定的范围内进行,切实把握好试题设计与相应课程标准的一致性。一方面,命题时要细致分析、确认试题的测试内容、认知要求和测试方法与相应课程标准是否匹配。当一道试题涉及多条标准,或某条标准的部分内容和认知要求时,命题教师要谨慎处理。另一方面,如果在命题工作中,为了落实课程标准要求,解决某题的具体设计问题,需要给出有关材料,例如,给出相应区域地理知识等。这无疑会增加学生答卷的阅读量,增加答题的干扰因素,进而增加了试题难度,并且会带来试卷版面拥挤等问题。

在高中阶段,学生是否应该积累一些地理知识呢?这反映出不同的知识观。我认为,学生不论在哪个年龄阶段,都应当通过记忆、理解,形成一定的知识积淀。例如,不同国家和地区的地理基本常识,这对于学生今天和未来的生活和学习来说都是必要的。从认知的角度上看,没有一定的知识积累,则难以形成高层次的认知行为。高考是选拔性考试,考查的是能力,要求学生在具备一定知识积累的基础上,能够针对具体试题情境,调动知识储备,分析、解决有关地理问题。学生解决地理问题的过程,就是调动知识积累、发挥自身潜能的过程。显然,学生如果没有一定的知识积淀,是难以形成解决问题的潜能的。以这样的角度反观地理课程标准,从认知规律出发,是否需要有所调整呢?例如,《义务教育地理课程标准(2011年版)》(或实验稿)世界地理和中国地理"认识区域"部分的内容标准,很多内容都是从一般意义上对学习内容予以规定,没有明确具体区域。在中国地理"疆域与人口"部分要求"在我国政区图上准确找出34个省级行政区域单位,记住它们的简称和行政中心",其他部分也鲜有要求记忆。《全日制义务教育地理课程标准(实验稿)》"认识区域"部分的设计思路意在从案例教学的角度,引导区域地理的教学,这对教师和学生的要求都是非常高的。从中学教学实际来看,由于义务教育阶段地理教学质量参差不齐,《全日制义务教育地理课程标准(实验稿)》的设计意图难以有效实现,并由此可能淡化地理教育考试对学生基础知识的要求(地理问题多是落在具体地域上的)。显然,这给地理考试命题带来一定程度的制约,也不利于学生地理素养的培养。

目前,义务教育阶段不同版本的地理教材在区域选择上存在一定差异,初中地理教学也存在一定问题,加上很多地方中考不考地理,客观上造成学生对地理学科的学习普遍不够重视,学生区域地理知识积淀甚微,这为高中地理必修3教学和高考复习带来一定的困难。高考试题多是在一定区域知识背景下呈现的,教学和考试客观存在一定的矛盾。

一方面,基于科学的知识观,对《全日制义务教育地理课程标准(实验稿)》和《普通高中地理课程标准(实验)》进行适当调整是解决这些问题的关键。另一方面,作为教育考试的对象,学生的认知水平是不断变化的,而地理课程标准是"凝固的""不变的",从这层意义上说,课程标准不应绝对化,应当不断完善。

要求大规模地理教育考试的每道试题与相应课程标准完全对应,在知识内容和认知要求上完全一致是理论层面的要求。在目前的教育考试命题制度下,由于受命题素材、时间、人员组成等方面影响,考试命题要求每道试题与相应课程标准在知识内容和认知要求上完全一致有一定的难度。在一些情形下,试题往往体现相应课程标准的一部分,可能略低于或者略高于课程标准的要求。同时,在一份试卷中,可能出现不同试题之间在落实某些地理课程标准上出现一定程度的交叉,造成试题测试资源某种程度的低效。从这层意义上看,深入研究大规模地理教育考试命题与课程标准的一致性对于提高命题质量是非常有价值的工作。

2. 进一步完善教育考试命题制度

命题是一项科学性和技术性要求都非常高的工作。命题工作的科学性体现在很多方面,例如,素材的学术背景、试题题干和设问的设计、图像、组卷等,这些不仅体现在每一道试题上,体现在全卷上,还体现在试卷的知识内容覆盖和认知要求的合理分布上。

从考试评价的角度来看,大规模教育考试命题应当与地理课程标准在知识内容和认知要求上保持一致,使考试基于标准,不会超过或低于课程标准。但具体到实际命题时,常面对地理课程标准内容标准的抽象与具体试题材料情境、设问角度等灵活、生动的命题行为之间的矛盾。试题命题需要从整体上考虑测试目标、试卷难度设置、组卷等因素,同时,命题工作常常是在时间紧、任务重、压力大的情况下进行的。显然,提高试题的命题质量需要在人员、时间等方面,从考试命题制度层面上给予更充分的保障,即需要进一步完善教育考试命题制度。

3. 关于大规模地理教育考试对一线教学的反拨和引导

大规模地理教育考试对一线教学具有显著的反拨和引导作用,但是这种作用不宜夸大。大规模教育考试在价值取向上,首先要满足教育测量的要求,筛选功能是第一位的。张亚南在谈到"好"题的一般标准时说,"好"题首先要"符合考试的目的"。考试目的决定了试题的难度、题量、范围、题型等。

以高考为代表的大规模教育考试对一线教学的反拨和引导是存在局限的,也是不断变化的。一方面,大规模教育考试首先要服从考试目的的要求;另一方面,高考是抽样考试,受考试形式、组卷、时间等因素的限制,其测试内容必然是学科的主体知识,因此,不同年份的试卷,在考查课程标准的内容标准上,时常重复,也就形成了所谓不回避重点、难点的现象。同时,高考测试的内容标准往往因命题素材等的影响,又具有一定的随机性。

对中学教学而言,地理教学对应的是课程标准的全部,而教育考试(纸质测试)对应的是课程标准的部分。在日常教学中,我们可以借鉴教育考试的测试要求,但不能完全根据教育考试的测试要求来规定教学,教学规律与纸质考试的测量规律是不同的,教学要按照教学自身的规律去做。

过于强调以高考为代表的大规模教育考试对一线教学的反拨和引导作用,可能会导致一线教师经常困惑于高考试题的变化,并可能进一步强化应试教育行为。

4. 关于试卷的分析范式,兼谈"好题""好卷"

(1)关于试卷的分析范式。

评价试卷是一线教师经常做的工作。教育部考试中心每年都会对高考试卷进行分析评价,在地理教育期刊和教育网络上也经常看到试卷评价。这些分析评价较为透彻,各有所侧重,但也存在评价空泛、套话较多、"把命题现象当作规律"的现象。试卷评价往往具有一定的主观性,有一定的经验成分,鲜有对试题与对应课程标准的一致性分析,忽视了评价试卷的基本出发点。显然,从考试评价的角度,构建以试题与相应课程标准在知识内容和认知要求一致性分析为基本出发点的试卷分析范式,具有现实意义。

注重数据分析,建立客观、科学的试卷分析范式,可以帮助我们避免一些主观因素,使试卷评价更有意义,有利于解决命题中试题与相应课程标准在知识内容和认知要求上的不一致问题,提高大规模教育考试命题的质量,同时,给教学以适当引导,有利于教师提高教学的有效性。

(2)关于"好题""好卷"。

"好题""好卷"是"美"的,具有"美"的气质,具有审美的意义。张亚南提出:"好题"除了一般的标准,如符合考试目的、考核目标,科学性、公平性,合理的难度、良好的区分度等要求之外,还应当具有"立意深远""新颖、真实、内涵丰富的情境""准确到位、严谨的设问""合理的赋分""完整、无歧义、有适度空间的参考答案""平实、大气、高尚的气质""简洁、流畅、准确、优美的文字表达""清晰、标准、具视觉美感的图像""考究的细节"等要求。"好题"要经得住时间的考验,值得回味和品鉴。

从另一个角度看,"好题"应具有这样的特质:"有灵魂(体现学科价值追求、社会文化)""有内涵(体现学科特点、方法和视角)""有韵味(命题上设计巧妙)"。

"好卷"是由一定数量、测试功能各具特点、具有一定难度和梯度的"好题"组成。"好卷"应当符合考试目的和考核目标,体现科学性、公平性、规范性;试卷的测试内容、认知要求应与地理课程标准保持一致,具有合理的难度和良好的区分度;试卷题量适中;试卷体现正确的价值取向(思想性、教育功能)和对中学教学的引导;等等。以高考试卷为例,"好卷"首要强调筛选功能,重在选拔符合高等院校要求的合格学生。

"好题""好卷"是命题教师不懈的追求。然而,在不同的角度和不同的专业背景下,对"好题""好卷"的理解是不同的。随着命题技术的日臻成熟,对于"好题""好卷"的认识也在不断发展。在当前高考录取率不断提高的背景下,客观要求试卷的难度稳中有降。如何突破目前高考命题的瓶颈,实现"好题""好卷",既满足试卷选拔功能的需要,又满足试题命题层面的技术需要,还为一线教师和评价专家所接受,这是极具挑战性的问题。

从进一步深入研究地理课程标准和教育考试来看,大规模教育考试命题应更好地体现课程理念,提高考试的科学化水平,可以考虑借鉴国际学生评估项目(PISA)等的做法,通过设置真实情境,呈现方式多样,关注学习过程,重视社会经验,答案鼓励创新,注重科学能力,关注学生的全面发展,以符合不同类型考试的需要。

一般来说,基于理想层面的试题和基于实际筛选需要的试题,其特质往往有一定的差异。中学教师进行命题研究,除了存在制度设计、命题技术、人员组成等问题外,更突出的是地理专业的学术背景问题,这是中学教师命题研究比较困难的问题。从某种意义上说,随着命题专业化水平的不断提高,中学教师对命题的研究可能更多的是基于课堂教学背景下的试题研究。

5. 高中教学相关建议

(1)地理课程标准关于大规模地理教育考试测试内容和认知要求的规定性对一线教学具有实际意义,引导了地理教学和考试在课程标准规定的内容领域内进行。

（2）目前高中教学要注意改变过于注重地理学科知识和技能培养的倾向，强调地理课程理念和课程目标的价值，帮助学生切实认识到地理学在现代科学体系中的重要地位，以及在解决人口、资源、环境和发展等问题中所具有的重要作用。

（3）在高三教学中，教师要深入研究地理课程标准，对内容标准进行逐条梳理。把课程标准的知识内容和认知要求与高考地理学科考核目标进行对应分析，在地理课程标准的规定下，理解课程标准行为目标的表达要求（行为动词），如说出、简述、说明、比较、分析、评价等，依照这些不同认知层次的要求，对学生的知识（课程标准规定的知识内容）掌握在深度和广度上做出规定，以增强教学的确定性，提高课堂教学和教育考试的质量。

（4）要注意指导学生根据教材和地理课程标准进行总结，思考各章节的知识内容，重要地理事物的特点和形成原因，"以点带线，以线带面"，充实完善原有的知识主线。以典型试题支撑对主体内容的复习，熟练掌握分析地理问题的基本思路，体现地理能力培养的要求，努力做到精讲、精练，触类旁通。

（5）考虑到高考中部分试题偏离课程标准的现象，在把握主体内容的基础上，建议对部分内容在知识广度和认知要求上适当拓展，并逐步加强针对解决新情境下地理问题的适应性训练，以增加学生的心理体验。

参考文献：

[1]中华人民共和国教育部. 普通高中地理课程标准（实验）[S]. 北京：人民教育出版社，2003.

[2]中华人民共和国教育部. 全日制义务教育地理课程标准（实验稿）[S]. 北京：北京师范大学出版社，2001.

[3]中华人民共和国教育部. 义务教育地理课程标准（2011年版）[S]. 北京：北京师范大学出版社，2012.

[4]雷新勇. 大规模教育考试：命题与评价[M]. 上海：华东师范大学出版社，2006.

[5]教育部基础教育司. 全日制义务教育地理课程标准解读[M]. 武汉：湖北教育出版社，2002.

[6]崔允漷，邵朝友. 如何基于标准命题：从双向细目表走向测验设计框架[J]. 上海教育科研，2007（8）：36-39.

[7]教育部考试中心. 高考地理测量理论与实践[M]. 北京：高等教育出版社，2006.

[8]张亚南. 浅谈新课程实施与高考改革的关系[J]. 课程·教材·教法，2007（6）：15-17.

[9]张亚南. "好"题梦想[J]. 中国考试，2008（增刊）：47-51.

[10]吴岱峰. 近年高考地理试卷回顾与启示[J]. 中学地理教学参考, 2009(6): 4-12.

[11]安徽省教育招生考试院, 安徽省教育科学研究院. 2010年普通高等学校招生全国统一考试安徽卷考试说明(文科·课程标准实验版)[M]. 合肥: 黄山书社, 2010.

[12]安徽省教育招生考试院, 安徽省教育科学研究院. 2011年普通高等学校招生全国统一考试安徽卷考试说明(文科·课程标准实验版)[M]. 合肥: 黄山书社, 2011.

[13]安徽省教育招生考试院, 安徽省教育科学研究院. 2012年普通高等学校招生全国统一考试安徽卷考试说明(文科·课程标准实验版)[M]. 合肥: 黄山书社, 2012.

乡土地理背景试题分析及教学建议
——以2009—2014年高考安徽卷为例[①]

本文以自主命题省份安徽省2009—2014年高考地理试题中乡土地理背景试题为例,探讨乡土地理背景试题的命题特点及其对地理教学的启示。

一、自主命题省份高考考查乡土地理背景试题的依据

《义务教育地理课程标准(2011年版)》规定乡土地理是必学内容。乡土地理帮助学生认识学校所在地区的生活环境,引导学生主动参与、学以致用,培养学生的实践能力,使学生树立可持续发展的观念,增强学生爱祖国、爱家乡的情感。这里的"乡土"范围一般是指县一级行政区域。根据各地的实际情况,乡土地理的教学也可以讲授本地区(省辖市)地理,或者本省(自治区、直辖市)地理[1]。

《2014年普通高等学校招生全国统一考试大纲(文科·课程标准实验版)》在考试范围与要求中明确规定:考试内容主要包括《普通高中地理课程标准(实验)》必修地理1、地理2、地理3,以及《全日制义务教育地理课程标准(实验稿)》的有关内容[2]。其中,《全日制义务教育地理课程标准(实验稿)》规定了"乡土地理"的内容。

在自主命题各省份高考考试说明的考试范围中,对乡土地理的考查存在明显差异,有的省份对乡土地理内容有明确规定,有的则没有明确要求。以安徽省为例,在《2010年普通高等学校招生全国统一考试安徽卷考试说明(文科·课程标准实验版)》中,首次增加"乡土地理"部分,内容包括"安徽省自然地理总体特征和主要自然灾害""安徽省人口、资源、环境、发展等方面的主要问题及其基本对策"[3]两个方面。此后,对"乡土地理"的要求有所调整。在《2014年普通高等学校招生全国统一考试安徽卷考试说明(文科·课程标准实验版)》考试范围第五部分"义务教育地理课程有关内容"中,乡土地理的表述调整为:"安徽省自然地理总体特征""安徽省人口、资源、环境与发展"[4],但对试卷中乡土地理背景试题的分值比例始终都没有作出规定。高考考查乡土地理背景试题,落实了课

①原文发表于《地理教学》2014年第18期第52-54页。

程改革理念和地理课程标准的要求。从试题功能层面来看,考查乡土地理背景试题一方面实现试题的测量功能,另一方面落实试题的教育功能,体现高考命题"能力立意"与乡土情感教育并重的价值追求。考生对这类试题的情境较其他试题往往有一定的感知,在某种程度上,可以舒缓考生紧张的心理状态,有利于考生的发挥。从命题的角度来看,这类试题对命题专家教师有一定的要求,增加了命题工作的难度。

二、近年自主命题省份高考乡土地理背景试题的主要特点

近年来,自主命题省份对高考乡土地理背景试题命题进行了不断的探索。以安徽卷为例,地理学科从2009年开始以文科综合卷形式进入高考自主命题。从2009年到2014年,安徽卷每年均有以乡土地理为背景的试题。试题在立意、命题素材、题型、图像呈现方式、考查地理学科能力、难度、分值比例等方面(见表1),形成了乡土地理背景试题的显著特点。

表1　2009—2014年安徽省高考试题中乡土地理背景试题相关要素分析

年　份	测试内容	命题素材	题　型	图像呈现方式	地理学科能力	分值 (比例)
2009年	1.地理信息技术 2.安徽地形分布与土地利用现状	安徽省土地利用类型	选择题	数据统计表	地理信息加工能力;地理事物空间认知能力	8分 (8%)
2010年	1.气候变化对安徽省地理环境的影响 2.产业转移和人口迁移的原因;产业转移对区域地理环境的影响	1.安徽省1962—2007年年平均气温变化资料 2.国家《纺织工业调整和振兴规划》《安徽省人口发展"十一五"规划和2020年远景目标》	选择题;非选择题	折线统计图;区域图和文字材料	地理信息加工能力;地理事物空间运动分析与预测能力;地理事物综合分析能力	36分 (36%)
2011年	1.安徽省外贸情况;安徽省工业、资源和对外交通 2.产业转移的原因	1.2009年安徽省主要外贸国家及相应贸易额 2.上海市2004年制造业就业比重的空间分布	选择题;非选择题	条形统计图;上海市2004年制造业就业比重的空间分布图	地理信息加工能力;地理事物空间运动分析与预测能力	19分 (19%)

年 份	测试内容	命题素材	题 型	图像呈现方式	地理学科能力	分值（比例）
2012年	1.地理信息技术 2.农业的区位因素	1.2000—2010年安徽省耕地面积和粮食产量变化 2.2000年、2010年安徽省农作物播种面积结构	选择题	折线统计图；扇形统计图	地理信息加工能力；地理事物空间运动分析与预测能力	12分（12%）
2013年	1.安徽的城市化进程 2.城市化与工业化；工业的区位因素	安徽省1985—2010年就业结构与城镇人口比重变化	选择题	统计图和折线统计图组合	地理信息加工能力；地理事物空间运动分析与预测能力；地理事物综合分析能力	12分（12%）
2014年	1.安徽省城市化进程 2.人口迁移；地域联系的主要方式；交通运输方式和布局变化对商业网点布局的影响	《安徽省主体功能区规划》（主要规划目标到2020年）	选择题	区域图	地理信息加工能力；地理事物空间认知能力；地理事物空间运动分析与预测能力	8分（8%）

1. 试题考核目标符合高考考试说明的要求

依据是《普通高中地理课程标准（实验）》《义务教育地理课程标准（2011年版）》（或实验稿）、《普通高等学校招生全国统一考试大纲（文科·课程标准实验版）》（2009—2014年）和《普通高等学校招生全国统一考试安徽卷考试说明》（2009—2014年）。命题取材贴近考生生活实际，凸显地理学习能力和地理学科素养的考查，体现"培养现代公民必备的地理素养"等课程理念和课程的情感、态度与价值观目标，引导考生关注家乡自然环境和经济社会发展及面临的环境问题，落实试题的测量功能和教育功能。试题所考查的知识内容和认知要求与相应课程标准规定的知识内容、认知要求基本保持一致。

2. 试题以乡土地理素材为载体，测试学科主体知识

命题素材在选取上服从试题立意，着眼于区域背景，贴近考生的生活实际，取材多样。2009—2014年，安徽卷乡土地理背景试题所选取的素材包括：安徽省土地利用类型，安徽省1962—2007年年平均气温变化资料，国家《纺织工业调整和振兴规划》和《安徽省人口发展"十一五"规划和2020年远景目标》，2009年安徽省主要外贸国家及相应贸易额，上海市2004年制造业就业比重的空间分布，2000—2010年安徽省耕地面积和粮食产量变化，2000年和2010年安徽省农作物播种面积结构,安徽省 1985—2010 年就业结构与城镇人口比重变化,《安徽省主体功能区规划》(主要规划目标到 2020 年),等等。按照考查的公平性要求,命题充分考虑全省地理环境的差异,规避特殊情境,选取对全省考生具有普适性的内容,试题很少涉及安徽省具体区域的地理知识。考查内容为学科主体知识,如地理信息技术、农业和工业的区位因素、人口迁移、城市化、产业转移、区域可持续发展等,即以安徽背景素材为试题载体,主要考查系统地理知识,并借此形成试题的地方性表征。

命题素材在选择上具有一定的偶然性。试题引导考生对本省经济社会发展的关注,但不过分渲染。自 2009 年以来,安徽卷乡土地理背景试题保持了命题设计的连续性,对促进中学地理课程改革起到了积极的反拨作用。

3. 试题落实高考"能力立意"的考查要求

乡土地理背景试题落实高考"能力立意"的要求,通过试题设问,引导考生基于地理概念、地理规律和地理原理的思维活动,考生通过阅读图像和材料,认知地理事物,调动知识储备,分析、比较、判断、归纳、推测、综合、评价等,解决地理问题,在这一过程中,对考生地理学习能力、地理应用能力和学习潜能实现甄别。

乡土地理背景试题考核的地理学科能力包括:侧重考查考生对乡土地理事物空间(地理位置、空间分布)认知能力、地理事物空间运动(空间结构变化)分析与预测能力、地理事物综合(整体与差异、空间联系与发展)分析能力、地理信息加工(地理图像、信息技术运用)能力等不同类型的能力[5]。不同年份、不同题型试题测试的能力要求存在相似性和差异性,总体来说,试题考核的能力要求较为全面。

4. 试题图像选择适当,呈现方式多样,图像与试题设问之间的联系紧密

试题图像选择适当,呈现方式多样。2009 年以来,安徽卷乡土地理背景试题图像包括数据统计表、折线统计图、区域图、条形统计图、地理要素空间分布图、扇形统计图等。其中,统计图表比例较高,这与命题选取的素材有关。图像与试题设问之间的联系较为紧密,考生回答有关问题,均需从图像中读取信息,并依托试题图像和文字材料所构成的情境,进行地理思维活动。

5. 试题的题型选择、难度适当,编排合理

2009 年以来,安徽卷乡土地理背景试题在题型上多为选择题,在 2010、2011 年既有选择题,又有综合题,具有一定的灵活性,发挥了不同题型试题的测试功能。试题难度总体适中,具有较好的区分度,例如,2011 年安徽卷选择题第 23、

24题,难度系数分别为0.81和0.64,区分度分别为0.31和0.42,实现了试题的筛选功能。

在试题编排上,以选择题为例,安徽卷乡土背景试题多放在地理部分的第一组,意在凸显地域,在一定程度上舒缓考生的紧张心理,有利于考生的正常发挥。同时,发挥试题的教育功能,培养考生热爱家乡、关注家乡经济社会发展的情感。

6. 试题的分值比例在不同年份有显著变化

安徽卷乡土地理背景试题的分值比例在不同年份存在显著变化。2009年和2014年乡土背景试题分值比例为8%,2010年为36%,2011年为19%,2012年和2013年为12%。总体来看,乡土地理背景试题的分值比例在12%左右,较为适当。

显然,从近年新课程自主命题省份高考来看,乡土地理背景地理试题较好地实现了命题设想,取得了良好的测试效果,初步形成了一些省份命题的地方特色,但是也存在一些需要讨论的地方。例如,一些乡土地理背景试题与相应课程标准规定的知识内容、认知要求不一致等。

三、自主命题省份高考乡土地理背景试题的教学建议

在新课程自主命题省份高考中,乡土地理背景试题体现课程改革的理念,体现地理学习能力和地理学科素养考查的价值取向。在高三备考教学中,如何有效地进行乡土地理内容的备考,建议注意以下几个方面:

第一,依据《普通高中地理课程标准(实验)》《义务教育地理课程标准(2011年版)》《2014年普通高等学校招生全国统一考试大纲(文科·课程标准实验版)》以及各省份高考考试说明对乡土地理内容的规定,确定有关的学习内容。

第二,扎实做好高中乡土地理教学,注意把握乡土地理内容与学科主体知识,特别是高中系统地理之间的联系,围绕学科知识和学科能力主线,对有关内容进行整合。同时,结合乡土地理教学,增强学生对家乡经济社会发展的关注,体现"培养现代公民必备的地理素养"等课程理念的要求,落实课程的情感、态度与价值观目标。

第三,根据目前高考试题的特点,在高三备考教学中,注意突出乡土地理的典型例题、案例研究,注重联系实际,培养学生具体问题具体分析的能力。在教学和训练中努力做到乡土地理与考查的知识点之间自然、有效的融合。设计不同题型的乡土地理背景试题,加强针对性训练,增强学生对新情境的感受,在这

一过程中,培养学生的地理学习能力和地理应用能力。

第四,不断加强学习,提高地理教师的乡土地理素质。着眼于《普通高中地理课程标准(实验)》《义务教育地理课程标准(2011年版)》培养学生地理学科素养的要求和高三备考的要求,教师要关注本省、本区域自然环境和经济社会发展,如产业发展、人口、城市化、环境污染、自然灾害等,平时注意收集相关素材,根据教学需要选择使用。

参考文献:

[1]中华人民共和国教育部.义务教育地理课程标准(2011年版)[S].北京:北京师范大学出版社,2012.

[2]教育部考试中心.2014年普通高等学校招生全国统一考试大纲(文科·课程标准实验版)[M].北京:高等教育出版社,2014.

[3]安徽省教育招生考试院,安徽省教育科学研究院.2010年普通高等学校招生全国统一考试安徽卷考试说明(文科·课程标准实验版)[M].合肥:黄山书社,2010.

[4]安徽省教育招生考试院,安徽省教育科学研究院.2014年普通高等学校招生全国统一考试安徽卷考试说明(文科·课程标准实验版)[M].合肥:黄山书社,2014.

[5]吴岱峰.地理学科能力的划分与学生地理学科能力培养[J].地理教学,2013(16):8-13.

2013年普通高考(安徽卷)
文科综合能力测试地理试题与教学质量分析

一、对考生水平和教学质量的总体评价

2013年普通高考(安徽卷)文科综合能力测试地理试题依据《普通高中地理课程标准(实验)》《义务教育地理课程标准(2011年版)》和《2013年普通高等学校招生全国统一考试安徽卷考试说明》,贯彻新课程高考的命题指导思想。强调对学科主体内容的考查,体现"能力立意"。试题难度适中,符合普通高校招生考试的目标和要求。

试题内容取材广泛,关注社会现实和学科发展,倡导学以致用,引导考生关注我国改革开放建设中的地理问题。注重考查考生的地理信息获取、地理空间思维、地理综合思维、地理逻辑推理、地理知识和方法迁移,以及多层次、多角度分析和解决地理问题的能力。试题设计中关注知识点的内在联系,思维跨度大,综合性强,对考生地理学习能力和学科素养要求较高,在较大程度上反映了考生的学习潜质和潜力,对考生的实际水平有较强的诊断功能。

从得分情况来看,试题具有较好的信度,考查结果能反映安徽省考生地理学科水平的整体状况,对考生的学习能力提出了更高的要求,对一线教学起到了较好的导向作用。文科综合能力测试进行多年自主命题后,安徽省广大教师和考生,正逐步理解"能力立意"的内涵,使地理教学逐步走向注重提高学生地理学科能力和形成良好地理素养的道路。

二、从试卷结构与考试数据分析考生水平和教学质量

1.按照全卷学科结构分析

从文综各学科得分来看,地理试题难度相对较大。文综全卷的难度系数为0.54,难度适中。政治、历史、地理三个学科中,地理学科得分最低,难度系数为

0.50,较全卷难度系数低0.04。考生在答题中对不同类型试题的反应存在差异,选择题得分总体上好于非选择题。

地理属于文理兼备的学科,对考生的地理空间思维、地理逻辑思维、地理综合思维等要求高,难度高于政治和历史学科属于正常现象。考生非选择题得分偏低,一定程度上反映出考生在地理知识的综合分析、应用能力上相对不足。因此,在高中地理教学中,应加强对考生地理思维以及综合分析和应用能力的训练。

2. 按照学科知识内容分析

2013年普通高考(安徽卷)文科综合能力测试地理试题各知识模块赋分情况如表1所示。

表1 地理试题各知识模块赋分情况

题　型	题　序	知识结构模块(内容)	赋　分
选择题	23	必修2:城市化	4
	24	必修3:工业化与城市化	4
	25	必修2:工业的区位因素	4
	26	必修1:水循环的过程和地理意义 欧洲自然地理:地形和气候	4
	27	必修1:地表形态的内、外力因素	4
	28	必修1:地球运动的地理意义	4
	29	中国主要地形区分布	4
	30	中国气候;等温线	4
	31	中国气温变化;地形	4
	32	世界气候类型分布	4
	33	世界气候成因;世界地理区域分布	4
综合题	34.(1)	中国气候;等压线分布	10
	34.(2)	自然灾害(选修):气象灾害成因	11
	35.(1)	必修2:人类面临的主要环境问题	10
	35.(2)	必修2:农业的区位因素(自然条件)	14
	35.(3)	必修3:农业的可持续发展	11

从表1中可以看出,试题的知识覆盖面较广,难度分布有一定的变化,试题编排较为合理。除第24、27、28、29题外,大多数试题的区分度较好。

难度大的试题包括Ⅰ卷第27、29题,Ⅱ卷第34题。试题从侧面反映出考生对相关地理问题的综合分析能力不够。以第27题为例,试题立足伏尔加河流域石油、天然气的形成和开发利用等问题,考查考生运用地理知识解决实际问题的能力。该题涉及太阳对地球的影响、地表形态变化的内外力因素、矿产资源开发、世界贸易等地理知识,综合性强,知识跨度大,大多数考生未能给出正确答案。难度低的试题包括Ⅰ卷第23、24、25题,考生平均得分较高。

从地理各部分内容赋分来看,地理各部分内容的得分与赋分差异明显,显示出考生对不同内容的答题反应存在差异。人文地理部分得分相对较高,自然自然地理部分得分较低,主要因为考生对地理图像和相关自然地理问题的理解、判断、分析等能力存在一定不足。

3. 按照学科能力结构分析

从认知能力分类(记忆、理解分析、综合应用)赋分与得分比较情况来看,应用部分难度较大,反映出考生对地理图像、资料的综合应用水平相对偏低,包括获取有效地理信息,调动地理知识储备,准确分析、推断,进行地理综合思维,正确表述地理问题,等等。

4. 按照试题性质结构分析

从地理试题性质(基础性试题和发展性试题)赋分与得分比较情况来看,发展性试题得分比赋分低,反映出考生对于发展性试题的答题水平较低,考生对情境新颖、考查内容综合、需多角度分析和多层次逻辑推理解决地理问题的试题把握不足。

三、从典型试题分析考生水平与教学质量

以下根据2013年普通高考(安徽卷)文科综合能力测试地理试题难度、区分度和考生答题中的典型错误,选取具有代表性的试题,并就试题特点、考生水平、教学质量等进行分析。

第23至25题,以一幅统计图表为载体,考查城市化进程、工业化与城市化、影响工业的区位因素以及考生提取图表数据和分析地理数据的能力,落实相关课程标准的要求。本题组难度不大,区分度良好,反映出考生人文地理学习水平较高,教学中对统计图表给予了较充分的重视,考生较好地掌握了统计图表的阅读和图表要素之间关系的分析方法。

由于坐标图被广泛使用于各个学科,试题的学科特征不够突出。

第23题难度系数为0.77,区分度为0.36,难度较低,区分度较好,反映多数考生能够通过阅读统计图表,正确获取数据信息,并能较好地建立与所学城市化不同阶段特点知识的联系,记忆水平较高。

第24题难度系数为0.80,区分度为0.26,是全卷最容易的一题。考生根据图可判断出第一产业就业比重持续下降,第二、第三产业就业比重总体上升,且第三产业就业比重上升显著。在城市化加速的背景下,考生可以推断出劳动力主要由第一产业向第二、第三产业转移。从图中不能判断第二、第三产业就业

比重均持续快速提高,城镇新增就业人口第二产业超过第三产业,也不能判断农村人口向东部沿海海域迁移。A、B、C选项的干扰性较差。可见,考生对坐标图的判读水平比较高。

第25题难度系数为0.69,区分度为0.40,试题选项的干扰性较好。在前面试题的基础上,引导考生依据安徽省经济社会的实际,思考在工业化进程中,安徽省中小城市近期可以着力发展哪些类型的工业。本题要求考生具备一定的安徽地理基础知识,了解安徽省是一个农业省份,人口众多,农产品丰富,以及安徽经济社会迅速发展的事实。发展劳动力导向型企业可以提高城市就业率,以农产品为原料的加工业可增强市场对农产品的需求,提升农产品的附加值,促进农业产业化发展。从考生答题结果来看,大多数考生对安徽省经济、社会发展特点以及影响工业区位因素等相关地理知识掌握较好。

第28、29题落实了相关课程标准的要求,主要考查地球运动的地理意义、大气受热过程、区域空间定位等。考查内容多为重要地理概念、地理规律和技能。试题凸显地理能力的考查,学科特征突出。

试题以我国某地某日观测记录的到达地面的太阳辐射日变化图为情境,设计思路新颖,切入巧妙。引导考生读取地理数据,调动知识储备,分析数据及其与所对应知识点之间的内在联系。要求考生进行地理空间思维、地理逻辑判断和推理,较大程度上反映了考生的学习潜质,对考生的实际水平有较强的诊断功能。

本题组考查精准,时空跨度大,综合性强,难度适中。一线教学对这类试题给予了充分的重视,但是由于这类试题综合度高,对考生整合地理信息、进行地理空间思维和地理逻辑推理能力要求高,多数考生答题情况不够理想。

第28题难度系数为0.49,区分度为0.24,难度适中,区分度一般。本题以我国某地某日观测记录的到达地面的太阳辐射日变化图作为切入点。据图可知该地昼长接近15个小时,昼长夜短,推断此时太阳直射北半球,当地为夏季。进一步分析该日太阳辐射变化图,显示当地正午前的太阳辐射量小于正午后的太阳辐射量,且在北京时间13时前后出现一个显著的下降和上升过程,若当地天气晴朗,则太阳辐射变化折线应以当地正午时为最高点,且对称分布,结合选项,可以推知当地的天气状况为多云。

考生的问题在于:一部分考生对季节的判断出现失误,未能通过有效读取数据,判断当日昼长,反映出读图能力较弱,对地球公转运动的地理意义没有理解;另一部分考生在对折线图的分析中,未能结合影响太阳辐射日变化的因素以及选项进行综合判断,反映出对大气热状况的理解与应用,以及地理逻辑推理能力不足。高考中对地球运动的地理意义考查的深度,近年来争议颇多。本题联系实际生活,以常见的地理现象为切入点,降低对空间想象能力和计算能力的要求,较准确地定位了对该知识点考查的"度"。

第29题,根据当地昼长接近15个小时,推出当地日出时的地方时约为4:30,图中显示当地日出的北京时间约为6时,根据日出时差约为1.5个小时,推出其经度约为100°E,据此并结合选项,可以推知该地可能位于祁连山地。

本题难度系数为0.36,区分度为0.14,难度较大,区分度低。其主要原因在于:第一,本题对考生地理思维能力要求较高,考生在答题中地理思维转换能力不够,不能由季节和数据判读转到我国具体地形区分布的判断上来。其实这里由昼长推知日出地方时的计算还是比较常规的,然后根据时差计算、推断该地的大致经度位置也不算太难。但是从多数考生的反应来看,这是一道难题,反映出考生对"地球运动的地理意义"这部分内容的应用水平不是很高。第二,考生对中国主要山脉和地形区的大体地理位置掌握不够。不少考生对考试说明中"我国地形、地势的主要特征,主要山脉和地形区"理解不足,反映出部分教师和考生忽视了基础的地理知识,对考试说明要求的重要地理事物空间分布的教学尚未有效达成,这需要在今后的复习中给予充分重视。本题涉及的"空间定位",也是考生应当具备的地理素养。高考对空间定位的考查重在对区域的"区分"而不在"精确",本题所涉及的四个区域,相对位置明确,考查适"度"。

第34题难度系数为0.33,区分度为0.67,难度大,区分度很好。试题从"能力立意"出发,落实相关课程标准的要求,突出对气旋、反气旋、锋面活动等重要概念的应用考查。重视知识变式和迁移,突出考查考生获取和解读地理信息,调动和运用地理知识、基本技能,描述地理事物的空间分布,阐释地理事物的能力。试题通过判断该气象灾害种类和分析其形成的天气条件,强调考生对知识点之间内在联系的理解和把握,注重考查地理综合思维和解决地理问题的能力。试题在一定程度上反映了考生的学习潜质,对考生学习水平有较强的诊断功能,能够促使一线教学提高对地理概念、读图技能、描述和阐释地理事物等教学的认识,加大对考生地理综合思维和解决地理问题能力的培养力度,具有较好的导向作用。

从考生水平来看,不同群体的考生对地理问题的反应差异显著,总体答题情况较差,反映部分考生在地理基本知识、技能以及地理综合思维和解决地理问题能力等方面存在较突出的问题,表明一线教学在培养考生知识和能力上有待进一步提升。

第(1)小题难度系数为0.41。初中地理课程标准要求考生能够阅读世界年平均气温和1月、7月平均气温分布图,归纳世界气温分布特点。本题图中给出等压线,要求考生能够进行方法迁移,描述图示区域气压分布特点。具体可从区域不同方位,气压高低关系,等压线的疏密程度,以及相应的气压梯度大小等方面进行描述。考生得分比较低,主要问题在于没有掌握描述等值线分布的方法,图像语言转化为文字语言的能力差,地理图像判读能力不足,反映出一线教学在描述地理事物分布的方法教学和训练上存在问题。

第(2)小题难度系数为0.253,难度大,考生失分严重。不少考生对沙尘暴发生的天气条件没有深入理解,审题不够细致,没有把握试题中的关键表述,导致在判断自然灾害类型时出现失误。判断自然灾害为沙尘暴,需要对灾害的发生时间、天气系统、具体虚线范围内区域及其地面状况等进行综合分析。答题情况反映出考生的地理综合思维水平低,没有形成对沙尘暴各地理要素之间内在联系的全面认识,仅根据某一两个要素,如发生时间、冷锋,判断为大风或寒潮,或根据发生时间、冷锋、地表干燥,判断为旱灾或春旱等。本小题要求考生对地理事物空间、时间、尺度、区域具有一定程度的理解,对地理思维能力要求很高,具有较好的筛选功能。显然,要改善这类试题的得分状况,教学中需要加强考生的地理综合思维能力培养和针对性训练。

第35题难度系数为0.51,区分度为0.79,难度适中,区分度很好。试题从"能力立意"出发,体现新课程理念,落实相关课程标准的要求,结合农业生产中的实际问题,创设情境,引导考生提取有效信息,调动和运用地理知识,认识现实中的生态环境问题。根据该地区大量种植苹果的地理事实,分析种植苹果的优势自然条件及其效益,引导考生建立农业生产与地形、气候、水源、土壤等自然条件之间的联系,进而论及农业生产的效益,并针对果业发展的问题,要求考生从循环经济的角度设计解决方案,体现地理事物之间的联系,考查了考生的地理综合思维、地理逻辑推理和解决地理问题的能力。其中,针对果业发展的问题提出解决方案可用示意图表达,体现出命题对创新作答方式的追求,考查了考生多角度分析地理问题的能力。试题较好地反映了考生的学习潜质,对考生学习水平有较强的诊断功能。

从考生答题情况来看,不同群体的考生对问题的反应差异显著,区分明显。部分考生在地理基本知识、技能、地理综合思维能力和地理逻辑推理能力上存在问题,有待进一步提升。

第(1)小题，要求考生通过读图，判断图示区域主要为陕西省境内的黄土高原，根据所学地理知识，可以推知该地区过去种粮引发的生态环境问题，如植被破坏、水土流失、土地退化等，多数考生可以得分。考生的主要问题是回答不完整，反映学习水平不高。本小题难度系数为0.54。

第(2)小题，果业发展的优势自然条件可从气候、地形、土壤、水源等方面分析。考生失分的主要原因在于没有结合黄土高原的具体地形特点回答，如塬面宽阔、土层深厚、质地疏松、海拔较高等，反映出考生对区域地理知识掌握不够全面、细致。关于效益，要求考生思路清晰、回答全面，具体可从生态环境、经济、社会效益等方面分析回答。考生的主要问题也是回答不完整，反映出基础不够扎实。本小题难度系数为0.53。

第(3)小题，设问要求从循环经济角度设计方案，即在生产过程中尽量减少废弃物排放，并变废为宝。考生回答时可以借鉴教材中循环经济的有关内容，根据陕西省自然环境和果业生产的特点设计果业发展问题的解决方案。本小题难度系数为0.47，考生失分比较普遍，主要原因有两点：第一，考生对题干中的材料缺乏细致审读。题干中"大量施用化肥、农药影响果品品质""果渣露天堆放污染环境，农村薪材缺乏"是重要答题线索，由此可以联想到当地利用果渣发展畜牧业，建设农业生态产业链，通过果渣、畜牧业所产排泄物等产生沼气，解决农村生活能源问题，使用沼渣、沼液作为肥料，解决果园过量施用化肥问题。第二，考生没有建立果业生产过程与发展畜牧业、建设沼气池等之间的联系，反映出考生在提取有效信息、调动知识储备、地理逻辑推理上存在问题。

四、教学建议

综上分析，考生在文综地理试题答题中整体水平偏低，尤其在地理图像能力、地理思维能力和解决地理问题能力等方面存在明显不足。为进一步提高高中地理教学质量，针对存在的问题，提出如下几点教学建议：

第一，加强对地理课程标准、考试说明和近年高考试题的研究。

建立高三教学与地理课程标准和考试说明之间的联系，把课程标准的知识内容和认知要求与高考地理学科考核目标进行对应分析。在教学中，将复习内容结合地理课程标准的内容标准和考试说明相关内容进行梳理，从而对教学的广度和深度做出规定，以增强教学的确定性。根据近年高考试题的特点和趋势，在教学内容的选择、教学方法、例题、练习等方面，提升教学的指向性，提高课堂教学的质量。

第二,加强地理学科主体知识的建构,以及地理思维能力和地理图像能力的培养。

教学着力于地理学科主体知识的建构,把握地理知识点的内在联系。指导学生根据教材和地理课程标准进行学习,"以点带线,以线带面",充实完善原有的知识主线。以典型试题支撑主体内容的复习,通过例题加强主体知识的建构,掌握分析地理问题的基本方法。

地理学科能力的核心是地理思维能力。在教学中,重视地理学习方法的培养,增强学生对地理信息的敏感度,提高学生运用知识综合分析、解决、论证地理问题的能力。重视地理空间思维能力、地理综合思维能力、地理逻辑推理能力的培养,以及对实际地理问题的解决与表达。通过典型试题、有关地理材料,培养学生的地理思维能力,并运用地理视角和地理思维去观察、思考自然现象和社会问题。

重视地理图像能力的培养。图像是地理学科重要的学习和表述工具,是地理学科的特色。2009年以来,安徽省高考地理试题更是"无图不成题"。因此在教学中,应培养学生正确阅读图像、分析图像,并应用图像解决地理问题的能力。学生要重点加强获取图像信息、加工和处理图像信息等方面能力的训练。

第三,教师要不断学习,努力提高地理专业素养。

文科综合能力测试,要求教师必须有较宽的知识面,扎实的专业基础,能够把握教学重难点,在教学中引导学生综合运用学科知识,认识和解决地理问题。教师要不断地进行专业学习,更新知识,充实自己,努力提升专业素养。

教师要善于捕捉与地理学科知识相关的自然现象和现实社会问题,注重理论联系实际,有意识地把这些内容进行处理,并融入教学中,拓宽学生视野,增强时代气息,引导学生运用所学地理知识认识和解释这些地理现象。

第四,尊重教育规律,把握高三教学的普遍性和特殊性,整体设计备考教学。

从尊重教育规律出发,把握高三教学的普遍性和特殊性,整体设计备考教学。根据不同阶段、不同学生群体的差异,采取不同的教学策略,做到因材施教,科学备考。同时,变革高三课堂教学,改变过于依赖传统讲授式教学的行为,充分调动学生学习的主动性和积极性,切实改变教学组织方式,倡导合作学习、探究学习;注意采取差异性教学策略,注意初中地理内容与高中自然地理和人文地理内容在知识和方法上的联系,在高三教学中要给予充分的重视。

教学中要着力培养学生在新情境下调动和运用所学知识解决地理问题的

能力。借助不同类型的地理新材料,引导学生从中提取地理知识或信息,然后层层递进地还原、联系已学过的地理规律、原理,进而分析地理问题,得出相关结论。在这一过程中,学生的学习能力得以展示,思维水平得到提高。从目前高考来看,学生失分除了地理学科能力存在问题之外,还有一个重要方面就是对在新情境下调动和运用所学知识解决地理问题的心理体验不够。教学中应逐步加强这方面的培养,加强在新情境下解决地理问题的适应性训练,提高学生在新情境下运用所学知识解决地理问题的能力。

另外,学校教研组应转变工作方式,强调教师互助,发挥集体的力量,提高课堂教学质量。

第五,重视审题、规范答题训练。

重视审题、规范答题训练,审题中应准确把握问题指向和设问角度,揣摩命题意图与考查要求,捕捉问题细节,特别要抓住题目中的关键字句。答题时要内容完整、层次清楚、书写规范。在平时备考训练中,要有意识强化学生审题、规范答题训练,并从中不断总结经验,以提高考试成绩。

参考文献:

[1]教育部考试中心. 2013年普通高等学校招生全国统一考试大纲(文科·课程标准实验版)[M]. 北京:高等教育出版社,2013.

[2]安徽省教育招生考试院,安徽省教育科学研究院. 2013年普通高等学校招生全国统一考试安徽卷考试说明(文科·课程标准实验版)[M]. 合肥:黄山书社,2013.

[3]安徽省教育招生考试院,安徽省教育科学研究院. 2014年普通高等学校招生全国统一考试安徽卷考试说明(文科·课程标准实验版)[M]. 合肥:黄山书社,2014.

把握趋势 讲求方法 注重实效 促进发展

——高三地理二轮备考复习策略与教学建议[①]

一、2011年新课程高考地理试题分析

1. 现象的背后——体现高考考查趋势

2011年新课程高考试卷从知识覆盖面上看,体现了知识抽样,考查学科主体知识,重点内容不回避,并保持了相对稳定,自然地理、人文地理比重适当。试题充分体现"能力立意",考查考生灵活运用所学知识解决地理问题的能力,体现了新课程高考的命题思路。试题贴近现实,倡导学以致用。试卷难度基本保持稳定,体现课程改革理念,注重培养学生的创新思维,体现选择性(选修)和适度的开放性。2011年高考文科综合能力测试地理知识及能力考查分布情况如表1所示。

表1 2011年高考文科综合能力测试地理知识及能力考查分布情况

题　号	中心问题	相关知识	能力要求	分　值
1～2	外企区位	日本大地震影响日本汽车公司在华企业的生产;汽车整车厂与零部件厂的区位要求,理解外资企业在发展中国家兴建厂址的目的	能够从题目的文字表述中获取地理信息,利用工业区位基本概念、基本原理进行信息加工、处理问题的能力	8分
3～5	大豆生产	美国、巴西、中国等国大豆生产的优势与问题	能够从题目的文字表述中获取地理信息,并学会应用比较法分析不同区域地理特点的能力	12分
6～8	水库选址	利用等高线原理计算相对高度、判断河流流速、进行水库选址	能够快速、全面、准确地获取图、文中的地理信息,综合应用等高线地理图像进行分析和计算的能力	12分
9～11	铁路选址与保护	青藏铁路修建需要注意的问题	能够快速、全面、准确地获取图、文中的地理信息,利用景观图进行空间思维推理和判断	12分
36.(1)～(3)	水资源问题	新加坡区域定位,利用气温、降水统计资料叙述气候特征;新加坡水资源不足的原因及解决水资源不足的方法	获取和解读图示信息;调动和运用知识、基本技能;描述和阐释、解决地理事物的能力	28分

①本文系在西安市教育局教研室组织的2012年高考备考研讨会上的讲座讲稿(西安,2012年2月)。本文参考了蚌埠市怀远县包集中学地理学科组的工作总结,在此表示感谢!

续表

题 号	中心问题	相关知识	能力要求	分 值
37. (1)~ (2)	企业总部区位	地理"点"事物（中国大陆500强企业总部空间分布）的描述方法；中国政区图熟悉程度及影响企业总部区位的主要因素	地理图像的信息加工能力；运用所学地理知识描述和阐释地理事物的能力；利用工业区位原理进行知识迁移的能力	18分
选做题42	自驾游	自驾游所需区位条件，尤其要理解支撑自驾游经济因素的主导作用	地理图像的信息加工能力；运用影响旅游业发展条件进行知识迁移的能力	每题均为10分
选做题43	崩塌、滑坡灾害	崩塌、滑坡灾害形成机理或诱发条件	获取和解读图文信息，调动和运用知识、基本技能，描述和阐释地理事物的能力	
选做题44	湿地破坏	图表应用、湿地生态功能	获取和解读图表信息，调动和运用知识，描述和归纳地理事物的能力	
合 计				100分

　　试卷在呈现方式上相对稳定，命题素材的选取具有随机性。选择题的设计主要以"一材多问"的串联式题目为主，地理综合题显示出呈现信息多样、设问角度多变、考核目标多元的综合题功能与特点，主要围绕"区域+问题分析"模式来设计。试题结构如图1和图2所示。

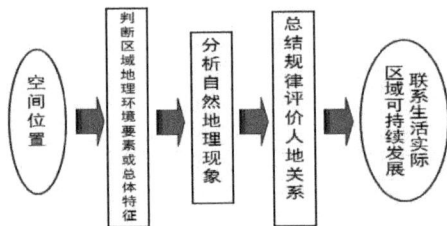

图1　自然地理试题的一般结构　　　　图2　人文地理试题的一般结构

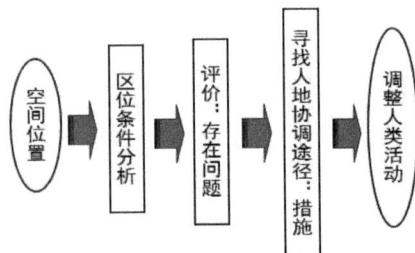

　　从近年试题来看，平均每套试题图表数量在9幅左右。图像数量基本保持稳定，但2011年图像有所减少（与命题的材料有关）。2010年以来，景观图像的使用逐渐增多，选择题、主观题中都有，这是一个新的命题现象。此外，近年高考对地球运动的直接考查有所淡化。

　　在选修模块的考查上，仍然是《自然灾害与防治》《环境保护》《旅游地理》三选一，分值占10%，均为主观题。

　　2. 从阅卷结果看教学存在的主要问题

　　2011年试题的总体难度有所下降，但仍比较灵活，考生虽然能解答，但是答不全、答不准,得分并不高。在新情境下解题能力问题仍旧突出,灵活运用能力有待提高。此外,还存在审题不仔细、解题思路不够清晰、表达不够规范等现象。

2011年高考文科综合第36题第(3)问"除建水坝外,请你为该国再提出一种解决淡水资源短缺的办法,并说明理由",第37题第(2)问"分析图示资料,以某城市或某区域为例,说明其吸引制造业企业总部的优势条件",两题均体现了适度的开放性。教师阅卷时如何根据学生的思路、语言组织恰当给分,体现出开放性试题的评价问题。

【例1】(2010年高考宁夏卷第37题)(20分)阅读图文资料,完成下列各题。

桑蚕的适养温度为20℃~30℃,生长周期约1个月。桑蚕的饲养需要投入的劳动量较大。我国桑树分布广泛,是世界重要的桑蚕丝生产及其产品出口国,太湖平原、四川盆地和珠江三角洲是我国传统的桑蚕丝主产区。自20世纪末,我国桑蚕养殖业开始了空间转移。图3示意我国2000年与2007年桑蚕茧产量(产量大于0.1吨)的省区分布。

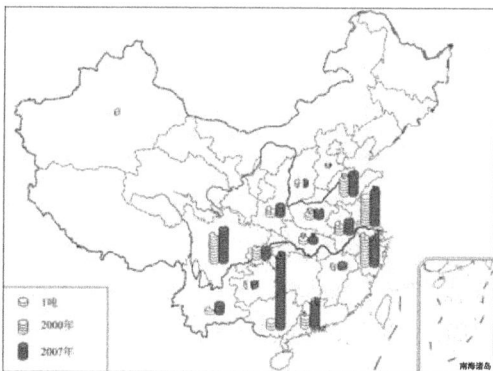

图3 我国2000年与2007年桑蚕产量省区分布示意

(1)据图简述我国桑蚕养殖业的发展特点。(8分)

(2)简述广西桑蚕业迅速发展的优势地理条件。(6分)

(3)有人建议贵州向广西学习,大力发展桑蚕业。你是否赞成?简述理由。(6分)

分析:本题为2010年全国十佳试题之一,难度系数为0.353。考查内容包括农业的产业转移、农业可持续发展等。命题上给出相关材料以解答设问;取材新颖,问题梯度适当,体现了试题的开放性和选择性。

点评：从农业角度考查产业转移，思路新颖；体现文化的思考，现实的批判（传统命题视角），对命题的要求很高。启示：试题的整体设计，行为动词的使用体现思维的递进。

选修试题体现新课程思想，一方面，学生可以根据擅长的方面选择答题；但另一方面，选择时需要阅读题目，会耽误不少时间。另外，选修模块三道试题难度的等值性存在问题。

二、高考试题命题现象的启示与反思

1. 高考试题命题现象的启示

高考命题依据地理课程标准，结合命题技术的要求，在试题的科学性（学术层面）上，结合学科发展、社会生活中的地理现象，形成试题的新情境。这对高三备考的意义在于：教师要不断学习，关注现实生活中的地理事件，要有广阔的地理视野；要细致研读地理课程标准、考试说明的要求，并把这些相关内容具体分解到各部分内容的备考教学中。

关于考查动态：淡化地球运动的直接考查，体现了命题专家的思考，包括对地球运动内容的理解及适当的命题材料。关于景观图片：近年在选择题、主观题中较多使用景观图片，这类试题信息量不是很大，但对图片的典型性要求比较高。关于命题技术：命题专家关注主体知识和学科核心能力的考查，从满足选拔性考试的要求出发，选择适当的命题材料，包括社会生活、学科研究领域的新发展等，不回避重点。

高考试题呈现的特点客观要求加强针对性训练。在审题上，培养学生掌握在试题新情境下，有效提取和解读试题文字及图像材料的一般方法，能够甄别信息，建立地理要素之间的联系，形成解题思路，提高审题有效性。在答题上，指导学生规范答题，将程序化模板和具体分析相结合。通过有效训练和讲评，帮助学生形成审题和解题方法的积累，激发学生的学习潜能。

2. 命题技术：PISA测试

国际学生评估项目（PISA）是经济合作与发展组织（OECD）开发的，是目前世界上最具影响力、涉及范围最广的国际学生学习评估项目之一。PISA评价的核心为素养，即"学生应用所学知识和技能，分析、推理和进行有效沟通，解决和解释各种不同情境中问题的能力"，这个概念指导了PISA测评内容的制定。

PISA试题注重考查学生的思维过程，把要考查的知识与技能放在真实的情境中，关注学习过程，重在测量学生在实际生活中创造性地运用知识和技能的能力,以及识别科学问题、科学解释现象、使用科学证据的能力。

PISA试题呈现方式多样,答案鼓励创新,注重科学能力培养,关注学生的全面发展。PISA考试的命题设计对我国高考有一定的借鉴意义,也值得我们在高三备考中关注。

【例2】(PISA 2006年试题)

大峡谷位于美国的一个沙漠中。它是一个十分大且深的峡谷,包含许多岩石的地层。从前某一次地壳运动时,这些地层被提升。目前大峡谷的部分深度是1.6千米。科罗拉多河则在峡谷的底部流过。参看以下从它的南麓所拍摄的大峡谷照片。一些不同岩石的地层可从峡谷的岩壁上看到。

图4　大峡谷

问题1:

　　大峡谷形成的原因是什么?

问题2:

　　每年大约有五百人游览大峡谷郊野公园。这么多的游客对公园所造成的破坏受到关注,下列问题能否通过科学研究来回答?请就各项问题,圈出"是"或"否"。

这个问题能否通过科学研究来回答?	是/否
步行小径的使用会造成部分的侵蚀?	是/否
公园地区是否像它100年前一样美丽?	是/否

我国近年来的高考命题也强调"密切联系生活实际",考查学生"在新情境下解决问题的能力",但在情境的多样性、趣味性、创新性等方面有待提升。

3. 目前高三教学中存在的问题

目前复习备考的普遍情况是课时多、练习量大,教师往往不能及时阅卷和讲评试卷。部分教师在近年高考试题使用上不恰当:过早使用,没有结合不同阶段学生的学习能力;在教学中使用时没有讲透。我们要根据不同阶段学生的学习状况来选择使用高考试题,并且要做到精选、精用。

高三训练的有效性、科学性不够,表现在试卷组卷和选题时没有做到依据地理课程标准和高考考试说明,而是凭借既往的教学经验。以某重点中学为例,周考和月考试题的难度普遍较大,这就是选题有问题,好题组合在一起未必能够成为好卷。好题与高考的要求、学生现阶段复习存在的问题、现阶段的复习要求等需要统筹考虑。

在二轮复习阶段,学生对知识掌握的系统化程度不够,面对试题新情境,难以建立知识之间的联系。教师工作量大,疲劳教学导致教学效率不高。

三、2012年高考备考教学建议

教材根据地理课程标准编写,高考的内容理应与地理课程标准相适应。有一线教师质疑,某些试题存在与地理课程标准不一致的现象。如何解读地理课程标准,进而把握好课堂教学的深度和广度呢?

1.明确地理课程标准对地理教育考试的规定性

国家地理课程标准是教材编写、教学、教育评价的依据,是国家管理和评价课程的基础。事实上,存在试题设问体现的认知要求与相应地理课程标准的认知要求有一定程度偏离的现象,这对一线备考教学有直接的影响。

地理课程标准关于认知要求的规定性,表现为地理课程标准不同内容标准规定的认知过程往往存在不同的层次。地理教育考试试题命题与相应地理课程标准不仅在内容上应保持一致性,而且在测试的认知层次上也应保持一致性,使试题基于课程标准,而不会超过或低于相应课程标准。

地理课程标准对于学生的学习结果,采用了尽可能清晰的、便于理解和操作的行为动词进行描述。地理课程标准中"课程目标"和"内容标准"的陈述方式,具体采用"结果性目标"和"体验性目标"两类。"结果性目标"所采用的行为动词要求明确、可测量、可评价。这些规定与地理学科高考评价目标所采用的教育目标认知分类是一致的。

地理学科高考评价目标以教育目标认知领域分类理论为依据,划分为记忆、理解、运用(分析、综合、判断、评价、得出结论)等不同的层次。内容标准中有关结果性要求的目标动词常成为地理教育考试主观性试题命题设问使用的指令词语。把地理课程标准的行为动词与考核要求进行对应分析,体会地理课程标准的认知要求,如说出、简述、说明、比较、分析等。

高三备考教学要依照地理课程标准和考试说明,对内容标准进行逐条梳理。按照不同层次的学习要求,分别掌握不同的知识点和技能,把握高三备考教学的度。

试题设问指令词语及其含义:

简述——简单扼要地叙述,需把握要点;

说出——对图像或事实的主要内容予以呈现;

描述——对事物的外部特征予以描述;

说明——对原理、成因、规律、现象等进行说明;

分析——对地理事物或现象予以剖析,分析原因,分析地理事物之间的联系；

比较——比较异同，分析事物之间的差别、联系；

评价——地理环境、措施、对策、布局可行性评价，优势、劣势评价。

高考考查的内容标准中主要涉及主体知识部分，具体落实在试题的立意上。在具体命题层面，设问所使用的行为动词与地理课程标准内容标准的行为目标的表述应当保持一致性。

【例3】（2011年高考安徽文综卷第33题）根据材料和图5，结合所学知识，回答下列问题。

材料：20世纪90年代以来，上海一方面争取了国产大飞机总装等项目，另一方面向安徽等地转出部分制造业。同时，城市内部空间结构优化，制造业集中分布区不断调整。图5示意上海市2004年制造业就业比重的空间分布。

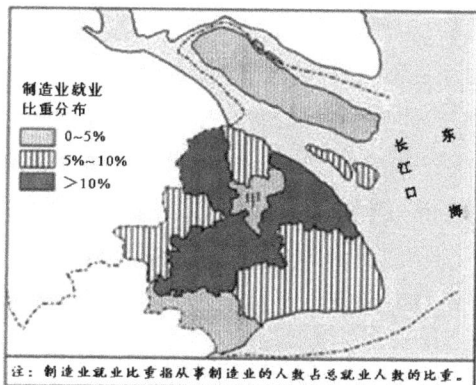

图5　上海市2004年制造业就业比重的空间分布示意

（1）图中甲地为____（功能区），简述判断理由。

（2）分析国产大飞机总装基地落户上海的原因。

（3）从产业转移角度，分析部分在沪皖籍从业人员返乡创业的原因。

分析：本题考查了《普通高中地理课程标准（实验）》中"运用实例，分析城市的空间结构，解释其形成原因""分析工业区位因素，举例说明工业地域的形成条件与发展特点""举例说明人口迁移的主要原因""举例说明产业转移和资源跨区域调配对区域地理环境的影响"等内容。课程标准使用的行为动词分别是运用、分析、解释、分析、说明等；试题设问使用的指令词语是简述、分析。

第（1）题，要求考生理解相应地理课程标准的要求，结合试题情境，灵活运用，确定功能区，并简述判断理由。"简述"与"解释""说明"为"理解水平"。

第(2)题,设问使用的指令词语与相应课程标准使用的行为动词一致,均为"分析","分析"为"运用水平",认知要求与相应课程标准一致。

第(3)题,课程标准使用的行为动词"说明"为"理解水平",设问使用的"分析"为"运用水平","分析"要求高于"说明"。

总体上看,试题设问使用的指令词语与相应课程标准认知要求基本保持一致。本题组设问指向明确,难度适中,难度系数为0.43。

2. 二轮复习建议

学科备考的基本原则是:以考生为本,讲科学,求实效,重基础,促发展。引领考生达成地理知识目标(知识提取范围),指导考生掌握地理表达方法(地理技能),帮助考生形成地理解题能力(能力考核要求),培养考生的地理文化素养(情感、态度与价值观)。

第一,依据地理课程标准、考试说明进行高三教学,指导学生根据教材和地理课程标准、考试说明的标题进行回忆总结,思考每章、每节、每个标题包含的知识内容,把握主体知识,基本概念、原理和规律,思考教材中典型地理事物的特点和形成原因。

第二,跳出教材,把握诸地理要素、知识点之间的内在联系,构建知识结构概念图——体现认知逻辑,例如区域地理知识结构概念图。有意识地将教材"以点带线,以线带面",形成知识的"网络化",将知识不断引申,使学生建立起各知识点之间的关联,站在一个新的角度去理解问题,在这个过程中查缺补漏,完善和强化原有知识主干。

要善于归纳总结,结合试题,尝试从多个方向去寻找解决问题的切入点,提高解题效率。在分析方法上,以某一联系要素或方式(以非逻辑关系为主)为线索,建立地理知识之间的各种联系(知识重组)。例如,自然地理规律原理包括:地壳运动规律(地球自转及意义、地球公转及意义),大气运动规律(大气运动、大气环流、主要天气系统),地球运动规律(地壳物质循环、地壳运动与板块构造说),水体运动规律,洋流分布规律,水循环规律,自然带分布规律(地理环境整体性、地理环境地域分异规律)。

在学习区域地理、系统地理的基础上,加强地理思维训练,包括地理逻辑思维和地理空间思维训练。

第三,整合学科知识,精准组织二轮专题复习。在一轮复习的基础上,根据学生的学习情况,依据地理课程标准、考试说明,对教材内容分别进行重组,统筹安排、合理规划,形成不同主题的教学专题,例如,地球运动专题、热点地理问题专题等。

二轮专题要将计划性、针对性与动态调整相结合,充分整合各类备考资源,合理利用好时间,根据考生实际情况,引导其主动备考。

第四,关于区域地理复习,引导学生思考在没有区域知识背景下如何考区域,即不关注具体区域知识,关注分析思路和方法。要关注地理课程标准中规定的方法,尝试结合陌生区域,运用地理原理、规律,分析论证,解决地理问题。重在区域分析方法教学,分析高考典型试题,参考教材,学习基本的分析思路和方法。关注区域定位、区位条件分析、问题的成因以及因地制宜解决问题的措施。加强区域定位、不同类型的图像和图表等地理技能和方法的训练。

第五,加强审题和答题指导,增强训练的针对性。经常性地强化和优化学生的审题和答题能力,提高审题与分析试题的有效性,包括审题的严谨性、读图的全面性、图文的关联性、设问的针对性等,整体审题,把握材料、图像和设问之间的内在联系。通过图形、语言和文字表述地理问题,形成解题方法与能力的有效体验。帮助学生归纳思路,形成方法(答题模式)和语言规范。

第六,实施基础分、提高分教学策略。面对学习能力和水平存在一定差异的学生,采取基础分和提高分教学策略。

基础分是指考生训练以中低难度为主,以获得高考基础题的分数为目标。在答题训练上,解决基础问题(概念、规律、原理),获得基础分,理解试题情境,挖掘试题信息。剖析典型例题,形成答题规则。试题的分值和得分点是对应的,确立按分定点的思路;养成分点答题的习惯;不同地理问题有不同的解决思路和方法,教师总结归纳不同地理问题的解答模板(结构),引导学生根据问题类型,有效答题。每一种基本题型都有相对固定的答题要点。把握试题设问实质所在,突破思维定势,建立灵活的、科学的思维方法。例如,地形特征从地形类型及其分布、地势特征等方面回答,气候特征从气温、降水、季节变化和年际变化等方面回答,区域发展的条件从有利和不利两个方面回答,等等。

提高分是指帮助考生解决分析思路、解题细节问题,提升地理思维能力,以获得高考中难度较大的试题的分数为目标。具体可通过精选新情境试题,提高审题与析题的有效性,重在审题细节,拓展解题思路,从中精析易错题或回答不完整的试题,发现存在的问题,提高答题的规范性和准确性,同时,引导考生积累心理感受和体验,形成审题的严谨性、读图的全面性,关注图文的关联性和设问的针对性。

训练上精选、精讲典型例题和试卷,注意学生的新情境试题得分情况分析。训练要注重效率,少而精,重在审题细节,深入材料,提取有效信息,明确问题类型,具体分析。答题要条理清晰,准确使用规范用语(参考教材语言),书写整洁。

教师要特别注意选题问题,对外来试卷等资料要根据学生的实际情况作适当的取舍、整合和重组,切忌盲目让学生做题。选题注意不用怪题、偏题,多用常规题、典型题,少用难题,多用中档题、变式题,选用新题,多用近年高考题。原创题是不是就一定好?事实上,不少模拟试卷中的原创题存在问题。因此,这里有一个甄选的问题。使用新题要注意针对性,灵活运用,注意与学生学习水平的契合度。高考试题也需要精选,要根据学生的情况和学习阶段适时选用。高考题作为练习或示例题时,一定要讲透,突出全方位的解题体验。

第七,高三复习课教学策略。建议重视课堂前测,课前、课中搭建暴露学习问题的平台。将学生的"易错题""重点题"制成"每日一题",量小题精,效果显著。以周为单位,分析一周以来的教学情况和学生出现的问题,并制订下一周的教学计划和教学任务。对复习过的重点内容进行阶段性检测,使所复习的知识形成体系,达到巩固的目的,使学生的学习落到实处。

要重视试卷的讲评。讲评前认真做好试卷的统计分析工作,讲评过程要突出重点,详略得当,控制讲解的深度和容量,注意适当拓展,对重点、难点问题及时归纳总结,培养学生养成严谨的答题习惯和全面的答题模式。

效率与质量:高三地理复习有效性再思考①

一、高考政策的演进与高考命题形式和内容的变革

1. 高考政策的演进

2010年7月,中共中央、国务院印发《国家中长期教育改革和发展规划纲要（2010—2020）》,进一步明确了高考改革方向:深化考试内容和形式的改革,着重考查综合素质和能力。以高等学校人才选拔要求和国家课程标准为依据,保证国家考试的科学性、导向性和规范性。为了评价学生的学习能力和潜能,高考在不断寻求形式和内容上的变革。

2013年11月,十八届三中全会通过《中共中央关于全面深化改革若干重大问题的决定》,提出推进考试招生制度改革,探索招生和考试相对分离、学生考试多次选择、学校依法自主招生、专业机构组织实施,从根本上解决一考定终身的弊端。

2014年4月,教育部印发《关于全面深化课程改革落实立德树人根本任务的意见》,提出学生发展核心素养体系、学科核心素养、学业质量标准等一系列内容,规定学生完成不同学段、不同年级、不同学科学习内容后应达到的程度要求,各学段、相关学科要纵向有效衔接和横向协调配合。

加强考试招生和评价的育人导向。加快推进考试招生制度改革,注重综合考查学生发展情况,引导学校实施素质教育,科学选拔人才。各级考试命题机构要严格以国家课程标准和国家人才选拔要求为依据组织中考和高考命题,评估命题质量,保证考试的导向性、科学性和规范性。建立考试命题人员资格制度,命题人员应熟悉中小学课程标准、教材、教学实际以及学校招生要求,充分

① 原文系承担安徽省教育学会普通高中骨干教师专业能力提升高端培训高三地理备考讲座讲稿(合肥,2015年8月)。本文参考和引用了东北师范大学袁孝亭教授、唐山市教研室邵英老师的观点,以及蚌埠市怀远县包集中学地理学科组的工作总结,在此表示感谢!

发挥课程标准研制人员在中考和高考命题中的作用。加强发展性评价,组织实施中小学教育质量综合评价改革,完善科学、多元的评价指标体系,引导树立科学的教育质量观。

2014年9月,国务院印发《关于深化考试招生制度改革的实施意见》,推行普通高校基于统一高考和高中学业水平考试成绩的综合素质评价多元录取机制,深化高考考试内容改革。依据高校人才选拔要求和国家课程标准,科学设计命题内容,增强基础性和综合性,着重考查学生独立思考和运用所学知识分析问题、解决问题的能力。改进评分方式,加强评卷管理,完善成绩报告。2015年起增加使用全国统一命题试卷的省份。

2. 近年高考地理试题对高考改革的响应

从近年高考地理试题的变化上可以看出,为了评价学生的学习能力和潜能,高考在不断寻求形式和内容上的变革。

2015年高考根据国务院、教育部关于高考的改革要求、高校选拔人才的要求和国家课程标准,体现了综合性和基础性(高校人才培养的基础);落实了教育部《关于全面深化课程改革落实立德树人根本任务的意见》,试题体现了社会主义核心价值观、中华优秀传统文化、依法治国理念和创新能力培养等;围绕学生发展核心素养体系、学科核心素养,加强各学段、相关学科纵向有效衔接和横向协调配合,突出强调个人修养、社会关爱、家国情怀,更加注重自主发展、合作参与、创新实践。

高考试题形式和内容的变化,从宏观上看,体现了高考政策的演进(要求);从微观上看,命题设计体现了探究学习、选择性学习,批判性思维、创新思维和地理理性思维,即体现了地理课程标准的基本理念、教学建议和评价建议(依据国家课程标准)。

在试卷的整体思路、试题的选材和具体设计上,"青藏铁路热棒"一题,为今后高考改革背景下的地理试题命题做了积极的探索。在稳中有新的要求下,试卷整体功能、试题功能和试题设计契合高考政策的演进,体现了高考命题形式和内容上的变革。

试题是高考形式和内容的载体,服从高考的公平性要求,试题取材对于全体考生具有一定的陌生度是必要的。高考考查的是学生的学习能力和潜能,试题是考查学生地理思维品质的平台,通过由表及里,由地理事物的表象到事物的本质,体现自主学习过程的严密性和拓展性。由于试题命题材料的多样性,地理事物发展的复杂性,试题在体现与地理学科课程标准的一致性上,更多的是"标准"的融合。

截至2015年,高考使用全国统一命题课程标准卷的省份达到19个,2016年将有25个省份使用统一命题试卷。上海市、浙江省分别出台高考综合改革试点方案。

对一线备考的启示:国家系统地进行顶层设计,逐步推进高考改革,要求我们正本清源,提高认识。高考的命题依据、高考的命题要求、高考评价的内容、近年高考的命题趋势,即为高三备考教学的基本依据。

二、现象与本质——新课程高考地理试题分析与启示

1.2015年全国课程标准卷地理试题特点

2015年高考地理试卷突出"能力立意",考查学科主体内容;试卷结构合理,贴近现实生活,强调学以致用,体现了高考对人才选拔的要求;试卷难度适中(全卷难度分布平衡),具有较高的信度、效度和必要的区分度;试题命题保持稳定,稳中有变。考核目标、题型、题量、呈现方式等基本保持往年命题风格,在此基础上,题组结构、图像使用等方面有所变化,例如,使用示意图,有利于考生的发挥和试题测试功能的实现。

试题覆盖度广(测试内容的整体平衡),涵盖自然地理与和人文地理,以自然地理为主,区域上兼顾了中国地理和世界地理。试卷体现了区域性和综合性,采用了不同尺度的时空视角,材料鲜活,图文并茂,凸显了地理学科的特点和学科本质特征;考生的地理思维水平得到较好的区分,同时,试题的教育功能得到实现。试题设计不同层次的问题引导考生用地理学的视角和方法,理性认识与分析地表环境的特征和差异,考生的地理认知视野得到拓展。

试卷考查的地理学科能力有层次、有梯度,较往年明显提高(难度相应增加),强调地理综合思维(地理逻辑思维:形象—想象—抽象),地理空间格局的敏锐觉察力,地理信息加工能力,对地理过程的分析、想象与简单预测能力,运用地理知识解决实际问题的能力。

从试题设计上看,试卷围绕不同的主题,多层次、多角度地考查考生的地理学科能力;注重考查学生在真实的情境中利用所学知识分析、解决问题的能力;关注问题探究,凸显过程性和开放性。

从测评上看,试卷充分发挥各类题型的功能,以创新试题设计为目标,表现在命题视角选取、开放性试题设计、答案设计等方面。进行跨学科知识考查,如试题涉及生物、物理等学科基础知识。

从价值取向上看,试卷突出地理学科核心素养,引导考生思考身边的地理问题,明辨事理,体现地理学科的实用价值,同时,注重培养学生热爱家乡、关注地球环境变化的情感,对一线教学有积极的引导作用。

2. 新课程高考地理试题的考查趋势及教学启示

《普通高中地理课程标准(实验)》是高考形式和内容改革的重要推力,其基本理念、学科内容、倡导的学习方式都将成为高考命题渗透、遵循和评价的标准。地理学科命题注重考查考生的地理学习能力和学科素养。

命题设计注重情感、态度与价值观培养,联系实际生活,考查考生地理学习能力,注重地理解题过程评价。在考查趋势上,试卷坚持追求"能力立意"——高考选拔功能的需要,稳中有新。注重试卷难度控制,全卷难度分布结构较为合理,体现了试卷难度与创新的平衡。

在考查思路上,注重试卷的整体功能。试题设计相对稳定,知识覆盖较为均衡,能力考查分布较为合理,在题目的内涵、情境设计、能力考查方式、试题呈现形式及风格上都有新的特点,在设计思路、素材选用上有变化,有所探索。具体设计上淡化记忆,注重在新情境下对知识的灵活运用;取材贴近现实生活,倡导学以致用。

在知识覆盖面上,知识抽样,考查主体知识。不同年份的考查内容均是主体内容,对重点内容不回避。自然地理、人文地理比重适当。对普遍关注的地球运动,考查难度降低。选修模块考查侧重基础内容,难度适中。

在素材选用上,注意选用现实生活中工农业生产、科技进步等方面的材料,注重考查对社会重大问题的关注和地理认识,取材"小清新",生活气息浓郁,如2014年课标甲卷选择题"握手楼"一组试题,乙卷"太阳能光热电站"一题,2015年课标乙卷选择题"雨水花园",等等。素材选取具有随机性,试题因材料而异,呈现方式灵活多样,情境新颖,体现了公平性。

命题设计立意立足于应用专业认知能力,注重评价地理思维品质,注重地理思维过程,突出考查地理学科能力以及空间思维和综合思维能力。以区域为载体,注重地理过程分析,"小切口、大纵深(设问)",过程中体现空间排列和空间差异,分析和推测地理事物发展和可能带来的后果。作答要求依据设问进行知识重新组合,灵活运用地理规律和原理,强调地理学科逻辑(注重表达的逻辑性)。非选择题以图文为基础,主要围绕"区域+问题分析"模式来设计,以探究思路为引导,逐步分析信息,通过分小题设问,由表及里,由浅入深,引导学生用所学知识逐步完成探究。试题注重"内涵"挖深和"外延"拓展,体现探究性,注重普遍联系（如区域比较，要素分析）；给予考生答题空间，有一定的开放性；具有呈现信息多样、设问角度多变、考核目标多元的功能与特点。

试题注重培养学生创新性和批判性思维能力，如2013年课标甲卷综合题"沙丘规模"一题；体现选择性和适度的开放性，如2014年乙卷"磷酸盐矿石污染"问题，要求地理备考教学实现知识重构与思维突破（能力培养），又如2015年"大盐湖发展卤虫捕捞业"一题。

命题在价值取向上，体现为了每一个学生的发展，体现地理学习方式的改变，体现培养学生的主动学习和探究精神。发挥试题的教育功能，重视考生地理学科核心素养的培养，引导学生关注身边的地理问题，理论联系实际，联系学生的生活体验，倡导学以致用，激发学生的家国情怀，关注地理环境的变化，体现了地理学科的实用价值。

从近年高考来看，命题取材范围更加广泛，跨学科素养要求提高，例如，与生物、物理、化学、历史等学科的结合，对高三教学提出了新要求（体现各学段、相关学科纵向有效衔接和横向协调配合）。

近年命题中尚有若干问题需要进一步讨论。例如，在高三备考复习中对初中课程标准给予的关注度不够；在试题与课程标准的一致性关系上，如何体现对测量行为目标的要求，试题客观存在"超标"现象，这一方面反映出不同标准的融合（地理事物的复杂性），另一方面反映出地理课程标准的编制问题；在试题难度的控制和素材的使用上，以2015年全国乙卷"青藏铁路热棒"一题为例，试题的文字量大，难度较大；在试卷评分标准的设置上，应当依据地理课程标准和学生的实际，使学生能达到，并有适当的空间，体现科学性，应准确、全面，逻辑严密，且赋分合理，具有可操作性。但实际上，试卷参考答案和评分答案设置对一线教学考虑不够充分，考生的地理学习能力往往难以达到。另外，教师阅卷时如何依据试卷参考答案和评分标准恰当给分？特别是对于一些开放性试题，试题参考答案的设置尚未做到运用一些较为先进的评价理论，例如SOLO评价理论等，对学生的地理思维能力进行客观评价。此外，近年来高考试题背后所涉及学科前沿等学术问题也是一线教师和学生难以企及的，这给一线教学带来了较大的压力。

总体来看，近年高考地理试题服从选拔功能，保持了较高的质量，在难度、区分度等方面把握较好。试题稳中求变，基本在延续近年设计思想的同时有适当创新。

对一线备考的启示：高考试题的特点、近年高考的命题趋势是高三备考教学的主要依据,要求高三备考教学中切实体现地理学科能力培养,实现地理知识重构与地理思维的突破。

三、思想与方法——高三备考教学若干问题与思考

近年高考试题正逐步转向考查学生的地理学科核心素养。地理学科核心素养是指学生应具备的适应终身发展和社会发展需要的必备的地理品质和地理核心能力,是所有学生都应该具有的关键的、必要的共同素养,是地理知识、地理学科能力、情感态度与价值观等的综合表现,是学生在接受相应学段的地理教育过程中逐渐形成和发展起来的,既表现出发展的连续性,也具有发展的阶段性,形成过程中要与各学段、相关学科纵向有效衔接和横向协调配合。地理学科核心素养兼具个人价值和社会价值,其作用的发挥具有整合性,包括空间与表达、地域认知、综合思维、人地观念等方面。

由高考试题趋势分析得出,我们要明确"考理",做好"教理",找准定位,遵循教育规律,因材施教,依托于主干知识、地理学科能力培养,落实高考考核目标。

1. 课程标准与考试大纲:地理课程和考试命题倡导的理念

地理课程标准的基本理念和高考倡导的理念是一致的。义务教育阶段地理课程标准基本理念包括:学习对生活有用的地理;学习对终身发展有用的地理;构建开放的地理课程。高中地理课程标准基本理念包括:培养未来公民必备的地理素养;满足学生不同的地理学习需要;重视对地理问题的探究。高考地理命题指导思想:注重考查考生的地理学习能力和学科素养,即考生对所学相关课程基础知识、基本技能的掌握程度和综合运用所学知识分析、解决问题的能力。

《义务教育阶段地理课程标准(2011年版)》在过程与方法上强调:初步学会根据收集到的地理信息,通过比较、分析、归纳等思维过程,形成地理概念,归纳地理特征,理解地理规律。《普通高中地理课程标准(实验)》在总体目标中提出发展地理思维能力,在教学建议中提出发展学生的批判性思维和创新思维,在评价建议中提出关注对学生批判性思考能力的评价。对地理技能形成与运用的评价重点在于评价学生获取和处理地理信息的能力;对地理科学方法掌握及探究活动质量的评价重点在于了解学生对地理观察、区域分析与综合、地理比较等常用地理研究方法的领悟、掌握状况和运用水平;在教科书编写建议中提到要有意识地引导学生的地理理性思维。

近年高考地理的命题设计体现探究学习的思路,具体设问上体现选择性思维、批判性思维、创新思维和地理理性思维,是高考试题对地理课程基本理念的生动体现。

2.基于地理课程标准的地理教育考试命题

国家地理课程标准是教材编写、教学、教育评价的依据,是国家管理和评价课程的基础。影响大规模教育考试命题的因素是复杂多样的,学科课程标准是影响大规模教育考试命题质量诸因素的基础因素,也是最重要的因素之一。大规模地理教育考试试题命题与地理课程标准不仅在内容上应保持一致性,而且在测试的认知层次上也应保持一致性。

(1)明确地理课程标准对教学的规定性。

解读"内容标准":注意"标准"要体现的目标——知识内容和认知要求的规定性,例如"分析地球运动的地理意义",注意行为动词及其程度差异。地理课程标准中对"课程目标"和"内容标准"的陈述方式,具体采用"结果性目标"和"体验性目标"两类。"结果性目标"所采用的行为动词要求明确、可测量、可评价,如"说出""比较""分析"。内容标准中有关结果性要求的目标动词常成为地理教育考试主观性试题命题设问使用的指令词语。

(2)试题与相应地理课程标准的对应关系对命题的意义。

地理课程标准的实质是判断学生地理学习状况的评价标准,它不仅对地理教育考试测试知识内容和认知要求具有规定性,而且对测试方式、方法等具有规定性,如"运用地图……""以某流域为例……""举例说明……"等表述。这是课程标准对于教育考试规定性的重要方面。

地理试题是测试学生地理学习状况的评价工具。在命题中,课程标准的知识内容和认知要求依托一定素材,如文字材料、数据、图表等(体现课程标准对测试方式、方法的规定性),构成试题情境,通过选项或者设问,形成课程标准的"试题化"。

从高考考查的知识点来看,高考考查的内容标准主要涉及主体知识部分,体现试题的立意,试题设问所使用的行为动词与内容标准中行为目标的表述保持一致,课程标准的行为动词常成为综合题设问的指令词语。地理课程标准是高考命题的依据,教学和命题要注意地理课程标准具体内容标准中的主题内容范围、行为动词程度和方法限定。

对一线备考的启示:研究课程标准与研读教材、试题相结合,在地理课程标准的规定下,理解课程标准行为目标的表达要求(行为动词),依照这些不同认知层次的要求,对学生的知识掌握在深度和广度上做出规定,增强教学的确定性,引导地理教学和考试在地理课程标准规定内容和认知要求领域内进行。

高三备考教学中要指导学生根据教材和地理课程标准逐条梳理,充实完善原有的知识主线。从长远来看,这对未来的地理教学具有重要意义。中学教师进行命题研究,除了制度设计、命题技术、人员组成等方面外,更突出的是地理学术背景问题。从某种意义上说,随着命题制度化和专业化水平的不断提高,中学教师对命题的研究可能更多的是基于课堂教学背景下的试题研究。

3. 地理学科思想和方法的教学

地理学揭示的是不同尺度上的地理事物的分布和发展变化规律。从空间尺度上观察世界,认识区域特征、人类和事物的空间分布和地域组合;从时间尺度上观察世界,用发展变化的眼光看待问题,认识地域特征,人类和环境的发生、发展及变化过程。不同时空尺度研究问题的视角和出发点不同。

教学与考试评价要体现地理学的实用价值,地理学的思想和方法对科学认知的贡献,以及地理学对解决社会问题、提高公民社会生活能力和生活质量的贡献。地理学的思想和方法对科学认知的贡献主要体现在:提供观察和认识世界的独特视角;综合地看待问题(把环境—社会系统或自然—人文现象联系起来);动态地观察世界,认识区域尺度间(时间和空间)的相互依赖;以及多样的空间表达,如图像、语言和数字等的运用。

理解和掌握地理试题所蕴含的地理学科思想和方法,解决学生的解题思路问题,结合具体试题情境,做到回答切题,提高解答地理问题的逻辑性和准确性。

(1)一般法则与特殊描述的辩证关系。

一般法则与特殊描述的辩证关系:一般法则(共性)和特殊描述(个性)之间的关系组成了地理学的统一性。一般法则包括:地理规律类(如分布规律、过程规律等),地理原理类(如农业区位、工业区位、气候因素、空间相互作用原理等),地理方法类(认识区域特征的方法、比较的方法、空间推理的方法等)。特殊描述为一般法则下更具体、更细化的描述以及更具个性的事物特征。

把握"特殊描述"的角度,为什么某种现象只发生在某些地方?对地区特性贡献最多的要素,如自然要素中的地形、气候、河流、植被等,决定了一个地方的自然地理特性;人文方面亦然。虽然看似特殊,但必须从一般性法则出发,对"某处仅有"的地理现象进行阐释(即将"特殊"还原为"一般");仅仅注重一般性法则,不能圆满解释"特殊性"现象出现的原因、机制,重点在于要从一般与个别之间的辩证关系入手，围绕"个别"做具体分析。应重点关注地球表面具有差异性的地方和区域。

高考试题中某区域地理事物的分布、特点等，是一般法则下的具体体现。教学和训练中，通过掌握一般法则，认识地理事物的基本方法，特殊描述则是解读试题的过程中的具体描述和阐释。高三备考教学中把握一般法则是教学的核心。能力训练着眼于一般法则的灵活运用。

（2）"空间尺度"思想。

地理空间尺度有大有小，并有一定的等级。分析和解决地理问题，要对尺度大小进行选择。地理学家认为地理区域的内部复杂性和差异性是由尺度决定的。地理空间的大小尺度间是相互依存的，深入了解地理过程和现象，需要在大小空间尺度之间作转换。尺度大小关系到对细节与整体的把握。大尺度区域一般关注整体，忽略细节，注重"普适性"；小尺度区域一般关注局部，注重具体细节特征的描述。"改变分析的空间尺度能提供深入了解地理过程和现象的洞察力，能了解地理过程和现象在不同尺度上是如何相互联系的"（引自《重新发现地理学——与科学和社会的新关联》）。理解一般法则和特殊描述的关系，对提升学生的解题水平有实际意义。

在高考试题中，对地理事物和现象展开范围的比较及其原因的考查占相当的比重，对地理区域尺度识别的考查占有一定的比重。

（3）认识区域要素特征的方法。

方法：分析区域地理要素特别显著的征象和标志，然后将其归纳综合起来。对于区域自然地理要素，要从区域的地形、气候、河流等方面发现、分析特别显著的征象和标志。对于区域人文地理要素，则要从区域的人口、聚落、工业、农业等方面发现、分析特别显著的征象和标志。

分析归纳特别显著的征象和标志有其"方法论"：区域地形特征——通过读地形图加以概括；区域气候特征——通常通过分析气候资料（多以图的形式呈现）加以概括。关于认识区域特征方法论的教学，要致力于学生掌握认识区域"方法论"，把已有的"方法论"用于解决具体问题，并通过训练达到积累和巩固的目的。

区域特征的归纳要注意结合尺度大小的关系，对细节与整体进行把握。高考试题启示我们在高三备考教学中要加强对尺度大小敏感性的教学。

（4）地理思维和地理推理。

地理推理是地理思维的重要形式，经常表现为尺度转换，理解空间序列问题,理解空间距离的意义,理解空间关联性和空间变化,等等。地理事物在空间的构成包括方位性和方向性,具体到试题层面,表现为运用地理空间关系、地理事物之间的联系等,对有关地理事物进行认知、推理分析。例如,2012年新课标甲卷"芦笋种植",2015年新课标乙卷"黄河三角洲地貌发育"等题。

对一线备考的启示:高考试题通过具体问题情境测试考生的地理思维品质。掌握认知地理事物的方法,灵活运用于具体地理问题,在认知过程中评价学生地理思维水平,这是备考教学提升考生成绩的关键。

四、效率与质量——高考备考策略与教学建议

为了学生的现在和未来,高三备考要面向全体学生,因材施教。明确"考理",做好"教理",找准定位。依托于主干知识,注重学生地理学科能力和地理素养的培养,落实高考考核目标。

高考备考原则是:实效为本,重视基础,科学规划,促进发展。备考教学策略是:依据课程标准与考试大纲,落实考核目标与要求,遵循教育规律,根据学情,整体设计高三的复习教学。在教学中,注重学科思想和方法,逐步进行学科内容的整合,把握主干知识,加深对地理事物的理解,拓展学生的地理思维空间。重视复习和训练的针对性、常规性。优化训练与自我反思,提升备考教学的质量。

在教学中,要依据教学论和教育心理学的原理和方法,注意激发学生的地理学习兴趣,使其逐步养成良好的学习习惯。深入备课,精讲精练,精选试题,强化训练。

在高三备考教学中注重体现地理学科思想,包括一般法则(共性)和特殊描述(个性)之间的关系,地理学尺度思想,认识区域特征的方法,地理思维和地理推理,地理空间与时间(地理事物空间结构与过程),从地理学科思想方法的层面提升高三备考的质量。

1. 高考考核目标与要求

考核目标是根据考生完成测试的思维过程制定的,即审题、发现和分析有效信息,联系背景知识,设计解决问题的路径,进行推理、判断、分析、综合、比较等,解决地理问题,并表述有关结论。考核目标包括"获取和解读地理信息,调动和运用地理知识、基本技能,描述和阐释地理事物、地理基本原理与规律,论证和探讨地理问题",其要求与认知规律、地理命题设计的思维过程是一脉相承的。

"获取和解读地理信息"是解题的基础环节和关键环节，要求学生能够从题目的文字表述中获取地理信息，包括读取题目的要求和各种有关地理事物的定性、定量信息；能够快速、全面、准确地获取图形语言形式的地理信息，包括判读和分析各种地理图表所承载的信息；能够准确和完整地理解所获取的地理信息，达到全面、准确、熟练、灵活、深刻、严密、清晰、多元的要求。

"调动和运用地理知识、基本技能"要求学生能够调动和运用基本的地理数据、地理概念、地理事物的主要特征及分布、地理原理与规律等知识，根据题目要求作答；能够调动和运用自主学习过程中获得的相关地理信息；能够选择和运用其他相关学科的基本技能解决地理问题；能够运用地理基本技能，如地理坐标的判断和识别，不同类型地理数据之间的转换，不同类型地理图表的填绘；等等。

"描述和阐释地理事物、地理基本原理与规律"要求学生能够用简洁的文字语言、图形语言或其他表达方式描述地理概念，地理事物的特征，地理事物的分布和发展变化，地理基本原理与规律要点；能够运用所学的地理知识和相关学科知识，通过比较、分析、判断，阐释地理基本原理与规律。

"论证和探讨地理问题"要求学生能够发现或提出科学的、具有创新意识的地理问题；能够提出必要的论据，论证和解决地理问题；能够用科学的语言、正确的逻辑关系，表达出论证和解决地理问题的过程与结果；能够运用正确的地理观念，探讨、评价现实中的地理问题。

四方面考查要求的层次逐步提高。高质量的思维品质是文字表述清晰的基础。

对一线备考的启示：把握对地理基本概念、原理、规律等的理解程度，对地理基本技能、基本方法的掌握程度；注重提取、加工、分析地理信息的能力，自主学习、独立思考能力，以及解决实际地理问题的能力。

2. 学科内容整合

高三教学要具有教材整合意识，实现知识的重构。对教材中的同类或相似的地理问题进行归纳，例如，人口分布、不同地区的农业生产和工业生产等。分析某一区域时，注意把握诸地理要素之间的内在联系，构建知识结构概念图。在分析方法上，注意以某一联系要素或方式（以非逻辑关系为主）为线索，建立地理知识之间的各种关联体系（知识重组）。要善于归纳整理知识，理解其内在联系，以点带线，以线带面，逐步做到内容图像化，知识结构化，思维多元化。

从不同的角度对地理知识进行整合，加深理解。从地理要素分布的静态视角(或空间结构分布)整合,如气候分布、等温线分布、等降水量线分布、等高线分布、植被分布、矿产资源分布、重要地形分布、河流湖泊分布、城市分布、人口分布、工业区分布、农业区分布;从地理要素分布的动态视角(演变过程)归纳,如大气运动、流水运动、城市演变(人口流动)、地质变化、外力作用、植被变化、工农业变迁等。

注重地理学科能力培养,提升地理思维品质,逐步解决高考能力要求和学生实际能力之间的落差。确定不同阶段、不同内容的复习主题,把握地理基本概念、原理和规律,有针对性地进行地理空间思维、逻辑思维训练。在新情境下,通过知识重构培养学生的地理学科能力,实现地理思维的突破。

根据教材进行回忆总结,思考每章、每节的知识内容,思考地理事物的特点和形成原因,充实完善原有的知识主线,在回忆中查缺补漏,细化和不断强化主干知识。将教材中知识点由点连成线,由线织成网,形成多个相关知识点的网络。

在组织复习内容时,要处理好"考纲""课标""教材"之间的关系,优化后再实施。在设计复习课时要根据考纲要求与学生实际,以人口与城市为例,如图1所示。

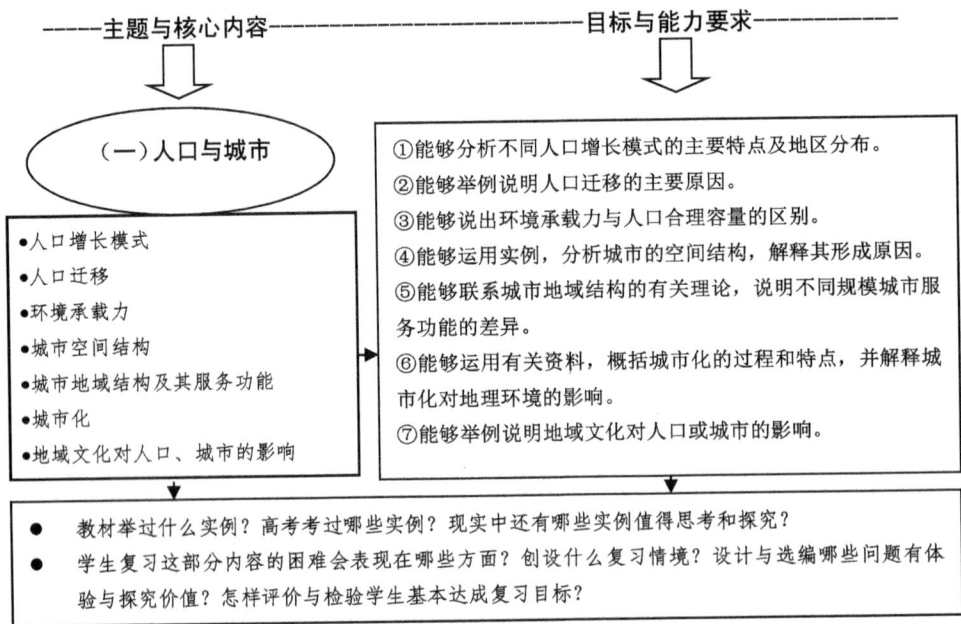

------主题与核心内容------   ------目标与能力要求------

(一)人口与城市

- 人口增长模式
- 人口迁移
- 环境承载力
- 城市空间结构
- 城市地域结构及其服务功能
- 城市化
- 地域文化对人口、城市的影响

①能够分析不同人口增长模式的主要特点及地区分布。
②能够举例说明人口迁移的主要原因。
③能够说出环境承载力与人口合理容量的区别。
④能够运用实例,分析城市的空间结构,解释其形成原因。
⑤能够联系城市地域结构的有关理论,说明不同规模城市服务功能的差异。
⑥能够运用有关资料,概括城市化的过程和特点,并解释城市化对地理环境的影响。
⑦能够举例说明地域文化对人口或城市的影响。

- 教材举过什么实例?高考考过哪些实例?现实中还有哪些实例值得思考和探究?
- 学生复习这部分内容的困难会表现在哪些方面?创设什么复习情境?设计与选编哪些问题有体验与探究价值?怎样评价与检验学生基本达成复习目标?

图1 "人口与城市"复习设计

3. 区域地理复习

近年高考中区域地理的考查思路:在没有区域知识背景下,如何考区域,即给区域素材,并不关注具体区域知识,关注在区域情境下,分析地理问题的思路和方法。

掌握区域地理的基础知识,对于世界地理要给予充分的重视。关注区域定位、地理各要素分布、区域特征概括。区域自然环境特征包括区域内地形、土壤、气候、河流、湖泊、自然带、自然资源等地理要素的基本特征;区域人类活动的主要特征包括工业、农业、交通运输业、商业、旅游业等经济活动的基本特征及其主要成因等。同时,注意区域联系与区域差异(问题比较)、区内联系(概括共性、综合分析)、区域整治(历史的发展与反思)等。

在复习过程中,引导学生尝试用高中地理的概念、规律和原理看区域中发生的地理现象。通过复习,形成区域地理知识结构概念图,形成对知识的深入领悟。要善于归纳整理知识,理解其内在联系,如气候知识的组成要素及其相互关系等。

注重区域分析的方法,从自然和人文各个要素和要素之间的关系出发,依据试题设问,对知识进行整合,结合高中地理的地理原理和规律,参考教材中分析地理问题的思路和方法,侧重区位分析、地理问题成因及因地制宜解决问题的措施。复习区域地理,建议参考教材中的典型区域,不必面面俱到。

4. 技能和答题规范训练

注意提升地理训练的质量,根据学生的学习薄弱点,精心选题,进行针对性训练,如单元主题训练;结合试题,精心讲评,尝试从多个方向去寻找解决问题的切入点,提高解题效率。

把握教学和训练的选题原则。根据经验、不同阶段的学情、试题题量、难度恰当选用高考典型试题:逐步使用,不要过早使用,可以作为例题、练习题使用;使用新题,不用怪题、偏题;多用常规题、典型题;少用难题,多用中档题、变式题。具体做法:①坚持"每周一测"。每周根据前面复习过的重点知识拟一份试卷,以基础题为主,统一组织限时训练,使所复习的知识形成体系,达到巩固的目的。②提高试卷讲评效益。认真做好试卷的统计、分析、研究,合理确定讲评主线(知识、错误类型、方法、能力特征),讲评结合且重点在"评",鼓励学生多参与。讲评要寻找问题和差距,进行答题指导,归纳解题思路,使学生学会分析方法。讲评过程要突出重点,详略得当,控制讲解的深度和容量,注意延伸拓展,及时归纳总结。

注重地理综合题的解题方法,把握综合思维,例如,空间信息的提取与定位——自然地理条件的认定(地形、气候、自然带、河流等)——自然地理原理方法的运用与人文地理观点、分析方法的运用(工业区位、农业区位、环境问题的对策措施等)——历史发展的启示与反思。答题时需要注意区域空间定位(经纬网定位法和区域特征定位法相结合),根据位置(海陆位置、经纬度位置、相对位置)和图文信息,进行发散性思维,找准知识点定位,整合信息,进行逻辑推理,准确判断。

加强技能和答题规范训练。训练要遵循重"质"少"量"、求"异"略"同"的原则,努力做到举一反三、触类旁通。答题规范上要求做到科学化、要点化、简约化、工整化,即尽量使用地理术语,注意语言的严密性和逻辑性。梳理、组织语言,把握关键词,使用有效信息,尽量全面地呈现自己的知识储备。解答思路、层次要清晰,重点、关键点列于前面;简洁、准确、完整地表述,注重表达的逻辑性,避免说出大段的空话,用序号将答题要点条理清晰地列出;保持卷面整洁,书写认真,行文流畅,不能出现病句和错别字。

复习教学确定"三个必讲",即核心问题必讲,思路方法必讲,疑点问题必讲;"三个到位",即训练到位,点评到位,纠错到位。重视思维过程,地理课堂复习"思维密度"应该大于"知识密度"。夯实基础为前提,注重应试技巧的训练。强化和优化表达,规范答题。要求学生"平时讲义考试化""平时考试高考化",为"高考平时化"打下基础。

考生要熟练掌握教材中的结论,回归课本,借鉴教材的思路和语言(理清表述问题的思路,时间、空间的逻辑关系),并充分利用题目材料(如河流地貌,干旱区开发与治理等)进行具体分析。根据典型试题(高考试题)答案,体会答题时的贴题技巧。考生只有经历了体验、思考的过程,才能更真实地建立地理概念,更好地掌握关于地理问题的思考方法,这些概念和方法是在面对地理问题时真正可以调动和应用的。

建议考生在日常学习中做到:"看、想、悟、画","看"是指看地图、书本、错题本;"想"是指通过学习和训练建立地理心理地图,建立完善的地理知识结构;"悟"是指理解感悟地理概念、规律、原理和思想,以及平时学习和训练中容易出错的地方;"画"是指学生(自检)画辅助图、地图简图、知识结构图。

5. 差异性教学策略

着眼于关注每一位学生的发展,高三阶段应实施差异性教学。首先,深入分析学情,关注学生学习薄弱点,找准每个学生的上升空间,合理安排复习起点及学习容量,因人施教。其次,对基础不同的学生需要提出不同的要求,有的学生需要专攻薄弱环节,有的学生需要应试心理疏导,而有的学生则需要应试策略指导(尤其是尖子生)。最后,针对文科学生普遍存在弱科、偏科现象,可采用结对子的办法为学生补缺补差。

6. 教学组织策略

教研组织和教学组织要解决不同群体的学习效益问题,包括两个层面,一是高三年级教学组的合作(教师层面);二是学生层面的合作学习策略。教师团队应发挥集体智慧,坚持落实"集体备课",通过制订每周的教学计划,组织集体备课,分析、讨论教学情况和问题,进行针对性训练,提高高三年级的备考教学质量。

高三阶段的课堂教学组织方式亟待变革。"金字塔"学习理论认为,学习效果在30%以下的几种传统方式,都属于个人学习或被动学习,而学习效果在50%以上的,都属于团队学习、主动学习和参与式学习。促进学生层面的合作学习,倡导探究学习、体验式教学,努力做到"课外减负、课内增效",帮助学生通过归纳与提炼、练习命题、批阅试卷等,提升学习能力。高质量的复习不是机械地重复,理解记忆是基础,思考运用才是目的。高三备考师生同行,教师指导学生预习,尝试建立知识网络,师生共同对知识进行整理加工,没有学生参与的复习活动是低效的。真正的学习应当是:从培养学生的地理素养出发,教学过程不应重结论、轻过程(重学会、轻会学),而应重视思维的过程,强调掌握知识的方法,强调学生探索新知识的经历和获得新知识的体验。

复习备考阶段,教师要引导学生进行心理调节,减轻压力,尽可能创造温馨、宽松、积极上进的学习氛围;使用"留白",给学生更多的思考时间,感悟地理原理、规律等;经常倾听学生的想法,探讨学生的答案及其解题思路;适时与学生沟通,做学生的知心朋友,用"爱与责任"来对待每一位备战高考的学生;要用"平和的心态"看待高考,在"轻负担、高质量"上做文章。

高考趋势是明确的,如何把握好备考的高度、角度和深度?态度比水平重要,思考比理念重要,行动比心动重要。高三备考的智慧在于教学要回到教学设计,回到对学生的研究上去,回到对课堂教学方法、有效教学的研究上去,不要热衷于题海战术、猜题"押宝",做"盲人摸象"的事情。

我们要看到教育的精彩,更要看到过程中的艰辛;看到某个环节的表象,更要看到它的本质;要用哲学的眼光看待教学、考试,研究其中的为什么,如此才能有收获;最重要的是"退而结网",有思想的本领,有沉静的心态,水域开阔,船才能畅行,技法娴熟,才能游刃有余。因此,我们要学习、思考、实践,建立信念,让地理课堂厚实起来。

参考文献:

[1]中华人民共和国教育部. 义务教育地理课程标准(2011年版)[S]. 北京:北京师范大学出版社,2012.

[2]中华人民共和国教育部. 普通高中地理课程标准(实验)[S]. 北京:人民教育出版社,2003.

[3]教育部考试中心. 2015年普通高等学校招生全国统一考试大纲(文科·课程标准实验版)[M]. 北京:高等教育出版社,2015.

[4]袁孝亭,王向东. 重视地理学科的核心能力与地理观点培养[J]. 课程·教材·教法,2003(10):20-24.

[5]张亚南. 高考地理学科思维能力价值评价[J]. 课程·教材·教法,2010(4):84-88.

[6]吴岱峰. 基于地理课程标准的大规模地理教育考试命题与思考——以2009年~2011年高考安徽文综卷地理试题为例[J]. 中学地理教学参考,2012(10):6-13.

第四篇 DI SI PIAN

地理教师素质与专业发展

课堂与生活①

感谢蚌埠市教师进修学校提供这样一个机会，让我来到这里与大家交流，谈谈关于教育的事情。我接到任务后有些惶恐，因为没有多少新的东西可讲。按照要求谈谈"地理新课程改革的经验、做法和困惑"，其实，进入课程改革以来，困惑还是有不少的。如何消除这些困惑？视野需要拓展，思想需要转变，且行且思……希望这是一个不同的视角。

今天的内容缘于2011年4月，母校蚌埠三中让我回学校说点什么。另外，还要感谢蚌埠九中领导和老师2012年组织的读书俱乐部，使我有机会重新进入读书的状态。我把自己学习的一些体会和大家交流，请大家批评指正。

蚌埠九中组织阅读的书目之一是福建学者张文质先生的《教育是慢的艺术》。作者在书的目录中列出了九篇演讲稿，我注意看了这样几篇：《"消极"是我们最可怕的敌人》《教育的勇气》《教育是慢的艺术》和《生命的礼赞》，深受启发。是的，"消极"是我们最可怕的敌人，做教育需要勇气面对各种复杂的情况，包括面对自己。做教育不能偷走孩子的梦想，做教育要以学生父母的心情去听课……今天，我们应该怎么当小学教师？当我们直面教育与生命的悲情时，我们该如何去做？做教师，做校长，如何建设一所优质学校……教育是慢的艺术，做教育是对生命的礼赞。我想，每个人的经历都是对"教育是慢的艺术"最好的诠释。

把我们的教育与生活放到时间和空间的坐标系中，判断、观察和思考它的位置和运动轨迹。从空间视角来看，这是地域的变化，场景的改变，不同的教育场所：家庭、学校、社会；从时间视角来看，这是我们的生活，成长的过程。其中有几个关键的节点，决定了我们的生活格局。作家柳青在《创业史》里说："人生的道路虽然漫长，但紧要处往往只有几步，特别是在人年轻的时候。"在短暂的时间里，我们经历这样一个过程，从学生，到走上讲台，做教师，或教研员：听课，

---

① 原文系在蚌埠市"现代学校发展与教育领导力"教育论坛上的发言稿（2014年4月）。

评课,命题,调研……经历喜怒哀乐,这些不正是一个个鲜活的生命化教育过程吗?每个人的经历都是对"教育是慢的艺术"最好的诠释,我想我们就是故事中的主角。在这个过程中,观照自己,反思做教育的历程:我们的教育观念是什么,教育理想是什么,教育个性是什么?雅斯贝尔斯曾说,教育是一片云推动另一片云,一棵树摇动另一棵树,一个灵魂召唤另一个灵魂。那么,我们推动那样一片云了吗?摇动另外一棵树了吗?召唤另外一个灵魂了吗?

前段时间,我在蚌埠市地理教师QQ群里与大家讨论地理教学比赛,在讨论交流之后,我思考自己的工作:教研员工作的出发点和归宿在哪里?如果将今天的地理教学放在时间和空间的维度下,那么如何去考量评价?回想自己的学习和工作,哪些会成为我们教育生活的底色?基于时间和空间的维度:在这样一个轨迹中,一个个重要的节点(区位),闪现而来。

我的中学生活是在蚌埠三中度过的,感谢母校给我的教育。蚌埠三中的前身是私立崇正中学,所谓"崇正",乃取"高山仰止,崇正求真"之意。蚌埠三中是一个敢为天下先的地方。1976年,打倒"四人帮"后,国家进入拨乱反正的年代,1978年,三中面向全市招生,并设立两个实验班。我们那一届在高考中取得了非常好的成绩,但我落榜了……三中给我留下了许多美好的回忆,也留下了不少痛苦的回忆,正是在美好和痛苦中,在挫折、挣扎和进步中,我最终找到了自我,开始为自己、为家庭、为教育做一点事情。

蚌埠三中的老师水平很高,且个性鲜明,课堂也是各具风采。虽然时间把许多往事悄然尘封,但很多美好的事永远铭记在心,特别是老师对我的教育,给我留下了至深的印象。记得在一次语文课上,韩子芳先生要求我们全班一起朗读吴伯箫《记一架纺车》的课文,读到"……歌唱他们的爱情……"时,全班悄然。韩老师见状有些生气,苍白的面颊因此而变红,她用很激动的声音告诉我们:不要世俗、虚假,要正视生活中的事情,要面对生活的真实。这节课给我留下了深刻的印象。韩老师本真且充满人文情怀的课堂告诉我们,教育贵在求真。陶行知说"千教万教教人求真,千学万学学做真人",说的正是这个道理。

第二位印象深刻的老师是高中时教我们语文的胡广恩老师。那时候没有高考辅导资料,于是,胡老师便用毛笔将语文高考复习内容写在大白纸上,贴满了教室四周的墙壁。胡老师在课堂上充满激情,现在想来,老师那响亮的声音,仿佛就在耳边回荡……胡老师历经人生坎坷,但不坠生活之志,而且从来不把生活不顺的情绪带到工作中。坚强,不抱怨,多实干,这是胡老师给我的启示。

第三位老师是高中的历史教师刘希昆先生。他的课堂是特别的,每一节历史课前,老师都用很工整的楷书写下中外诗词名篇,挂在黑板上给大家讲解。于我而言,历史内容则在其次了。普希金的《假如生活欺骗了你》,莎士比亚的十四行诗,李白的诗,李煜的词……从那个时候背下来,直到今天,这些让我终身受用。刘老师给我的启示是:课堂传递的不仅仅是教材的知识,教师更应该帮助学生打开更加宽广的视野,生活才是永远的教科书。我想,这是生命化教育的内涵之一。

第四位老师是专业精深、教学艺术精湛、关爱学生的梅岱先老师。梅老师的化学课很受学生欢迎,他待学生温和、含蓄、关爱。1992年前后,我在蚌埠四中再次聆听了梅老师的化学课,作为学生重新聆听老师的教诲,分外激动……一节课不知不觉就过去了,留下的不仅仅是充实的教学内容,更多的是老师的笑容。老师的教育影响了我的工作志向。

实际上,在我们身边有很多优秀教师,他们在课堂上或娓娓道来,或跌宕起伏,或温文尔雅,或逻辑缜密,各具风采……他们以精湛的教学艺术,吸引了无数莘莘学子;他们用自己的生命活动传承了知识,也培养教育了学生;他们用自己的教育实践诠释了生命化教育。从传统教育中汲取教育智慧,在这些节点上,教师的教育教学行为、价值判断,影响和造就了许许多多的学生。在今天看来,这些也加深了我们对教育的理解:学习过程是以人的整体心理活动为基础的认知活动和情意活动相统一的过程;促进学生的发展,一方面是认知的发展,另一方面是情感的发展。

环顾我们周围不同的教育风景,面对这些场景,我们有怎样的思考?从周围老师、学生、课堂中去思考教育应该由哪些要素构成,教育应该给学生、给自己注入什么样的生命?成为好教师的要素,构成好课的要素有哪些?教育是什么?面对课程改革中关于课程标准、教材和教学的观点,我们如何看?课程标准、教材能否成为"圣经"?课程标准、教材是不断完善的,教材是主要的课程资源。如何看课程改革中的教育创新?如何看课程改革教学中的各种"模式"?教育创新的本质在于因地制宜、因材施教和创造性地实施教学。我们要慎重面对教育创新。教育创新不等于从无到有,而是在教育原有的基础上找到适合不同学生和教师的学法、教法,这才是教育创新的过程。

今天,我们有缘成为教育者,课堂应该给、可以给学生什么?从学校文化构建的角度来看,学校作为文化的传承载体,教师作为文化构建的实现者,我们的价值在哪里?尊重每个学生的个性发展,顺其自然,因势利导……让孩子们像山上的花儿一样生长,让孩子们快乐地成为自己。教育的本质是为了人的健康发展,培养和开发每一位学生的潜能,服务于人的终身幸福,这是教育的原点和归宿。教育需要倾听的情怀和胸怀,更需要教育的智慧,需要实践的智慧。

回顾自己的从教之路,我1987年走上工作岗位,有一个简单的愿望就是不能让地理课上得学生不爱听,在课堂上做别的事情;1996年进入蚌埠二中,有一个简单的想法就是努力上出属于自己的地理课。很多时候,我们需要的不是抱怨,而是实实在在做点事情。在蚌埠二中,我从精英教育的失败中深刻认识到教育是一件朴素的事情。2003年来到教研员的岗位,此时的我,一个简单的想法就是地理学科教研活动要规范,内容要实在、有质量,让参加活动的教师有真实的收获;还有一个简单的期待就是让更多的人感受地理,理解地理的美,感受地理的力量。这样的一串脚步,不正是一个生命化教育的过程吗?

还课堂于教育的本真,努力上出属于自己的地理课。在每节课上,我们可以实实在在感受到知识,学到知识,形成技能,感受到教师和学生彼此所给予的快乐,这才是教育的意义和价值所在。地理教育应该"有思想""有情感""有视角""有生活",帮助学生认识世界、发展自己。地理教育的价值追求是:汲取地理智慧,服务健康人生,以促进学生生命整体和谐发展为出发点,重建课堂,实现师生共同成长。

回首昨天,思考今天,课堂生活,这是生命化教育的过程。

产生过懈怠,甚至怀疑……张文质在《教育是慢的艺术》中说过,"消极是我们最可怕的敌人",要有"教育的勇气"。做教育的人,我们需要跟着什么走?学校、课堂,如何为学生的终身发展提供真意?教育终究是基于生命和贯穿于生命的,因此,它最终能够以更美好的生命方式,缓慢而坚定地证明人性的胜利,证明我们内心对自由、光明、幸福不可扼制的渴求。我想,教育的真谛,就在我们平平常常的生活与工作中。张文质曾说,让我们时时提醒自己,克制自己,改变自己的否定性思维,让我们一点一滴地变得阳光一点,积极一点,主动一点,努力着慢慢地使自己成为建设性文化的一部分,成为赞美文化的一部分。我深信教师的教育观念和生命意识才是学校文化中最具意义的力量……教师不仅是知识的传递者,更重要的是,他是作为一个具体的人在影响、默化、润泽着每一个学生……我们的生命会始终浸润在人性的光泽之中。这些,我们感同身受。

课堂生活是生命化教育的重要组成部分。在这个过程中,什么是最重要和最宝贵的?穿越人生的时空,思考曾经走过的路和即将开启的路程,叩问自己,聆听内心,与内心对话。人一生什么是最重要和最宝贵的?是金钱,是自由,是尊严,是爱情,是荣誉,还是……课堂对我们意味着什么?课堂是生活,是生命。如何让自己活得快乐?取决于我们的心态。我们应该在生命化教育的过程中去找到属于自己的快乐。

教师的工作是单调的,甚至是贫乏的。我们的"工作"往往就是过程,是一系列琐碎而极平常"事"的累积,也许每时每刻都很忙碌,也很充实,但似乎又什么都没有做,因此往事无可回想。我想,这是"慢"教育的另外一个内涵。印度诗人泰戈尔说过,天空中没有鸟的痕迹,但我已飞过。重要的是体验教育生活的过程,并在质朴、平淡中积累一种力量。这种力量可以改变教育、改变生活、改变人生,这就是生命化教育——慢,它贯穿于教育生活的始终。

教育是什么?教育就是经过数年后依然存在的、留在你脑海里的、留在你内心深处的东西。爱因斯坦曾引用过这样一句话:如果人们已经忘记了他们在学校里所学的一切,那么所留下的就是教育。课堂与生活给我们的启示就是:教育即生活,生活即教育。

把握教材特色 创造性地实施教学

——人教社课标版高中地理教材分析与教学建议[①]

高中新课程实施后,课究竟该怎么上? 新课堂是要热热闹闹地带着学生搞活动吗? 教材发生了显著的变化,怎么理解课程标准在教学和评价中的作用? 课程标准与教材的关系是怎样的? 怎样用好人教社课标版高中地理教材? 教材里的活动、案例、阅读、问题研究等栏目该怎么处理? 如何把握好新教材的深度和广度,如何处理好教材?在课程改革背景下,高考应该怎么考? 这些问题是一线教师普遍关心的问题。先看一个例子。

教材比较:"农业"一节大纲版和课标版比较

教材结构:

原教材:提出论题;分析影响农业的区位因素(叙述);活动。

新教材:用一段很短的文字和示意图介绍区位概念和影响农业区位的因素;用"活动"的方式引导学生对水稻农业区位进行分析,活动的设计具有一定的深度和可迁移性,引导对问题的探究。

新教材活动分析:通过活动,引导学生对影响农业区位因素的全面认识;用"案例"(环地中海地区农业变迁)的方式引导学生对具体地区农业区位因素变化进行分析,对前述总结进行"验证",活动的设计具有一定的深度,引导对问题的探究。

新教材章节的具体编写,依据课程标准和一线教学的实际,在呈现思路上发生了改变。设计活动3个,案例2个,设计问题9个,涉及区域6个,正文3小段,提供概念2个,要求课时为1课时。

一、人教版高中地理教材的主要特点

明确人教版教材的特点,明确课程标准与教材的关系,把握教材内在的逻辑结构,理解教材的体例,是我们实施地理教学的基本依据。

---

①原文系承担人民教育出版社高中地理教材培训讲稿(南宁,2013年7月)。

1. 教材恰当把握继承与创新的关系,有利于平稳过渡到新课程

必修教材与原教材相比,体现出"不变"与"变"。

人教版地理必修1目录:

第一章　行星地球

　第一节　宇宙中的地球

　第二节　太阳对地球的影响

　第三节　地球的运动

　第四节　地球的圈层结构

第二章　地球上的大气

　第一节　冷热不均引起的大气运动

　第二节　气压带和风带

　第三节　常见天气系统

　第四节　全球气候变化

第三章　　地球上的水

　第一节　自然界的水循环

　第二节　大规模的海水运动

　第三节　水资源的合理利用

第四章　地表形态的塑造

　第一节　营造地表形态的力量

　第二节　山岳的形成

　第三节　河流地貌的发育

第五章　自然地理环境的整体性与差异性

　第一节　自然地理环境的整体性

　第二节　自然地理环境的差异性

可见,人教版地理必修1对于经典的自然地理内容稳中求变。"不变"体现为教材的逻辑结构保持不变。

这种"稳"和"变"均是依据课程标准的要求。理解的关键在于对照课程标准,分析教材体系。

【例1】第二章"地球上的大气"与原教材的比较

第二单元　大　气

　　2.1　大气的组成和垂直分层

　　2.2　大气的热力状况

2.3　大气的运动

2.4　全球性大气环流

2.5　常见的天气系统

2.6　气候的形成和变化

2.7　大气环境保护

（大纲版教材 2003年6月第1版）

第二章　地球上的大气

第一节　冷热不均引起的大气运动

第二节　气压带和风带

第三节　常见天气系统

第四节　全球气候变化

问题研究　为什么市区气温比郊区高

（课标版教材 2004年5月第1版）

教材涉及初中地理课程标准关于气候的有关内容,如气温与降水的分布,主要气候类型等。

【例2】第二章"地球上的大气"部分内容课程标准与教材的对应:

课程标准:运用图表说明大气的受热过程。

教材设计:冷热不均引起大气运动——大气的受热过程——热力环流——大气的水平运动。

教材的"变"在哪里? 表现为教学内容重点的变化,教学内容和呈现方式的变化。直白地表达概念、观点、结论等各种信息,在活动设计中,把传授和形成经典知识两个过程综合在一起呈现,这对于实际教学具有重要意义。

【例3】同是讲解"气压中心",大纲版和课标版教材存在差异:

(1)提出论题。

(2)分析高低气压中心的形成原因和过程(叙述)。

(3)结论。

新教材重在阐述大气运动,注重表达形成概念、观点、结论和事实的过程,把经典知识的传授和形成经典知识的过程分开讲述。用一段很短的文字介绍原因和结果,用"活动"的方式分析和印证结果:利用热力环流理论解释冬夏大陆气压状况(复习),并引导学生边画边想,带状的气压带被分割成高低压中心,由此形成认识。

【例4】地理必修2大纲版和课标版教材差异:

课标版地理必修2目录：

第一章　人口变化

　第一节　人口的数量变化

　第二节　人口的空间变化

　第三节　人口的合理容量

第二章　城市与城市化

　第一节　城市内部空间结构

　第二节　不同等级城市的服务功能

　第三节　城市化

第三章　农业地域的形成与发展

　第一节　农业的区位选择

　第二节　以种植业为主的农业地域类型

　第三节　以畜牧业为主的农业地域类型

第四章　工业地域的形成与发展

　第一节　工业的区位因素与区位选择

　第二节　工业地域的形成

　第三节　传统工业区与新工业区

第五章　交通运输布局及其影响

　第一节　交通运输方式和布局

　第二节　交通运输布局变化的影响

第六章　人类与地理环境的协调发展

　第一节　人地关系思想的演变

　第二节　中国的可持续发展实践

　　新教材依据课程标准和课程方案的要求，对传统的人文地理内容"削枝强干"，理解的关键同样在于对照课程标准分析教材体系。

课标版地理必修3目录：

第一章　地理环境与区域发展

　第一节　地理环境对区域发展的影响

　第二节　地理信息技术在区域地理环境研究中的应用

第二章　区域生态环境建设

　第一节　荒漠化的防治——以我国西北地区为例

　第二节　森林的开发与保护——以亚马孙热带雨林为例

第三章 区域自然资源综合开发

第一节 能源资源的开发——以我国山西省为例

第二节 河流的综合开发——以美国田纳西河流域为例

第四章 区域经济发展

第一节 区域农业发展——以我国东北地区为例

第二节 区域工业化与城市化——以我国珠江三角洲为例

第五章 区际联系与区域协调发展

第一节 资源的跨区域调配——以我国西气东输为例

第二节 产业转移——以东亚为例

地理必修3以中国和世界为研究对象，从生态、资源、社会经济等方面选取案例，丰富多样，地理区域从区内到区际，体现地理学习的新视角、新内容。教学强调依据课程标准，结合区域地理，进行案例教学，重在引导学生掌握地理学习的思路和方法，对高考备考具有积极意义。

2.教材突出地理学的实用价值

教材体现了地理学的思维和方法对科学认知的贡献，地理学对决策的贡献，地理学对解决社会问题的贡献，地理学对提高公民社会生活能力和生活质量的贡献。

【例5】地理必修2第一章"人口的变化——人口观"：

人口过程：人口与环境的关系（人口容量要合理）——地球最多能养活多少人（环境人口容量）——地球上适合养活多少人（人口合理容量）——理解我国的人口政策（动态分析）。

地理教学注重培养学生的地理综合多要素分析（综合思维）能力，这对理解高考考什么具有实际的意义。

（1）综合地看待问题：把环境—社会系统或自然—人文现象联系起来。

（2）动态地观察世界：要素和系统的变化，时间和空间尺度的相互依赖和影响。

（3）多样的空间表述：图像、语言和数字等的运用。

（4）循序渐进地提供观察和认识世界的独特视角。

通过分析高中地理教材，理解教材的内在逻辑性，引导学生通过有逻辑的地理知识的学习，逐渐建立"头脑中的地图"（概念图），引导学生从"学会地理"走向"会学地理"，这也是切实掌握教材、掌握知识以及高考备考的需要。

在教材分析上我们应注意把握三个维度：

第一，知识维度，即完成课程标准的基本要求，体现先进的学科基础，反映地理的实用价值，设计精当清晰的逻辑结构。第二，思想文化维度，强调科学精神的锤炼，人文精神的陶冶。教学上应重视培养学生研究性学习的思路和方法。第三，教材的模块设计维度，体现共同的学科背景，地理学习方法和价值追求。

必修模块教材所体现的价值追求：

自然地理1：以组成地理环境各要素的运动为核心，揭示基本的自然地理过程和规律。尊地之规，建设美好家园。

人文地理2：以人类活动为核心，分析人类活动与地理环境的关系。以地为生，协调人地关系。

区域地理3：以区域发展中面临的问题为核心，探究问题发生的原因、过程、结果和对策，体会区域可持续发展的思想。因地制宜，促进区域发展。

选修模块教材所体现的价值追求：

偏自然地理的课程：《宇宙与地球》《海洋地理》《自然灾害》——体现科学的宇宙观；海洋意识；灾害意识；国情教育。

偏人文地理的课程：《环境保护》《城乡规划》《旅游地理》——体现环境意识；发展教育，地理审美；科技发展教育；地理认知；可持续发展教育；国情教育。

偏地理技术的课程：《地理信息技术应用》。

教材重视基本地理过程、地理成因和地理规律的揭示，强调地理思想和方法的教学，这是学科的本质。地理过程包括：地球的运动，大气过程，水文过程，地貌过程，整体性和差异性规律，人口过程，城市化，农业地域的形成，工业地域的形成，等等。

【例6】"地球上的大气"的逻辑结构。

地球上大气的运动，基本过程，热力环流（案例分析），大气的受热过程，环流的形成过程，不同尺度的大气运动，全球性的大气环流，气压带和风带的形成与分布。

常见的天气系统（局地尺度）：锋和锋面，低压（气旋）和高压（反气旋），全球气候变化。

逻辑：大气如何运动？——原因、过程、结果。

大气运动的影响——基本态势，对天气气候的影响。

3. 教材因循研究性学习的思路，倡导改变学生的学习方式

教材在表达方式上体现创新，在设计上因循研究性学习的思路，基于问题、案例、情境的思路设计组织教材,引导教学过程。培养学生的问题意识,重视动手进行地理实验,突出案例教学。

　　教材通过表达方式的创新,引导地理教学,激发学生学习地理的兴趣,改变学生的学习方式,有意识地为学生的自主学习创造条件,使学生在自主学习中获取基本的地理技能和方法。

二、人教版高中地理教材分析

　　一方面,教材体现课程标准,体现课程改革理念。另一方面,我们要依据课程标准分析高中地理教材,把握教材体系上的整体性与内容上的递进性特点。

　　为了便于学生理解和掌握,便于组织教学,教材在内容和体例上具有规律性,章节之间知识具有较强的内在逻辑性,体现了自然地理和人文地理的关系。

1. 教材的体例设计

　　教材呈现方式(体例设计)上的变化,目的在于体现主动学习的学习过程。教材多样的呈现方式是通过各具特色的栏目设计来实现的。课标版教材继承了旧教材"活动"和"阅读"两个栏目,新编排了"内容提要""问题研究""案例""读图思考"四个栏目。

　　必修教材中的栏目包括:内容提要(以问题的形式出现),思考或读图思考,案例,活动,问题研究,阅读。

　　选修教材中的栏目包括:学习目标,关键词点击,思考,案例,活动,阅读,相关链接。

　　(1)课文。

　　包括文字和图像,它们是教材的主体。课文在注重内容、文字和逻辑结构规范的同时,要更好地体现教材的工具性,注意教材文本的叙事逻辑。

　　"阅读"是为了丰富和补充知识而设计的。对图表的观察、分析和运用,是地理学习的重要方法。针对图表设计"读图思考",提高了图表的思维价值。教材中还设计了"思考"栏目,旨在培养学生勤于思考的习惯。

　　"活动"是课文的重要组成部分,依据教学内容的需要而设计,侧重对问题的分析过程,旨在启迪思维、促进自主探究。

　　案例的选择突出其典型性、说明性,对课文中的相关内容起到诠释、实证、应用等作用。紧密配合各章内容,教材选择学生感兴趣的话题进行"问题研究",侧重过程与方法,其结果具有开放性。

　　(2)内容提要。

安排在每章篇章页,用设问的形式导出主要学习内容。这些问题基本来自课程标准的内容标准。备课前的建议:看一下各章的学习问题提示,做到心中有数。

(3)研究性学习。

教材中的"问题研究"(必修3个模块共计16个),包括畅想式问题、热点或焦点问题、国家建设问题等。

2. 案例与案例教学

课程标准倡导范例式教学。其"内容标准"中教学目标常用行为化的表述:"结合/运用实例,分析/了解……""举例说明……""以……为例,说明/分析……"等,体现对案例教学的要求。教材对案例进行了不同的设计,以落实课程标准的要求。

(1)用案例来诠释、实证、应用理论。

例如,教材用案例说明城市内部空间结构的形成,河流地貌中的侵蚀、堆积是怎样发生的,等等。

(2)用案例作为分析问题的素材,从中归纳出理论。

例如,地理必修1第四章"地表形态的塑造"中的"山岳的形成""河流地貌的发育";地理必修2第三章中的"农业地域的形成与发展""农业区位因素(基础知识)""农业地域的形成(基础知识)"等案例。第三章第二、三节两节共有四个案例,"亚洲的季风水田农业"与"美国的商品谷物农业"为一对;"潘帕斯大牧场放牧业"与"西欧乳畜业"为一对。

从教学设计的角度来看,教材对内容的描述和分析由深到浅,给学生自主学习的空间由小到大,体现了这部分内容学习的重点之一——分析能力的迁移。

地理必修3第一章"荒漠化治理",教材以我国西北地区为案例,后面给出西非萨赫勒地区荒漠化的防治内容,要求教师在教学中,注意拓展案例分析,以实现知识和能力的迁移。

教材在案例选择上,对于主体案例的选择,要求具有典型性、说明性和可迁移性;对于拓展案例的选择,要求具有典型性和分析性(学习性)。例如,"河流的综合开发——以美国田纳西河流域的开发为例",相应地给出"澳大利亚达令—墨累河的开发",进行拓展分析,教材边叙边析。

(3)案例教学。

案例学习是一种以"案例"的文本为"中介",以阅读、提问、分析、讨论、提升、拓展为主要环节的学习活动。

教材表面呈现的只是典型案例的具体材料,课程标准要求的相关知识则需要通过教学,引导学生分析案例获得。所选区域作为案例的材料,重在通过对案例的分析,认识案例背后所体现的地理思想和方法。显然,案例中的知识点本身不要求学生掌握。

教师可根据教学实际,依据案例的真实性、典型性等,对案例进行调整。案例教学要进得去,出得来,即详细展开案例分析,但着眼点不在案例本身,而在于能够迁移、扩展运用到认识其他区域。

案例教学对教师的教学组织要求提高,要求学生学习方式的调整和改变,开展合作学习和探究学习,深化学生对所学知识的认识,激发其学习兴趣,优化教学过程。

关于案例教学的几点建议:第一,要做好案例教学的知识铺垫,即讲解新内容之前,要用一定时间进行有关内容的准备;第二,在技巧上,把握好知识铺垫的时机、时间及内容;第三,选择最佳案例,用好人教版教材所选案例,也可以参考其他版本教材的案例;第四,尽量选取学生熟悉的案例进行教学,可以考虑利用当地典型案例,也可以将其作为课后研究性学习作业;第五,把握好案例教学的核心,即对案例包含的基本地理原理、规律的提取,关键是要学会运用地理方法,分析地理事物;第六,充分尝试新课程改革的教学理念,引导学生大胆改革学习方式。案例教学对提高学生高考应试能力有积极作用。

浅谈高中地理教师的素养①

我们来自不同的学习环境、工作环境,我们有不同的生活经历,我们在地理的天空相逢……

【案例】sally老师的观察。

有一堂小学课给我留下了很深的印象。

老师问:从美国洛杉矶到中国上海,可以利用哪些方法?

一位从印度来的学生说:我喜欢坐火车,坐火车去。

老师说:中间隔着太平洋,没有铁路,怎么办?

学生说:修条铁路吧。

老师说:铁路得修在陆地上啊。

学生说:不是可以建桥吗?

老师说:一条河,或者一条较窄的海峡,可以建桥,但太平洋太大了,一万多千米的距离,水也很深,桥墩没地方建,怎么办?

学生说:我知道,可以建浮桥,不用桥墩。

老师说:建浮桥是个办法,但现在的浮桥距离都是不太远的,太平洋不仅远,还有很大的海浪和洋流,这些因素决定了建浮桥几乎不可能。

学生说:那就挖隧道吧,那样不怕海浪和洋流。

老师说:这比建桥可能性大,但你想一想挖隧道可能会有什么问题?

另一个学生抢着说:花钱太多了,这得花多少钱哪!

又有一个学生说:这么长的隧道,到哪里换氧气呢?人都会憋死的。

老师说:你们再想想还会有什么问题?

有的提到了如何给火车加水的问题,有的提到了乘客没有地方散步的问题……

①原文系承担中国教师教育网高中地理教师业务培训授课讲稿(北京,2014年3月)。

反思: 从教学的角度来看,教师的教学和布置的作业非常注重培养和激发学生的想象力,教师对孩子的想法持宽容的态度,并在此基础上对孩子进行正确引导。对学生的回答,老师不是简单地说"对"或者"不对",而是帮助学生分析哪些是合理的,哪些是需要改进的,哪些是可能存在问题的,理由是什么。

平常教学中,我们很可能一句话就把学生反驳回去了,用否定性思维扼杀了学生的想象力。教师在教学中应当注重启发学生的思维,调整自己沟通的态度,并掌握正确的交流方法,这是教师的一种教育技能。那么,地理教学的意蕴是什么?我们应该给学生怎样的地理课堂,怎样的地理世界?

一、什么是教育

教育的本质是一种培养人的活动,旨在提高受教育者的生活质量。它的目标是培养一种能够为社会创造精神或物质财富,又能享受文明幸福生活的人。教育的内涵是丰富的。陶行知说:"千教万教教人求真,千学万学学做真人。"课堂传递的不仅仅是教材上的知识,更应该帮助学生打开更加宽广的视野,生活才是永远的教科书。

教育活动过程是以人的整体心理活动为基础的认知活动和情意活动相统一的过程。促进学生的发展,一方面是认知的发展,另一方面是情感的发展。

教育的本质是为了人的健康发展,培养和开发每一位学生的潜能,服务于人的终身幸福,这是教育的原点和归宿。我们要实现教育本质的回归:从知识的传递到人才资源的开发;要实现教育职能的转轨:让每个学生都获得成功,实现"不让一位学生掉队"。

建议一: 平静感受,克服浮躁,重在过程,充实自我。

二、地理教师的课堂生活

1. 努力成为一名快乐的地理教师

要成为一名快乐的地理教师,我们需要热爱教育,热爱地理,尊重自我,理解、认同学科价值;要注重过程积累,包括知识积累、技能积累;注重师生关系的构建,真心关心学生,从而获得学生的尊重。

另外,我们还需要重视教育学、心理学、传媒技术对课堂教学的价值,重温和思考教育学、心理学规律和原理对提升课堂教学质量的作用。努力实现课堂教学的升华,形成教师的个性化教学,体现对教育思想与教学艺术的追求。

2.生命化课堂教学与地理教师的生活

生命化课堂教学是新课程背景下提出的一种新的教学理念。其基本特征是关注生命的整体性,尊重生命的独特性,重视生命的体验性。它强调课堂功能的转变,让学生焕发出生命的活力;强调师生角色的转换,实现师生平等合作的关系。

基于新课程理念的生命化课堂教学的建构策略包括:教学目标要以人为本,教学内容要回归学生的生活世界,教学过程要注重动态生成,教学模式要走向交往与对话。

3.如何使我们的生活和生命过程充实

从生命化课堂教学到生命化教育,从更广泛的意义上说,在于塑造学生和教师的生命。

地理教育工作是我们人生的重要组成部分。我们一生中最宝贵的时间都在三尺讲台上度过,那么,我们该怎样度过? 是在埋怨中度过,是在混日子中度过,还是在感受无愧的快乐中度过? 当我们潜心面对教育的时候,我们需要对地理教育进行不断的感知,并在实践中反思,提升自己的教育活动,体验教育的过程实际上也是体验自己生活、生命的过程,因此,教育具有生命意义。

还课堂于教育的本真,地理教师要努力上出属于自己的地理课。在每节课上,学生可以实实在在感受到知识的存在和意义,学到知识,形成技能,感受到学习的快乐。地理教育应该"有思想""有情感""有视角""有生活",追求教学的风格化和创造性,帮助学生认识世界,发展自己。

建议二:地理教师快乐的源泉在自己,我们要去学习,去发现教育的快乐。转变教师角色,走近学生,热爱学生,尊重学生,体现教育民主与平等,让课堂成为充满生命活力的地方。

三、高中地理教师应具备的教学素养

地理教师的素养是在学习和教学实践过程中不断积累而形成的。

首先,地理教师要忠于祖国的教育事业,甘于在教师的岗位上无私奉献。热爱学生,是教师热爱教育事业的集中体现。师生之间的情感联系是一种纽带,是教育得以维系之所在。一般来说,教师对学生的爱是指教师对学生的亲近感,是教师对学生以生活上的关怀体贴为起点而产生的情感。在较高层次上,教师对学生的爱是理解和尊重,是教师对学生因年龄的增长、自主和独立意识的增强所产生的不同于成人的需要、愿望和情感的尊重和理解。在更高层次上,教师对学生的爱是一种期待,是教师期望学生获得较快进步和成长的情感,是教师对学生未来成就的可能性满怀期待的一种深沉的情感体验。教师的这种期待会对学生产生巨大的感召力和推动力,鼓舞学生积极向上,对学生的智力、品德和个性发展都会产生直接的影响,这已经为心理实验和教育实践所证实。

苏霍姆林斯基曾说,在学习中取得成就——这一点,形象地说,乃是通往儿童心灵中点燃着想要成为一个好人的火花的那个角落的一条蹊径。教师要爱护这条蹊径和这点火花。《第56号教室的奇迹》主角雷夫·艾斯奎斯的故事告诉我们,热爱是做好教育的根本,教育需要的是信任、热情和真诚,教学和育人是密不可分的,教育是没有捷径的。

地理教师要严于律己,"以身立教""为人师表",这是教师职业道德的重要内容。教师榜样作为一种具体的形象,具有强烈的暗示和感染的教育力量,对学生具有潜移默化的特殊作用。

我国春秋时期伟大的教育家孔子就十分重视"为人师表",他说:"其身正,不令而行,其身不正,虽令不从。"教师必须遵守法律和职业道德,努力贯彻国家的教育方针,执行学校的教育教学计划,认真完成教学任务。教师要学而不厌,诲人不倦。哈佛大学罗尔斯教授是当代社会学的大师,也是杰出的自由主义思想家。他讲课非常认真,每当讲完一学期的课,向大家告别时,学生们会不约而同地起立鼓掌。罗尔斯教授用他的职业精神为学生树立了榜样。

地理教师要有良好的专业素养。合格的高中地理教师,要具备扎实的地理学科专业知识及教育学、心理学等相关学科知识,具备一定的教育教学能力和教育科研能力。

地理教学的技术是实现教育理想的载体。作为年轻教师,要在教材的理解和把握上下工夫,通过备课、学习、反思和课堂实践,打好教学的基础;锤炼自己的教学语言,做到科学、准确,具有一定的感染力,在节奏上努力做到抑扬顿挫;注重教学综合能力的培养,通过备课、上课、命题、论文写作、多媒体技术等,不断提高教学技术水平。

现代教育是终身教育,教师既是教育者,也是受教育者,教师要具有学习和实践能力,及时把握教育教学、考试评价等发展动态。

建议三:学会开发和利用自己的智力。

四、地理教师的修养

目前地理教育中存在一些问题,例如,一些教师的教育观念与教学相脱节,教学行为缺乏理论支持,脱离课程标准,教学以习惯为主导;一些教师勤于钻研地理科学知识,但忽视学情,课堂教学停留于教材表面,教学活动与学生的地理思维培养相脱节;一些教师存在职业倦怠、浮躁等现象。

教师的成长取决于对学科价值观的认同,地理教师要注重自我修养,培养自己独立思考和判断的能力,通过学习与实践,建立专业自信和教学自信;以深厚的地理专业知识、广博的视野、宽广的胸怀,以自然与人文的视野、哲学和美学的思想、个人丰富的生活经历,去丰润和深化地理教学;以科学的方法研究教学,优化教学行为,提高教学质量;坚持专业发展的道路,努力实现专业自觉到文化自觉的升华。

1997年版《重新发现地理学——与科学和社会的新关联》在谈到地理学视角时提出:"在纷繁的学科研究前沿,如城乡规划、区域经济学、流行病学、人类学、生态学、环境科学、保育生态学和国际关系学等领域,都强调地理视角的重要性。"地理学的理论和方法,空间和尺度等地理概念在许多领域得到重视和应用,地理学的影响正在向专业从业者范围以外扩展。地理教育"培养现代公民必备的地理素养",引导学生"学习对生活有用的地理"和"学习对终身发展有用的地理",以促进学生生命的整体发展,实现地理课程工具性和人文性的统一,科学性与艺术性的统一。地理教育应该"有思想""有情感""有视角""有生活"。教学要紧密结合学生的生活实际,在认识现实世界的过程中,掌握地理的思想方法,而不是为了应付各类考试。地理教育的终极目标是培养学生成为具有良好地理素养的合格公民。

新时期的高中地理教师要拥有教育理想,坚持学习,勇于实践,处理好继承和创新、规范和变革的关系,积极参与教育科研,提升综合素养,强化职业素质,促进专业的持续发展。进入课程改革以来,各地出现了很多优秀的地理教师,这一群体的共同特点是:认同学科价值观,具有高度的责任心和良好的职业态度,专业基础扎实,对教育充满尊重。他们长期坚持专业和精神文化的修炼,以富有生命力的课堂和不断深入的教育研究,丰富了地理教育文化,实现了教师的文化自觉。从教师发展的道路上探讨和研究这些优秀教师,寻求他们专业成长的共性,可以给更多教师以有益的借鉴。

2014年4月,教育部印发了《关于全面深化课程改革落实立德树人根本任务的意见》,强调基础教育课程改革中学生核心素养的培养。教师的心中要装着学生,要清楚每一位学生适应未来发展应该具备的素养,改变过去"以知识为中心、教材为本位"的教学格局,要将课堂教材与学生的素养联系在一起。学科素养不只是学科能力的体现,更是综合能力的体现。

建议四:将学习与实践、思考紧密相连,加强对教材、课堂教学、学生学习方式、教学质量的研究。

努力做到"一二三四"工程,即"一个理想,热爱教育;二颗心,信心和恒心;三个本,笔记本,教案本,好题本;四个学习环节,备课、教学、反思和学习"。坚持不断努力,形成良好的工作习惯,精胜于杂。

我们处在教育改革与发展的时代,这是充满希望的年代。最后,与大家共勉:任重道远,抓住机遇,与时俱进,开拓创新。

地理教师的职业认同与专业发展①

各位领导,各位老师:

　　大家好!

　　有人这样问我:开展教研活动能不能改变我们教育中存在的那些问题呢,能不能很快改善和提高我们的教育教学质量呢?

　　我说:不。教研活动对于学校领导、学校教师,包括很多关心教育的人来说,对教育教学中存在的那些问题,也许不能药到病除,点石成金,但是我相信,一次有效率的教研活动就像一盏灯,能够照亮我们持续前进的路。并且我更相信,每个人的心灵都像一扇窗,窗户打开,光亮就会进来。我发现,教研活动可以帮助我们积累一种力量,这种力量可以改变教育、改变生活。自上次年会以来,我们共同见证了这种力量。

　　在春回大地、生机盎然的季节,我们共同迎来了蚌埠市2013年中学地理教学专业委员会年会。在此对多年来关心地理教育的各级领导,对地理教育建设做出贡献的各位教师,包括已经退休的上届理事会成员和会员,表示衷心的感谢和崇高的敬意! 同时,感谢蚌埠三中领导对年会工作的大力支持!

　　自上届年会以来,蚌埠市中学地理教学专业委员会在安徽省地理学会、安徽省中学地理教学专业委员会的指导下,在蚌埠市教育局的领导下,团结全体教师,服务教育大局,为一线教学服务。以课程改革为契机,深入开展地理课堂教学改革,从教师专业发展的角度出发,开展了形式多样的教研活动,引导教师钻研业务,学习地理课程标准和地理专业期刊,积极参加各类各级教学培训。围绕"实"和"针对性强",积极开展地理课堂教学改革,把转变教育观念、提高教学质量落到实处,取得了显著的成绩,全市有六十多位教师在全国和安徽省地理优质课、教学论文、课件比赛中获奖。陈灿红、匡昌林、李方平、陈雅琼、刘继英、刘小永、沈珍连、唐磊、张威等一批优秀地理教师脱颖而出;蚌埠二十六中宋

---

① 原文系蚌埠市2013年中学地理教学专业委员会年会工作报告。

长军老师的教学光盘《沟壑纵横的特殊地形区——黄土高原》作为优秀教学课例在全省范围内推广使用;蚌埠六中刘戈老师在第三届全国地理课堂教学数字课程资源评选活动中获得特等奖;固镇二中丁波老师积极参加安徽支援四川汶川地震灾区工作;吴岱峰、陈灿红老师受人民教育出版社、教育部课程教材研究所邀请,到广东、四川等地讲课;2009年、2010年分别参加高考安徽文综卷地理学科试题的命题工作;孙尚楼、吴岱峰、丁波、赵东宇、邵同洋等老师在《中学地理教学参考》等全国教育类核心期刊发表多篇论文,2008年承担地理学科省教坛新星评选工作,取得圆满成功,受到参赛教师和领导的好评。这些卓有成效的教研活动,有力地促进了蚌埠市地理教师的专业发展,提升了蚌埠市地理教学的质量,树立了蚌埠市地理教育的良好形象。

2009年11月,王树声地理教学研究室专家一行来蚌埠市调研,指导高三和高中课程改革教学工作。著名特级教师王树声先生就高三备考、新课程改革背景下的地理教学、我国地理教育的发展等向全市及三县老师作了介绍,对拓宽蚌埠市地理教师的专业视野起到了积极的作用,在蚌埠市中学地理教育史上书写了浓重的一笔。

近年来,蚌埠市地理教研工作取得了显著成绩,在省内外产生了一定的影响,初步形成了一个热爱地理教育的群体,标志着蚌埠市的地理教育进入了一个新的发展阶段,这与各级领导的关心和支持,以及广大教师的积极参与是分不开的。

一、近年来蚌埠市地理教育教学工作回顾

1. 注重实效,积极开展形式多样的地理教研活动

认真学习贯彻市教育局的有关要求,转变教学观念,不断深入开展地理课堂教学改革,坚持"面向全体学生,促进全面发展",努力提高教学质量。在教研工作中,明确新形势,学习新课程标准,探索学科教学规律,在教学中倡导"以学生为中心"的教学格局。从教师专业发展的角度出发,规范教研工作,做到精心准备,认真组织,规范进行,体现"四个保证",即地点、时间、内容、人员的保证,要求教师参加教研活动做到"四带",即带课程标准、带教材、带听课笔记、带教学问题,对于提升日常教研活动质量起到了积极的作用。

近年来开展的活动主要包括:组织蚌埠市高三复习专题研讨会、阶段复习研讨会、初高中地理优质课评选、地理优秀教育教学论文评选、地理教学课件评选、地理命题比赛、地理教育教学专题讲座、高中会考复习专题研讨活动、观摩

优秀教学课例、自制教具等等。这些内容丰富、形式多样的教研活动,注重实效,解决实际问题,取得了积极的成效。同时,以课题为抓手,积极开展校本教研,促进了教研活动的深化。在日常工作中,我们还以参加各校"开放日"等形式进行教学研讨,使教研工作稳步推进,取得了显著的成绩。蚌埠市地理教师在参加国家级、省级教学评选中获奖情况在全省名列前茅,充分反映了蚌埠市地理学科的教育教学水平。

开展多种类型的教师培训,引领教师领会新课程的教学理念,提升一线教师的专业水平。近年来,我们多次组织教师参加人民教育出版社和安徽省教科院组织的新课程培训,组织教师参加在黄山举行的中国教育学会地理教学专业委员会学术年会和安徽省中学地理教学专业委员会第五届理事会暨学术年会,组织全体教师观摩学习全国、全省教学评选获奖优秀课例。为了进一步提升教师的地理科研能力,提高撰写地理教研论文的水平,我们请特级教师孙尚楼老师开设教学专题讲座"如何撰写地理教研论文";从提高教师业务水平出发,请吴岱峰老师开设"如何准备地理教学比赛""人教版义务教育教科书七年级地理教材分析""基于地理课程标准的大规模地理教育考试命题与思考"等讲座。

我们不断探索教研工作的新思路,尝试进行教研创新。打破学段、年级的界限,根据教学内容组织初、高中教师共同进行教研活动,增加了教师对初中和高中课程的了解,有利于初中、高中课程的衔接,有利于年轻教师的成长,拓展了教师的专业视野。2012年,蚌埠市举行了首届地理教师命题比赛,引导教师进行原创试题设计,得到了很好的反响。

2. 重视年轻教师的业务成长,为年轻教师搭建平台

培养青年教师是教研工作的重要方面。在日常的教研工作中,我们努力为年轻教师搭建平台,让他们走出来,组织教研活动,做中心发言。例如,蚌埠市三十一中宋娟老师、蚌埠实验中学匡昌林老师介绍参加"地球小博士"全国地理科技大赛情况,蚌埠七中张跃文介绍地理教具制作,等等。全国、全省、全市教学比赛获奖的教师开设公开课,具有潜质的年轻教师开设青年教师教学研讨课,进行同课异构教学等。蚌埠实验中学陈雅琼,蚌埠三中刘小永、徐达,蚌埠铁中韦军,蚌埠一中李云静,蚌埠四中徐雪洁,蚌埠九中王淑娴,蚌埠二中郭艳,蚌埠五中端瑞、徐贞,蚌埠新城实验学校王军,蚌埠十中姬静等十几位教师积极参与,展示课堂风采,促进了青年教师业务水平的提高。此外,引导年轻教师积极参加课题研究、校本课程建设工作,蚌埠九中、蚌埠三中、蚌埠六中、蚌埠实验中学的年轻教师在地理科研课题中做出了重要贡献。年轻教师通过参加课题工作提升了业务素养。

3. 发挥骨干教师的引领作用,积极进行教育教学探索

发挥骨干教师的引领作用,组织市骨干教师参与教研活动,一方面提高了他们的专业水平,另一方面对年轻教师的成长起到了积极的引领作用。如蚌埠六中程晓红老师就初中地理教学组织初中地理教师进行专题备课;蚌埠三中曹斌老师组织全市高二年级教师就省高中地理学业水平考试进行专题复习研讨;蚌埠一中李方平、五河一中刘继英老师进行全市公开教学;推荐骨干教师陈灿红参加全国地理教育学会会议和全国地理优质课比赛;推荐部分骨干教师参与省教科所组织的同步作业编写和修订工作;组织市优秀地理教师朱新艳、宋长军、匡昌林等,从如何成为一名合格地理教师的角度出发,结合自己的成长经历,谈工作体会,对青年教师进行业务培训,促进了青年教师业务水平的提高。

4. 积极参与课程改革实践,地理师资力量稳步提升

在推进课程改革,探索新课程教学活动中,怀远一中、蚌埠三中、蚌埠九中、蚌埠铁中、蚌埠实验中学等以科研课题为抓手,开展高中地理教学探索,蚌埠六中地理组坚持推进课堂教学改革(小组合作学习),五河部分学校探索高效课堂等,这些课程改革实践有力地推进了蚌埠市地理新课程的实施。

近年来,蚌埠市地理教师的构成发生了显著变化,拥有硕士学位的教师比重不断提高,获得各类荣誉称号的教师也在不断增加,如蚌埠市学科带头人、骨干教师、教学能手等。蚌埠市吴岱峰、丁波老师被评为安徽省特级教师,数十人晋升中学高级教师和中学一级教师,蚌埠市的地理师资力量稳步提升。

5. 加强高三复习工作,不断提高高三教学质量

高三教学工作是体现教学水平和质量的重要方面,也是教研工作的重要内容。为总结推广先进复习经验,提高高三复习整体质量,我们坚持每学期在市区和县区组织开展高考备考研讨会,结合地理学科高考教学总结、高考阅卷、高考考试说明、高考命题趋势等,就提高高三课堂教学质量、深化高三地理备考进行深入研讨,通过听课和骨干教师专题讲座,对提升全市高三地理教学起到了积极的作用。

2011年12月,邀请安徽省教科院地理教研员吴儒敏老师,就如何提高高三课堂教学质量、深化高三备考等做了专题报告,引发了教师对课程标准、考试说明与课堂教学的思考。

2009年以来,经过不断的探索和实践,蚌埠市地理考试的研究工作不断取得成果,高三地理质检命题基本实现了原创,高考模拟试卷的难度和区分度总

体控制较好,这对提升全市高三地理高考备考质量起到了积极的作用。不仅如此,历年模拟试题所体现的科学性、创新性和针对性,也赢得了良好的社会声誉,一些试题被外地市考试所采用,为其他地区的考生提供了高考服务。

6. 组织各类地理教学竞赛,探索课程改革教学创新

蚌埠市初高中地理优质课和地理教师论文等评选活动对于教师专业成长具有重要意义。在优质课评选活动中,我们始终坚持"三个评选环节"的正确导向,即上年度教案、教学基本功和课堂教学,坚持对开展的每届市初高中地理优质课评选活动进行讲评,结合生动的教学案例和参评教师的教学活动,对教学评选各环节进行系统总结,明确存在的问题和改进的方向,促进了青年教师业务水平的提高,使参加教研活动的青年教师有切实的收获。

对于取得较好名次,并代表蚌埠市参加省里教学比赛的教师,我们组织骨干教师和学科带头人对他们的备课、教学设计、教学活动等进行指导,鼓励和严格要求相结合。评选活动结束后,及时跟进,对教师教学中的好做法以及存在的问题进行总结和交流,并在下一学期教研活动中,安排获奖教师上公开课,在广大教师中产生了积极影响。

认真组织年度论文评比活动。自上届年会以来,共收到地理教育教学论文百余篇,经过评审小组的认真评选,选出一、二、三等奖。省教科院和省中学地理教育专业委员会组织的每届论文评比活动,我们都推荐一批优秀论文上报参加,很多论文在评比中取得好成绩。

7. 认真组织教学研究,教育科研水平不断提升

地理教育科研课题工作是地理教师业务成长的重要方面。蚌埠市承担了多项国家级、省级和市级教育科研课题,课题的选题来自课堂教学实际,具有很强的针对性。目前,课题工作稳步推进,取得了显著的实效。蚌埠三中、蚌埠九中承担的省级教育科研课题"新课改背景下教师课堂教学行为诊断和矫正研究""新课标背景下高中地理学习评价方式研究",分别于2011年4月、5月顺利结题;蚌埠六中和蚌埠实验中学参与的全国教育科学"十一五"规划国家课题"中小学生学科学业评价标准的研究与开发"中学地理课题(人教社组织)"中小学生学科学业评价标准:初中地理"的课题工作,已经顺利完成了课题实验并结题。两个学校认真翔实的实验工作得到了人教社总课题组的高度评价。蚌埠实验中学省级课题"义务教育地理课程标准(2011版)课程实施的教学案例研究——以人教版义务教育课程标准教材为例"已经顺利开题,并组织实施。蚌埠铁中的省级课题"案例教学对培养学生地理思维能力作用的研究"正在实施过

程中。怀远一中省级课题"高中地理实验课程的开发与研究"即将结题。为进一步提升全市地理学科的教育科研水平,积极推进课程改革,引导教师深入领会新课程的教学理念,我们在蚌埠九中举行了地理科研课题工作经验交流会,由蚌埠三中、蚌埠九中两个学校介绍开展地理课题工作的经验和体会。

孙尚楼、王培芳、吴岱峰、丁波、赵东宇、邵同洋、刘继英等老师在《课程·教材·教法》《中学地理教学参考》《地理教学》《地理教育》等期刊上发表多篇论文,部分论文被中国人大复印资料收录,另有数十位教师的论文在全国和安徽省地理教学优秀论文评选中获奖;吴岱峰、陈灿红、高乃将、朱新艳等老师参加人民教育出版社七年级地理教材、七年级教学参考书、安徽省地方课程《环境与可持续发展教育》《环境保护同步作业》等的编写和修订工作,在省内外产生了积极影响。

8. 主要工作成绩

2005年,在成都举行的全国中学地理专业委员会学术年会、地理新课程优秀教学成果交流会上,蚌埠市二十六中宋长军老师的"沟壑纵横的特殊地形区——黄土高原"一节课获全国地理新课程教学成果二等奖。在安徽省首届中学生地理学习作品评比中,蚌埠市所推选的13件作品中有3件获得一等奖,5件获得二等奖,5件获得三等奖,名列全省前茅。

2007年,蚌埠市地理教学论文获省一等奖2篇,二等奖3篇,三等奖7篇。在全国初中地理优质课评选活动中,蚌埠实验中学匡昌林老师作为安徽省唯一代表,取得了全国一等奖的优异成绩。五河一中刘继英老师的论文在全国高中地理新课程优秀论文评选中获得一等奖。

2008年,蚌埠铁中陈灿红老师被评为安徽省教坛新星。2009年,蚌埠铁中张威、怀远三中唐磊老师在安徽省高中地理优质课评选中分别获得一等奖和二等奖,蚌埠铁中张威老师代表安徽省参加全国地理优质课评选活动,获得三等奖。

2010年,蚌埠实验中学陈雅琼等4位老师在安徽省初中地理优质课评选中分别获得一等奖和二等奖,十多位老师的论文在安徽省中学地理优秀论文评选活动中分别获得一、二、三等奖。

在2011年度全国地理课堂教学优质课评比活动中,蚌埠实验中学陈雅琼、蚌埠三中刘小永老师分别获得一等奖和二等奖。在全国新课标高中地理优秀课件评选活动中,蚌埠铁中陈灿红老师参赛课件《流域的综合开发——以田纳西河流域为例》荣获一等奖,怀远三中唐磊老师参赛课件《水资源的合理利用》

和固镇一中沈珍连老师参赛课件《常见的天气系统》荣获二等奖。

2012年,在第三届全国地理课堂教学数字课程资源评选活动中,蚌埠市获特等奖1人、二等奖1人。在安徽省地理优质数字资源评选中,蚌埠市获一等奖3人、二等奖3人、三等奖5人。在安徽省地理研究性学习优秀成果评选活动中,蚌埠市获一等奖1人。在安徽省初中地理优质课比赛中,蚌埠市参赛的两位老师分别获得二等奖和三等奖。蚌埠市孙尚楼、杨胜、王培芳、纪光、朱才德、丁波、朱新艳、贺广明等16位老师当选安徽省中学地理教学专业委员会第五届理事会理事,怀远一中、蚌埠铁中、蚌埠三中、蚌埠二中、蚌埠六中、怀远包集中学、固镇一中、五河一中、怀远三中等15所学校入选安徽省中学地理教学专业委员会第五届理事会理事单位。

二、当前蚌埠市地理教育需要重视的问题与发展展望

自上届年会以来,蚌埠市中学地理教育教学在全体地理教师同仁的努力下取得了显著的成绩,但是,我们也应当看到,提高地理教研活动质量是一个长期的过程,需要做扎实的工作。

当前,全市地理教育需要重视一些问题,从地理教研活动出勤情况来看,大多数教师积极参加教研活动,但也有少数教师不够重视;一些学校教学质量存在问题,以高一年级阶段性质量监测为例,试题难度接近会考水平要求,但考试的及格率、平均分、优秀率等指标不尽如人意;课堂教学缺乏对课程标准、教材、学生的深入分析,处理教材停留于表面,对教学内在线索把握不足,对教学起点、教学落点、教学结构、教学内涵(学科能力、学科思想)等缺乏深度思考和意蕴构建;高三教学中如何做到把握教学规律、有效教学尚待进一步努力;在论文评选中,一些教师把论文评比单纯地当作职称评定的需要;在科研工作中,如何切实把课题研究方法、理论与教学实践结合起来尚存在不足,如何有效实施课题工作的机制有待进一步完善;学校校本教研还需要不断规范;等等。

转变教育观念,践行新课程的教育理念,落实是关键。在今后的地理教育教学工作中,我们要不断加强学习,提高教学工作的科学化水平,从实际出发,继续探索教研活动的新形式、新方法,坚持"面向全体学生,促进学生全面发展",围绕教育课题,积极探索地理教育教学规律,进一步提高教研活动的质量,加强地理教师的队伍建设,实现地理教师专业的持续发展。

2011年12月,教育部颁布实施了《中学教师专业标准(试行)》(征求意见稿),地理教师将进入教育与教师发展的新时期。教师专业发展的前提在于教

师的职业认同,要尊重自己的职业选择,尊重课堂、尊重学生。职业幸福与人生幸福息息相关,我们为什么而教,课堂的本质是什么,教育的本质是什么,需要我们正确思考。教师专业成长没有灵丹妙药,教育是朴素的事情,非宁静无以致远,非厚积无以薄发,让我们在朴素中实践,在实践中思考,在思考中成长,在成长中感受无悔的教育人生。

各位代表,本届年会是在全面构建和谐社会的新形势下召开的。本届年会将选举产生蚌埠市中学地理教学专业委员会新一届理事会。在这里,我们预祝新一届理事会在今后的工作中带领全市中学地理教育工作者为地理教育事业做出更大的贡献!

今后,在市教育局的领导下,在省地理学会、省中学地理教学专业委员会的指导下,我们将进一步团结全市地理教师,学习贯彻科学发展观,积极开展各项地理教育教学活动,力争把蚌埠市中学地理教学专业委员会办成一个文明、进步、富有朝气、富有学术成果的社团组织,为蚌埠市的地理教育事业做出应有的贡献!

谢谢大家!

2013 年 4 月 13 日